# Mit dem Nachtzug durch Europa

# Mit dem Nachtzug durch Europa

THIBAULT CONSTANT ● 30 Reise-Erlebnisse mit praktischen Tipps

## Autor

# Thibault Constant

Thibault Constant, selbst ehemaliger Bahnangestellter, hat die Eisenbahn im Blut und liebt sie über alles. Der Sohn und Bruder eines Eisenbahners fuhr schon als Kind leidenschaftlich gern mit dem Zug quer durch Frankreich zu seinen Großeltern in den Süden. Wie viele Nächte hat er von der Liege eines Corail-Wagens aus Schafe und Sterne gezählt – 200 oder 300? Er weiß es nicht. 2018 beschloss er, seinen Horizont zu erweitern, und unternahm eine »Grand Tour« durch 15 europäische Länder – mit seinem Skateboard natürlich, aber vor allem mit dem Zug! Thibault Constant gönnt sich immer wieder kleine Alltagsfluchten mit dem Zug und fahndet ständig nach neuen Angeboten. Seine Passion teilt er mit den 179 000 Abonnenten seines YouTube-Kanals Simply Railway. Unterwegs zu sein ist ihm genauso wichtig wie das Reiseziel selbst.

# Vorwort

Noch vor wenigen Jahren galt er als altmodisch, als Synonym für staubige Abteile, durchgelegene Liegen, laute Fahrten und erschöpftes Aufwachen. Man hat ihn zum großen Verlierer einer Verkehrsschlacht erklärt, aus der die Billigfluglinien siegreich hervorgingen. Vielleicht etwas zu vorschnell. Denn der Nachtzug hält heutzutage wieder in großem Stil Einzug auf den europäischen Schienen. Zahlreiche Reisende sind von den vielfältigen Vorteilen der Nachtzüge überzeugt.

Als sanftere Alternative zum Flugzeug oder Auto hat der Nachtzug auch an Glamour gewonnen: Einige europäische Bahngesellschaften setzen alles daran, ihre Züge in rollende Hotels zu verwandeln. Und nach wie vor ist es charakteristisch für den Nachtzug, dass wir weit reisen können, ohne Zeit zu verlieren.

Vielleicht liegt die ganze Magie des Nachtzugs darin, dass er uns ermöglicht, unsere freien Tage optimal zu nutzen und dabei zu entschleunigen, die Welt im Rhythmus der Schienenverbindungen zu betrachten, in ihrem natürlichem Licht, als Überblendung lokaler Uhrzeiten und Farben. Denn es stimmt nicht, dass es in Nachtzügen immer dunkel ist! Im Morgengrauen die Augen aufschlagen, zuschauen wie der Zug an Bord einer Fähre nach Sizilien geht, sich schlafen legen, wenn der Zug wegen der verrückten Sonne des lappländischen Sommers in der polaren Taiga stehen zu bleiben scheint, im Herzen der Karpaten viele kleine Bahnhöfe vorbeiziehen sehen… Weil der Nachtzug unvorhersehbare und unvergessliche Erlebnisse verheißt, Begegnungen und Entdeckungen, Überraschungen und kleine Fluchten weit, weit jenseits der ausgetretenen Pfade, stellen wir auf den folgenden Seiten 30 Strecken und fast genauso viele spannende Zwischenstopps vor. Es sind Anregungen, Europa im Schutz der Nacht zu durchqueren und schon davon zu träumen, bevor Sie überhaupt in einen Schlafwagen eingestiegen sind!

# 30 Nachtzugstrecken

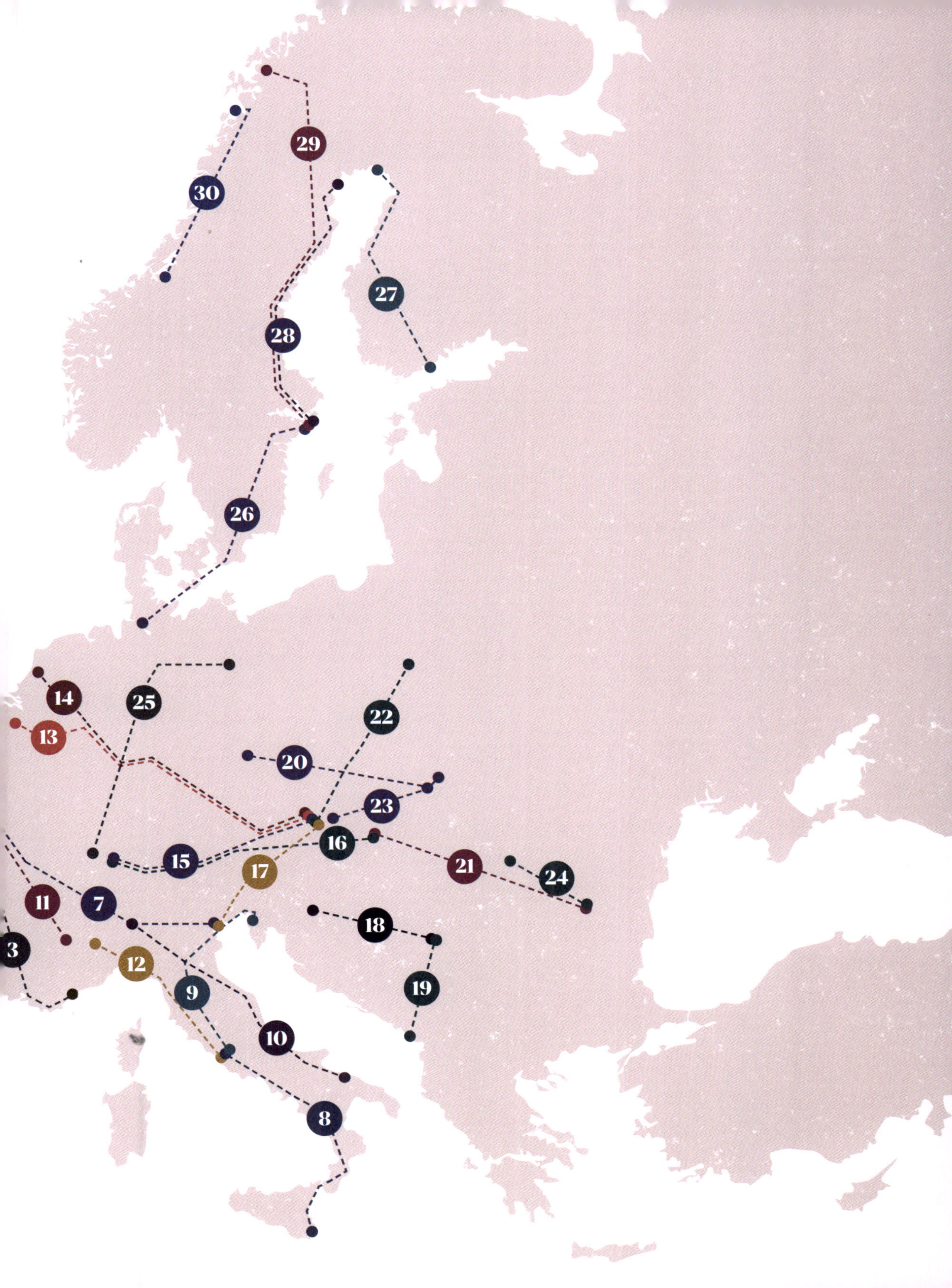
29
30
27
28
26
14
25
22
13
20
23
16
15
17
21
24
11
7
18
3
12
9
19
10
8

# Inhalt


1 **London – Penzance** GROSSBRITANNIEN — Wie im Süden! — 8

2 **London – Edinburgh** GROSSBRITANNIEN — Luxus, Ruhe, Whiskey & eine Tasse Tee — 22

3 **Paris – Nizza** FRANKREICH — Der Train bleu ist zurück — 34

4 **Paris – Portbou** FRANKREICH – SPANIEN — Próxima estación … Portbou! — 44

5 **Hendaye – Lissabon** FRANKREICH – PORTUGAL — Portugiesische Herberge — 54

6 **Madrid – Lissabon** SPANIEN – PORTUGAL — Der Ruf des Tejo — 62

7 **Paris – Venedig** FRANKREICH – ITALIEN — Nostalgisch von Paris nach Venedig — 72

8 **Rom – Syrakus** ITALIEN — Auf nach Syrakus! — 82

9 **Rom – Triest** ITALIEN — Triest, am Ziel der Träume — 96

10 **Mailand – Bari** ITALIEN — Sonnenaufgang über dem Mezzogiorno — 108

11 **Paris – Modane** FRANKREICH — Frische Bergluft und 1980er Flair — 118

12 **Turin – Rom** ITALIEN — Rom, ganz für mich allein — 126

13 **Wien – Brüssel** ÖSTERREICH – BELGIEN — Der Tschu-Tschu nach Brüssel — 134

14 **Amsterdam – Wien** NIEDERLANDE – ÖSTERREICH — Am Wasser entlangrollen und chillen — 142

15 **Zürich – Wien** SCHWEIZ – ÖSTERREICH — Alpenüberquerung in Pantoffeln — 150

16 **Zürich – Budapest** SCHWEIZ – UNGARN — Lust auf den Osten — 160

17 **Venedig – Wien** ITALIEN – ÖSTERREICH — Vom Dogenpalast zur Wiener Hofburg — 170

18 **Zagreb – Belgrad** KROATIEN – SERBIEN — Auf in die Länder des Balkans! — 180

19 **Belgrad – Bar** SERBIEN – MONTENEGRO — Eine große und eine kleine Acht — 190

20 **Košice – Prag** SLOWAKEI – TSCHECHIEN — Am Horizont die blaue Linie der Tatra — 200

21 **Bukarest – Budapest** RUMÄNIEN – UNGARN — Durch die Ebenen Transsilvaniens — 210

22 **Warschau – Wien** POLEN – ÖSTERREICH — Mazurka, Polka oder Walzer? — 220

23 **Bratislava – Humenné** SLOWAKEI — Denn die Sonne geht im Osten auf — 230

24 **Bukarest – Cluj-Napoca** RUMÄNIEN — Jenseits der Wälder — 240

25 **Berlin – Basel** DEUTSCHLAND – SCHWEIZ — Kulturelle Highlights in Basel — 250

26 **Hamburg – Stockholm** DEUTSCHLAND – SCHWEDEN — Ab in den Norden! — 258

27 **Helsinki – Kemi** FINNLAND — Der Zug zum Polarkreis — 270

28 **Luleå – Stockholm** SCHWEDEN — Baden am Polarkreis — 280

29 **Stockholm – Narvik** SCHWEDEN – NORWEGEN — Im hohen Norden am Rand des Kontinents — 292

30 **Bodø – Trondheim** NORWEGEN — Von der Arktis in die Hochebene — 304

1

# Wie im Süden!

*von Thibault Constant*

| 23:45 | London<br>GROSSBRITANNIEN | Penzance<br>GROSSBRITANNIEN | 8:00 |
|---|---|---|---|

GWR

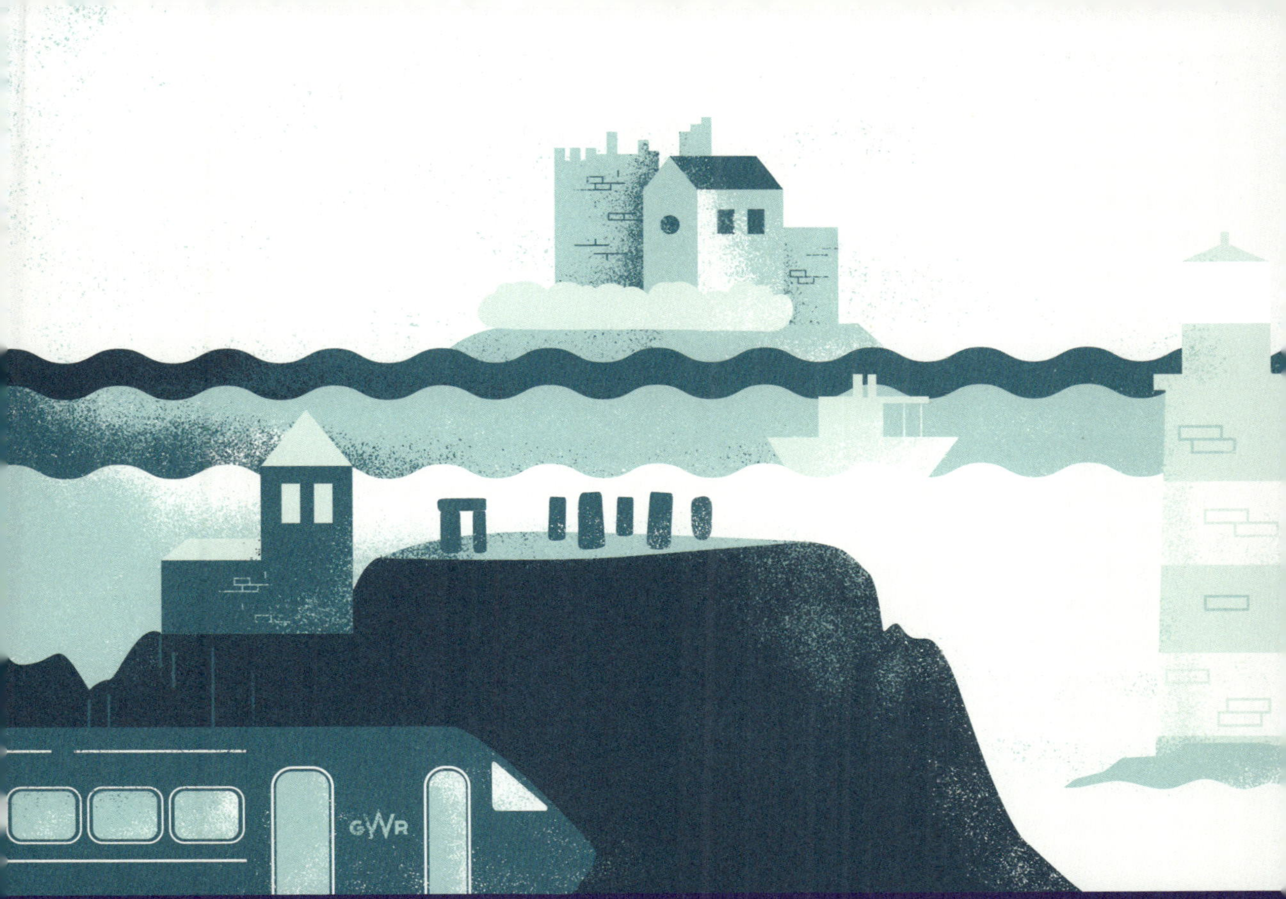

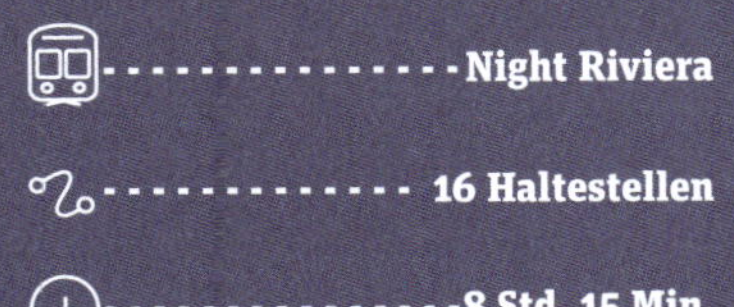

Night Riviera

16 Haltestellen

8 Std. 15 Min.

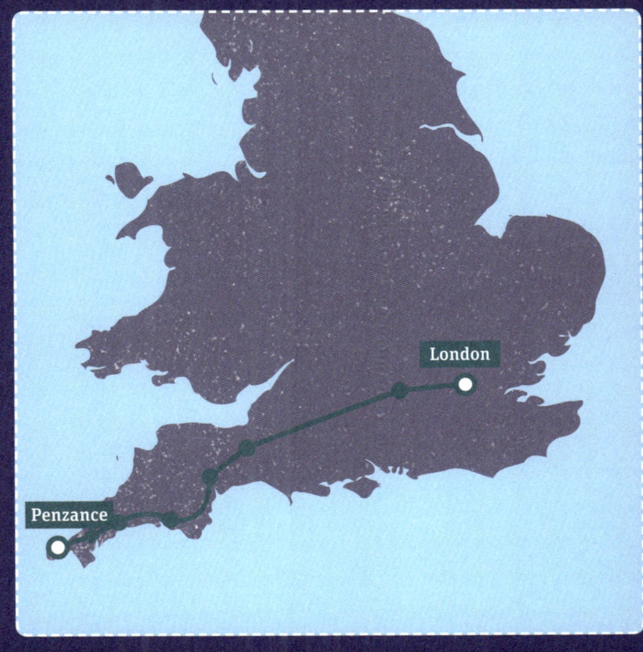

London
Penzance

*Ein kleiner Zwischenstopp, um nach einer Fahrt durch Grün in sage und schreibe 50 Schattierungen – darunter das Blaugrün des Zugs mit dem bezaubernden Namen Night Riviera – zur Abwechslung Azurblau und die Meeresbrise zu erleben, ist der Badeort Penzance. Er liegt am Ende der Halbinsel Cornwall wie ein Finisterre mit englischem Akzent und bildet den Abschluss einer Reihe von Küstenlandschaften und kleiner Häfen mit einem Hauch von Bretagne. Die im türkisfarbenen Meer vorgelagerten Scilly-Inseln versprühen mit tropischer Vegetation und mediterranem Klima das Flair des Südens. Allerdings sind Sie hier ganz im Westen – und vor allem am Ende der Welt!*

## Abfahrt 23:45 Uhr

### LONDON

Nach einem leckeren Bier mit einem Freund in einem Pub in Westminster gehe ich zum Bahnhof Paddington im gleichnamigen Stadtteil. Ich mische mich unter die Vorstadtpendler, die nach einem langen Arbeitstag und obligatorischem *Afterwork* im Pub nach Hause fahren. *Of course!* Mein Ziel ist Penzance, Englands westlichste Großstadt, mehrere Hundert Kilometer im Südwesten der Hauptstadt.

London Paddington ist nach dem Passagieraufkommen der sechstgrößte Bahnhof Londons. Die alte Lady mit ihren großen gusseisernen Bogen und typisch viktorianischem Glasdach hat sich für ihr Alter gut gehalten. Das Meisterwerk der Stahlarchitektur eröffnete im Jahr 1854. Von hier bedienen die Züge der historischen Great Western Railway (GWR), wie ihr Name bereits verrät, einen Großteil des westlichen Englands, auch das berühmte und exotische Cornwall! Markenzeichen der Betreibergesellschaft ist das höchst englische Grün ihrer Züge, ein dunkles samtiges Tannengrün! Als hätte sie vorhergesehen, dass die aktuelle Mode jeden neuen Zug auf der Schiene in grelle Farben kleiden würde, entschied sich die GWR 2014 bei ihrer großen Kampagne für ihr neues Outfit für diesen Farbton von schlichter Eleganz. Ganz klassisch englisch, was ich persönlich sehr schätze.

Heute Abend besteige ich den Night Riviera, den einzigen Nachtzug der GWR. In Großbritannien verkehren nur zwei Nachtzüge: der GWR Night Riviera und der Caledonian Sleeper *(siehe S. 22 – 33)*. Alles in allem ist das Gebiet ja doch nicht so groß.

Zug *train*
Nachtzug *night train*
Bahnhof *train station*
Bahnsteig *platform*
Waggon *coach*
einfach *one-way/single ticket*
hin und zurück *return ticket*
Wann fährt der nächste Zug nach …? *What time is the next train for …?*
Gepäckaufbewahrung *left luggage*
Gepäckschließfächer *luggage lockers*
Schaffner *ticket inspector*
Verbindung *connection*
Schalter *ticket office*
Sitznummer *seat number*
Reservierung *reservation*
Schiff, Fähre *boat, ferry*
Ablegekai *pier*
Schwimmbad *swimming pool*

Der Night Riviera fährt immer auf Gleis 1 ab, dem westlichsten – passenderweise! Auf diesem Bahnsteig stehen die wunderschöne Bahnhofsuhr und die Statue von Paddington Bär. Dieser Kinderbuchfigur verdankt das Gebäude seinen Namen. Hier ist auch die GWR-Lounge für Schlafwagenpassagiere zu finden, eine sehr nette Lounge, in der man etwas trinken, einen Happen essen und sogar duschen kann, bevor man in den Zug steigt.

## WILLKOMMEN!

Freundlich lächelnd empfängt mich die Schaffnerin meines Waggons und prüft meine Fahrkarte. Auf einmal fühle ich mich privilegiert! Endlich bin ich an Bord. Da britische Waggons zu den schmalsten gehören, bekommt man beinahe Platzangst. Ich habe sogar Schwierigkeiten, mich bis zu meinem Abteil durch den Gang zu quetschen. In England bieten die Kabinen Platz für zwei und sind privat. In meiner werde ich also heute Abend allein sein! Was mir angesichts der Enge ganz gelegen kommt.

Gedämpftes Licht, Teppichboden, ein gemachtes Bett – perfekt! Sogar mehr als perfekt, denn Behaglichkeit, tadelloses Design und so viel Komfort sind recht außergewöhnlich. Die Kabine bietet alles, was man braucht: ein Waschbecken plus ausziehbarem Miniregal als Ablage, einen Schrank mit Kleiderhaken, eine ins Bett integrierte Leselampe, einen Klapptisch und weitere kleine Annehmlichkeiten.

# Night Riviera

## *Great Western Railway*

### Ein ganz besonderer Zug

Die GWR verfügt nur über zwei Züge dieser Art. Jeder hat zwei Waggons mit Sitzplätzen, einen Speisewagen und vier oder fünf Schlafwagen. Diese Züge des Typs Mark 3 Sleeper, gebaut in den 1970er Jahren, sind im Verlauf ihrer Dienstjahre etliche Male renoviert worden.

2

### Kurios

Die Türen öffnen und schließen nicht automatisch. Es gibt keinen Knopf zum Drücken, sondern man muss das Fenster herunterkurbeln (ja, wirklich!), um den Griff von außen zu betätigen, damit sich die Tür eines solchen Slam-Door-Zugs öffnet. So wie wenn ein Engländer, der seinen Hausschlüssel vergessen hat, zur Not auch durch die Gartentür ins Haus kommt. Alles andere als total praktisch, und sicher sind solche Türen vom Aussterben bedroht, gehören aber zum nationalen Kulturerbe. Eine Kuriosität, die sich niemand entgehen lassen sollte!

### Class 57

Der Zug wird von einer alten Diesellokomotive des Typs Class 57 gezogen, einer weiteren Rarität, die alle Eisenbahnfans von der Bahnsteigkante aus bewundern, obwohl sie einen ohrenbetäubenden Lärm macht.

## ES IST NACHT, ICH SCHLAFE

Um 23:45 Uhr zuckelt der Zug langsam los. Das ist zwar etwas spät, bedeutet aber auch, nicht in aller Frühe in Cornwall anzukommen. Zudem können Urlauber im Barwagen noch eine Kleinigkeit essen oder sich vor dem Zubettgehen noch ein letztes Gläschen (Bier, Cocktails …) genehmigen: das berühmte *nightcap*.

Kaum haben wir Paddington verlassen, klopft die Zugbegleiterin an meine Tür, um mich zu fragen, wann ich geweckt werden möchte und was ich zum Frühstück (im Ticketpreis inbegriffen) will. Von einem so aufmerksamen Service angenehm überrascht, mache ich gegen 0:30 Uhr brav die Augen zu … Und schlafe wunderbar – danke GRW, *thank you so much* für eines meiner besten Nachtzug-Erlebnisse: Die Bettwäsche war wie im Hotel, und den Schlaf, in den mich das Rollen des Zugs gewiegt hat, störte keinerlei unerwarteter Lärm.

**6:45 Uhr**

## AUF DEM TABLETT

Die Zugbegleiterin weckt mich vier Minuten zu früh … Das Frühstück ist gleich fertig. In der Zwischenzeit öffne ich den Vorhang meines Fensters und genieße die Landschaft. Der Tag bricht gerade erst an, ein leichter Nieselregen lässt Tropfen an der Scheibe abperlen, der graue Himmel scheint die Cottages und Bauernhäuser aus Backstein zu verschlucken. Ich spüre bereits die milde Seeluft. Wir sind wirklich in Cornwall! Ich genieße das typisch englische Bild, als die Zugbegleiterin mit meinem Frühstück kommt, das sie auf dem Klapptisch über meinem Bett abstellt. *Breakfast in bed* – das geht also auch in einem britischen Zug. *Splendid!* Und um ehrlich zu sein, hatte ich gar nicht mit solchem Luxus gerechnet. Nix Fast Food oder Papiertüte. Ich bekomme ein wunderschönes Tablett mit Teekanne und Tasse, frisch zubereitetem Porridge und einem leckeren Shortbread, schottischem Mürbegebäck mit Buttergeschmack. Welch selten liebevolle Aufmerksamkeiten! Ich esse genussvoll und völlig entspannt, während die Sonne über den sattgrünen Tälern aufgeht.

*St. Ives Fer Moh/Pig Fair*, Dalla

◆

*Rhubarb*, Aphex Twin

◆

*World on its Head*, 3 Daft Monkeys

*Das Haus an der Düne*, Agatha Christie

◆

*Empfindliche Wahrheit*, John Le Carré

## MOMENTAUFNAHME

Bei St Austell mache ich einen Erkundungsgang durch den Zug. Überraschenderweise sind die Schlafwagen bis auf den letzten Platz ausgebucht. Und das im Oktober! Die Briten hängen wohl noch sehr an ihrem Nachtzug. Da Schmalspur verpflichtet, lasse ich einen älteren Mitreisenden vorbei. Er honoriert meine Geste kopfnickend mit einem unnachahmlichen *»Thank you young man«*. In den beiden Sitzplatzwaggons ist es weniger komfortabel und wie in einem Tageszug. Der geringe Preisunterschied lohnt den Geiz an dieser Stelle nicht! Dann rückt die Bucht von Penzance ins Blickfeld, im Osten bewacht von einem erstaunlich kleinen Mont-St-Michel. GRW hat die Schlafwagen so ausgerichtet, dass jeder den Anblick genießen kann – eine weitere nette Aufmerksamkeit.

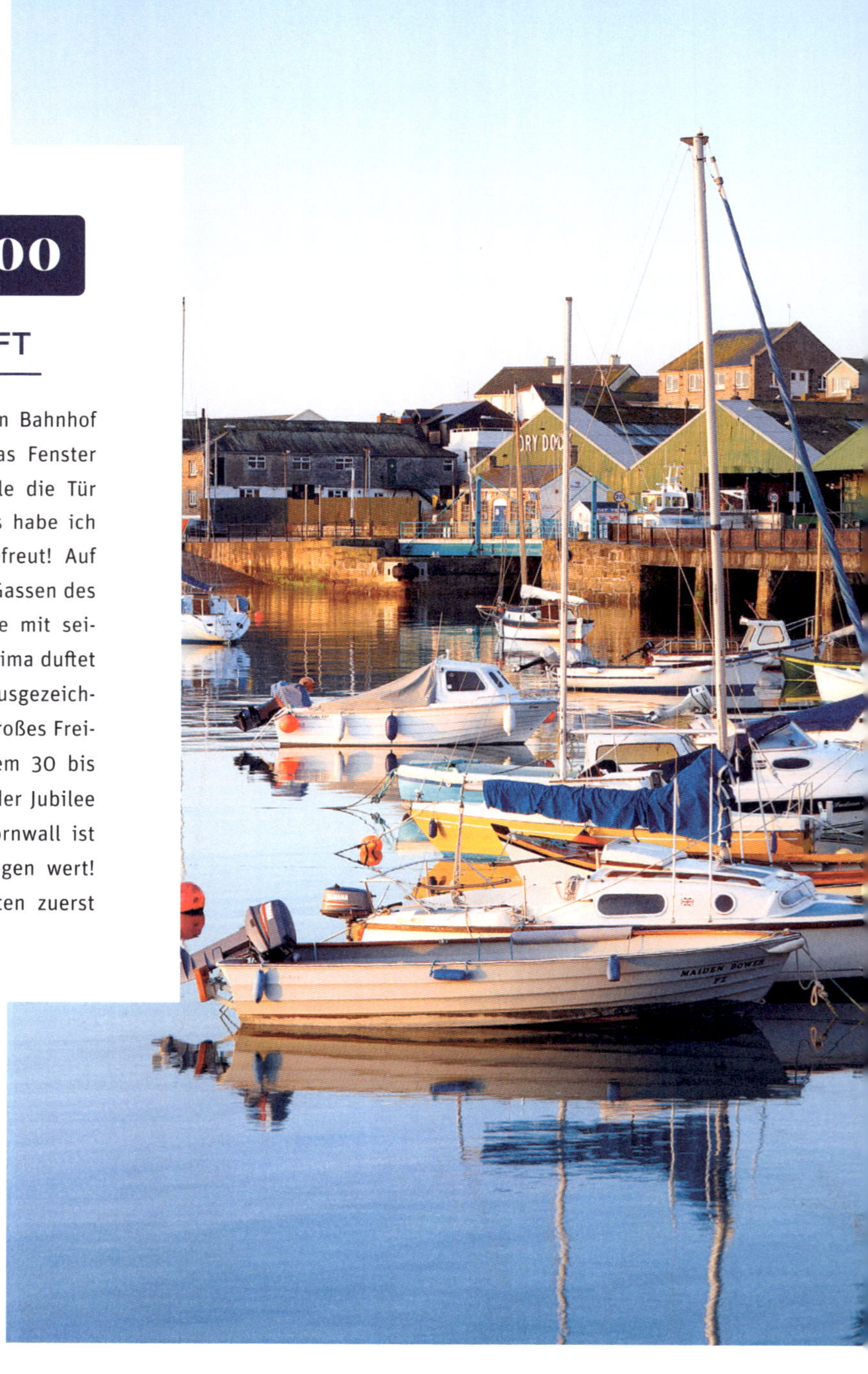


# Ankunft 8:00

## DAS MEER RUFT

Wir kommen kurz vor 8 Uhr im Bahnhof von Penzance an. Ich öffne das Fenster meiner Slam-Door und entriegle die Tür von außen. Auf dieses Erlebnis habe ich mich schon die ganze Zeit gefreut! Auf geht's zum Streifzug durch die Gassen des charmanten Badeorts. Penzance mit seinem außergewöhnlich milden Klima duftet nach Bretagne, hat Hafenflair, ausgezeichnete Fischrestaurants und ein großes Freibad im Art-déco-Stil. Mit seinem 30 bis 35 °C warmen Meerwasser ist der Jubilee Pool eine Attraktion … Aber Cornwall ist noch weitere kleine Entdeckungen wert! Mein Skateboard und ich statten zuerst den Surfern einen Besuch ab.

# Praktische Informationen

### FAHRPLAN

Sechsmal pro Woche (fährt weder samstags noch am 25. Dezember). Abfahrt in London-Paddington um 23:45 Uhr, Ankunft in Penzance um 8:00 Uhr.

### PREISE UND KOMFORT

Ab 85 € pro Person für eine Schlafkabine, Frühstück inbegriffen. Über 120 € am Wochenende und in den Sommermonaten. Ein einfacher Sitzplatz kostet etwa 65 €. So früh wie möglich buchen!

### WO KAUFT MAN TICKETS?

Auf gwr.com und an jedem GWR-Automaten. Gehen Sie bei Bedarf zum Schalter im Bahnhof Paddington: Das Personal ist sehr freundlich.

## Das kleine +

Wer früh ins Bett will, kann ab 22:30 Uhr an Bord, und Langschläfer können im Bahnhof von Penzance bis 9 Uhr schlafen.

## St. Michael's Mount

### *Postkartenblick*

St Michael's Mount ist eine bei Ebbe zugängliche kleine Insel in der Bucht von Penzance. Der 60 Meter hohe, pyramidenförmige Granitblock beherbergte zunächst eine keltische Einsiedelei und später eine Abtei, errichtet von den Benediktinern von Le Mont-St-Michel in der Normandie. Im 16. Jahrhundert wurde sie geschlossen und zur Festung ausgebaut. Zudem gibt es auf St Michael's Mount zwei Kapellen und ein paar Häuser. Von Weitem erinnert das bei Ebbe über einen Damm mit dem Ufer der Bucht verbundene Inselchen sofort an seinen großen normannischen Bruder!

## St. Ives

### *Eine Extraportion Kunst*

Im malerischen Hafenort St. Ives, zwölf Kilometer nördlich von Penzance, gab es in den 1920er Jahren eine Künstlerkolonie, 1939 eröffnete die Londoner Tate Gallery dort eine Zweigstelle. Neben ihrer Sammlung moderner und zeitgenössischer Kunst kann man auch das Barbara Hepworth Museum mit abstrakten Skulpturen im Garten besuchen, das zur Tate gehört. Oder eine der vielen Galerien, die sich in den charmanten Gassen verstecken!

**www.tate.org.uk/visit/tate-st-ives**

## Die Scilly-Inseln

### *Eine eigene Reise wert*

Machen Sie eine Schiffsreise auf die Scilly-Inseln! Vom Bahnhof Penzance fährt ein Shuttlebus zum Fähranleger. Von dort setzen Fähren des Anbieters Scillonian in knapp drei Stunden nach St. Mary über, der Hauptinsel des Archipels. Unterwegs genießen Sie den herrlichen Blick auf die Küste von Cornwall. Einmal am Ziel angekommen, erwarten Sie abgelegene Strände und üppige Gärten.

**www.islesofscilly-travel.co.uk/scillonian-iii/**

2

# Luxus, Ruhe, Whiskey & eine Tasse Tee

*von Thibault Constant*

23:50 London
GROSSBRITANNIEN

Edinburgh 7:30
GROSSBRITANNIEN

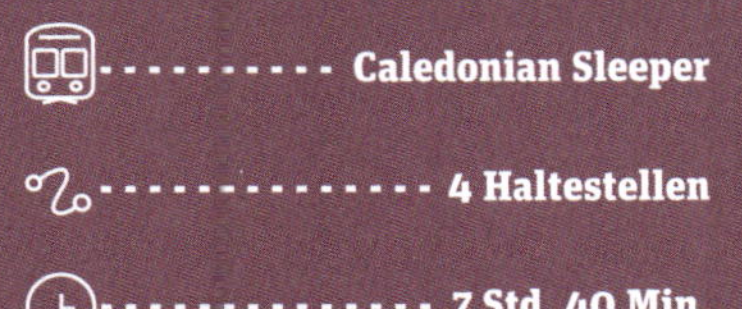
Caledonian Sleeper
4 Haltestellen
7 Std. 40 Min.

Edinburgh
London

*Es gab einmal einen Zug namens Schlaf … Aber mehr noch als in einem Märchen befinden Sie sich hier in einem Film. Während der Caledonian Sleeper in seiner schönen blauen Lackierung durch die samtene Nacht gleitet, bietet er gediegenen Komfort für eine Reise voller Nostalgie. In (sehr) schöne Bettwäsche gekuschelt – sie stammt von einem königlichen Hoflieferanten! –, erreichen Sie im Schlaf das magische Schottland, das zauberhafte Edinburgh, die silbernen* lochs, *die vernebelten Hügel, die schaurigen Spukschlösser und den pechschwarzen Himmel … Noch Wünsche?*

# Abfahrt 23:50 Uhr

## ZUSÄTZLICHE STUNDEN SCHLAF

Als ich den Bahnhof von Euston betrete, ist es 23 Uhr. Ich hatte es nicht eilig, pünktlich in diesem seelenlosen Bauwerk aus den 1960er Jahren anzukommen, obwohl ich schon früher hätte dort sein können. Der Caledonian Sleeper bietet seinen Fahrgästen den Service, bereits um 22 Uhr einzusteigen, eine nette Geste, wenn man seine Fahrgäste mit Schlaf verwöhnen will! Schon als ich die Rampe zum Bahnsteig hinuntergehe, bekomme ich Herzklopfen und muss an die altbekannte lange Geschichte des Caledonian Sleeper denken. Der legendäre Zug aus einer vergangenen Zeit (1873) war bis zu seiner Wiedergeburt im Jahr 2019 leider schon ganz aus der Mode gekommen. Meine Aufregung wächst, als ich wenig später die 16 Schlafwagen erblicke, elegant blaugrau lackiert und brandneu! Eine so schicke Ausstattung frisch aus der Fabrik hat es in Europa seit gut 15 Jahren nicht gegeben!

»... wenig später erblicke ich die 16 neuen Schlafwagen! Eine so schicke Ausstattung frisch aus der Fabrik hat es in Europa seit gut 15 Jahren nicht mehr gegeben!«

## HOTEL AUF SCHIENEN

Sobald ich meinen Waggon besteige, bin ich wie verzaubert. Der cremefarbene Teppichboden, die holzähnlichen Wände und die vielen LEDs, die den Flur in ein sanftes Licht tauchen, geben mir das Gefühl, in einem vornehmen Hotel zu sein. Ich lasse mich von diesem herrlichen Retro-Design im wahrsten Sinne des Wortes in andere Sphären transportieren.

Ich habe einen *classic room* gebucht, denn in diesem fahrenden Hotel bucht man Zimmer *(rooms)* und keine Abteile *(cabins)*. Meines bietet Platz für zwei, aber als Alleinreisender habe ich das alleinige Nutzungsrecht, in Großbritannien teilt man seine »Schlafstätte« nicht mit Fremden. Das gilt auch in diesen wiedererweckten nostalgischen Zügen, in denen statt Jugendherbergsstil Maßangefertigtes angesagt ist. Auch als Eisenbahnfan ist der Reisende König!

Die sowohl in den Abteilen als auch in den Gemeinschaftsbereichen stilvolle Einrichtung kombiniert elegante Braun-, Orange- und Graublautöne mit cremefarbenen Teppichen und Schottenmuster an beiden Seiten der Fenster. Sie ist schön, modern und gemütlich zugleich und bietet etliche kleine, ebenso charmante wie nützliche Accessoires. Das Konzept eines Hotels auf Schienen erscheint mir immer sinnvoller ... Das Design und die technischen Details (kleine Schalter zur Lichtsteuerung, USB-Anschlüsse, kostenloses WLAN) lassen vergessen, dass es ziemlich eng ist: zwei Etagenbetten, ein Bullauge, ein Waschbecken mit ausziehbarer Ablage, und das war's! Dafür ist die Bettwäsche tadellos und das Reisepaket (Ohrstöpsel, Maske, Seife) fürsorglich vorausschauend und wie die Handtücher mit dem wunderschönen Logo des Caledonian Sleeper versehen.

# ZWEI STÖPSEL UND AB INS BETT!

Unser Zug setzt sich langsam in Bewegung. Bevor ich ins Bett gehe, bestelle ich das Frühstück – in den *classic rooms* kostet es extra; nur in den Kategorien *club room* und *Caledonian double* ist es im Ticketpreis enthalten. Ich fülle das dafür vorgesehene Formular aus und kann zwischen mehreren Optionen wählen. Ich nehme einen Tee und ein Brötchen mit Schinkenspeck.

Auf der Rückseite des Formulars bemerke ich einen Service, der von den vielen Reisenden, die auf dieser Strecke geschäftlich unterwegs sind, gewiss sehr geschätzt wird. Kommt es mehrmals zu Verzögerungen, kann man sich »zur Wunschzeit« über die gesamte Verspätung informieren lassen. So erspart man sich die Litanei der Ankündigungen des Schaffners vor der Ankunft am Bahnhof und gewinnt wertvolle Schlafminuten. Der Sleeper trägt seinen Namen zu Recht! Wie im Hotel hänge ich das Formular an den Außengriff der Abteiltür und lege mich wieder hin. Die Matratze ist bequem. Gestört vom Türenknallen und einem unangenehmen Quietschen der Achsen, habe ich zwar anfangs etwas Mühe, in den Schlaf zu finden, doch dank der Ohrstöpsel schlafe ich schließlich ein, ohne Schäfchen zählen zu müssen …

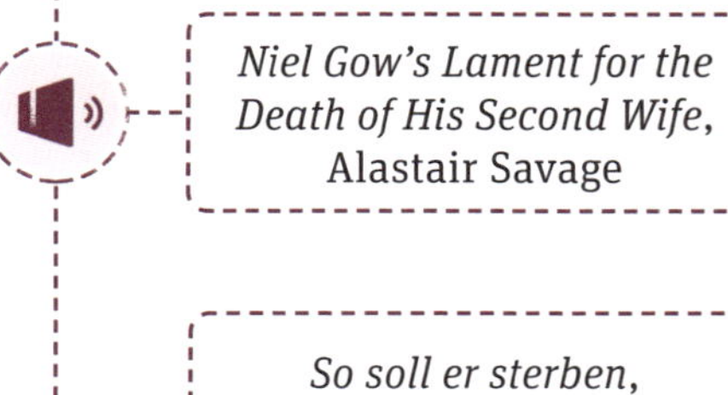

*Niel Gow's Lament for the Death of His Second Wife*, Alastair Savage

*So soll er sterben*, Ian Rankin

*Beim Leben deines Bruders*, Peter May

*Die Brücke*, Iain Banks

## GOOD MORNING SCOTLAND

*Good job!* Um 6:37 Uhr, drei Minuten vor der gewünschten Weckzeit, klopft der Bordmanager leise an der Tür: *»Morning, your breakfast, Sir!«* Ich halte ihm meine Bankkarte hin, und der Mann streicht über seine Stirn: Er hat sein Lesegerät vergessen! Der Speisewagen ist am anderen Zugende, und so spendiert er mir die Mahlzeit mit den besten Empfehlungen des Caledonian Sleeper. Wunderbar: hervorragender Earl-Grey-Tee und eine heiße Bacon-Rolle mit Sauce – HP natürlich! Ich ziehe das Rollo hoch; es ist noch dunkel, tropft aber gegen die Scheibe, was mich die kleine schottische Dusche erahnen lässt, die uns draußen erwartet. Wir sind in den Lowlands. Und bald in Edinburgh mit seinem Schloss, in dem es spuken soll, mit der mittelalterlichen Altstadt und dem magischen Ambiente, das Harry Potter so liebt!

# Ankunft 7:30 Uhr

## SCHOTTLAND … *ON THE ROCKS!*

Trotz der frühen Stunde sind schon viele Leute in den Gängen unterwegs, als ich mein Abteil verlasse, um mir die Beine zu vertreten. Die Enge des Flurs schränkt die Bewegungsfreiheit etwas ein, aber ich komme gut klar. Im Vorbeigehen schaue ich in eine Club-Room-Kabine, die sich von meiner nur wenig unterscheidet, außer dass sie eine Dusche hat. Dagegen ist das *Caledonian double* mit Doppelbett, einer 160 Zentimeter breiten Queensize-Matratze und Schottenkaro an der Wand wirklich luxuriös. Plötzlich schwirren mir Filmszenen von Alfred Hitchcock, Cary Grant, verführerische Platinblondinen und glamouröse Kulissen durch den Kopf …

Ich gehe weiter in den hinteren Teil des Zugs, und immer wieder versetzen mich ausgefeilte Serviceangebote ins Staunen, so diskret sie auch sein mögen. Für Gentlemen unter den Reisenden sehe ich in einem Waggon sogar eine Schuhputzmaschine. Echt nobel! Ich durchquere den Speisewagen, der um diese Zeit ziemlich leer ist, da wir uns dem Ziel nähern, was die schlichte Eleganz der sich gegenüberstehenden Sitzbänke und der Drehsitze vor den Panoramafenstern umso besser zur Geltung bringt. Getränke, Sandwiches und Snacks – ganz Schottland wird hier auf einem Tablett serviert, von Räucherlachs über Tunnock's-Waffeln bis zu einer riesigen Whiskey-Auswahl. Im letzten Wagen gibt es preiswertere Sitzplätze (Flugzeugsitze) und einen Fahrradraum (gegen Aufpreis).

Ich habe den Zug noch nicht ganz erkundet, als die Ankunft im Bahnhof von Edinburgh durchgesagt wird, zehn Minuten zu früh! Ich muss in meine Kabine zurück. Ganz stressfrei, denn die Fahrgäste haben bis 8 Uhr Zeit, die Nacht im Bahnhof ausklingen zu lassen und ihre Kabine zu verlassen. So geht meine *sleeper experience*, wie es in der Broschüre so schön heißt, zu Ende. Ein Erlebnis ist es in der Tat, und zwar ein genussvolles.

# Caledonian Sleeper

## Hirsch auf Schienen

Das Logo des Caledonian Sleeper zeigt ein S in einem C und darüber einen Hirschkopf, eines der Wahrzeichen Schottlands. Zwei der fünf Enden des Geweihs repräsentieren die Endpunkte der beiden Strecken des Sleepers Lowlander (Edinburgh und Glasgow), die anderen drei stehen für die des Sleepers Highlander (Aberdeen, Inverness und Fort William). Da das schottische Hochland seit Langem ein Treffpunkt für Jäger ist, hat die Strecke London-Fort William, die spektakulärste der fünf Linien, den Spitznamen Deerstalker Express (»Hirschjäger-Express«).

## Extra für Königskinder auf der Erbse

Eine technologische Neuheit, eigens für die Neuauflage des historischen Zugs Caledonian Sleeper entwickelt, um die Leistungen eines echten rollenden Hotels *(hotel on wheels)* zu bieten, ist das System zum An- und Abkoppeln der Waggons an den Abzweigungen nach Glasgow, Aberdeen, Inverness und Fort William. Es ist so konzipiert, dass es jeden noch so kleinen Stoß dämpft. Die Idee? Keinesfalls den heiligen Schlaf der Reisenden stören. Der Deal mit den Ingenieuren? Statt Schlägen Streicheleinheiten!

## Sternschnuppe

Den Zug zieht Class 92, eine in den 1990ern entwickelte Lok, die Nachtzüge zwischen Brüssel und Schottland durch den Kanaltunnel ziehen sollte. Als Pendant zum Eurostar hieß dieses Projekt Nightstar, es wurde jedoch nie realisiert. Doch die Lok begeistert Eisenbahnfans noch immer!

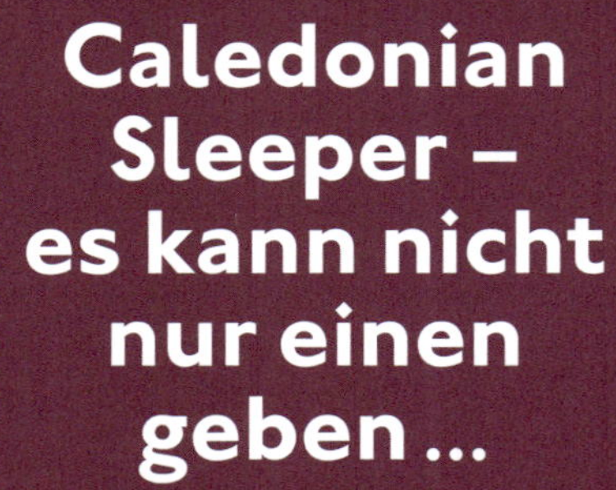

# Caledonian Sleeper – es kann nicht nur einen geben …

Einer der Caledonian Sleeper heißt Highlander. Er fährt um 21:15 Uhr in London ab. Unsere drei Favoriten der Entdeckungstour durch Schottlands Norden: Inverness, Oban und Fort William.

London
Fort William
Oban
Inverness

## Nach Fort William

### Lochs, glens *und* bens

Der Wecker muss um 6:45 Uhr klingeln, damit Ihnen nichts von der 1894 vom 24. Chef des Cameron-Clans und der Marquise von Tweeddale eröffneten Strecke entgeht. Ab Garelochhead ziehen tatsächlich alle Stars der Highlands wie in Zeitlupe vorbei: die *lochs* (Fjorde, Seen) wie Loch Lomond, die *glens* (Täler) wie Glen Falloch und die *bens* (Gipfel) wie der Ben More (1174 m). Reisende nach Oban steigen in Crianlarich aus, alle anderen genießen die atemberaubende Aussicht, besonders zwischen Bridge of Orchy (8:15 Uhr) und Tulloch (9:20 Uhr). Der Sleeper fährt durch Rannoch Moor, eine strohgelbe Heidelandschaft, und hält in Corrour in fast mondähnlicher Einsamkeit, seit die Großgrundbesitzer im 19. Jahrhundert die Bewohner vertrieben und durch Schafe ersetzt haben. Um 10 Uhr sind Sie in Fort William. Warum stärken Sie sich nicht bei einem guten Bio-Frühstück im Wildcat (21 High St, www.wildcatcafe.co.uk) und fahren dann mit dem Zug weiter nach Mallaig (1,5 Std.) und zur Isle of Skye?

# Ausflug ab Oban

## Reif für die Insel

Lust auf die weite See? Steigen Sie um 7:46 Uhr in Crianlarich, einem Mini-Bahnhof zwischen Glasgow und Fort William, von dem viermal täglich Züge nach Oban fahren, aus dem Highlander. Zwei Stunden Warten werden belohnt mit dem Blick auf Moore, Tannen, das ganze Glen Lochy und kurz hinter Dalmally Loch Awe, wo ein noch schlimmeres Monster als Loch Ness wohnen soll. Es folgen die Ruinen von Kilchurn Castle, Heimat der Campbells, und die Crannogs, Inselchen, die in der Eisenzeit aus dem Wasser ragten. Nach einer letzten Kamerafahrt zwischen Loch Etive und dem Fearnoch Forest rattert der Zug bereits bergab. Direkt am Bahnhof des kleinen viktorianischen Oban mit einer wunderschönen Bucht und ausgezeichneten Meeresfrüchten (Oban Seafood Hut, The Green Shack, Calmac Pier) starten Fähren der Caledonian MacBrayne (»CalMac«) nach Lismore (1 Std.), Mull (1 Std.), Colonsay (2,5 Std.), Coll (2 Std. 45 Min.), Tiree (3 Std. 45 Min.) und Barra (5 Std.). Sechs spannende Inseln!

# Kurs auf Inverness

## Hauptstadt der Highlands

An Bord des Highlanders Richtung Inverness ist Ihr allererster Halt in Schottland Stirling, das den Schotten viel bedeutet, denn hier besiegten sie 1297 und 1314 die Engländer und krönten Maria Stuart zur Königin. Ihre Reise ins Land der Disteln fängt gut an, aber da es erst 5 Uhr morgens ist, lassen wir Sie schlafen. Hauptsache, Sie wachen um 6 Uhr wieder auf, denn in Dunkeld & Birnam begegnen Sie dem echten Hochland. Es ist, als käme der Zug zu einer Ballade von Niel Gow, einem Geiger aus dem 18. Jahrhundert, dem Dunkeld ein Festival gewidmet hat, erst richtig in Fahrt. Auf zu den Wasserfällen in den bewaldeten Schluchten! Auf zum weißen Schloss der Herzöge von Atholl, das aus den Kiefern ragt! Zur Linken liegt Newtonmore mit seinen Cottages, der Lachsräucherei und dem Camanachd-Feld (Vorläufer des Feldhockeys). Zur Rechten serviert Ihnen Aviemore die Cairngorms mit Fischadlern und frei lebenden Rentieren auf dem Tablett. Ankunft in Inverness ist um 8:42 Uhr: Zeit für ein wohlverdientes schottisches Frühstück bei Fiona Girvan (2–4 Stephens Brae, https://girvansrestaurant.co.uk). Und jetzt? Spaziergang am Loch Ness oder mit dem Zug in den hohen Norden? Thurso, das Tor zum Orkney-Archipel, ist nur vier Stunden von Inverness entfernt …

# Praktische Informationen

### FAHRPLAN

Zwei Caledonian Sleepers, der Highlander (Abfahrt Mo – Fr 21:15, So 21 Uhr) und der Lowlander (Abfahrt Mo – Fr 23:50, So 23:30 Uhr), fahren von London-Euston, außer am 25. Dezember.

### PREISE UND KOMFORT

Die Preise variieren je nach Saison und Auslastung der Züge. Der Lowlander ist häufig bereits zwei Wochen vor dem Abfahrtsdatum ausgebucht.
Sitzplatz ab 40 €, *classic room* ab 165 €, *club room* ab 240 €, *Caledonian double* ab 390 €. Interrail- und Eurail-Pässe gelten an Bord, wenn man 120 € zuzahlt (außer für Sitzplätze).

### HIGHLANDER ODER LOWLANDER?

Der Highlander fährt nach Edinburgh, wo er sich in drei Strecken aufteilt mit den Zielbahnhöfen Aberdeen (Nord-Ost), Inverness (Nord) und Fort William (Nord-West). Der **Lowlander** teilt sich ab Carstairs und bedient dann entweder Glasgow (Süd-West) oder Edinburgh (Süd-Ost). Achtung: Der Highlander ist etwas teurer.

### WO KAUFT MAN TICKETS?

Auf www.sleeper.scot oder in jedem britischen Bahnhof.

## Das kleine +

Sie können über eine Stunde vor der Abfahrt einsteigen und schlafen und nach der Ankunft am Endbahnhof ihre Nachtruhe um eine weitere Stunde verlängern!

3

# Der Train bleu ist zurück

*von Thibault Constant*

| 20:52 | Paris<br>FRANKREICH | Nizza<br>FRANKREICH | 9:06 |
|---|---|---|---|

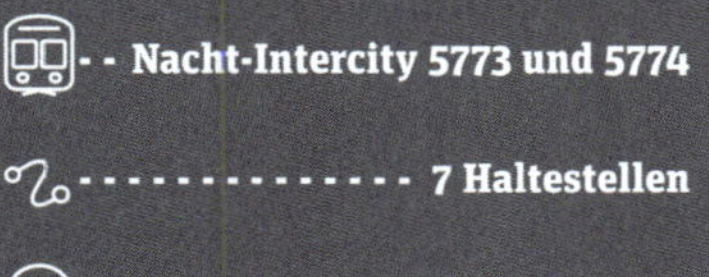
Nacht-Intercity 5773 und 5774
7 Haltestellen
13 Std. 14 Min.

Paris
Nizza

*Le Train bleu – dieser Name lässt uns auf Wolke sieben schweben! Wir tauchen in eine längst vergangene Zeit ein, in der die Großen der Welt sich unter dem Sternenhimmel der Riviera trafen mit ihrem türkisfarbenen Meer, ihren Casinos und Palästen: Carlton, Majestic, Negresco … Jean Cocteau, Winston Churchill, Coco Chanel, Marlene Dietrich und Gracia Patricia von Monaco sind mit diesem Luxuszug gefahren. Zwar hat er im Lauf der Jahre an Pracht verloren, doch zum Glück gibt es ihn noch. Nach 36 Monaten Pause kann man wieder in Paris einschlafen, um in der azurblauen Bucht Baie des Anges aufzuwachen. Ein blauer Zug? Ein roter Teppich zum Himmel, in die Sonne und zum Meer!*

## VIELE ERINNERUNGEN

An diesem Zug hängt mein Herz. 21 Jahre lang war er eine feste Größe meiner Schulferien: Ich bin damit bestimmt 200- bis 300-mal zu meinen Großeltern nach Saint-Raphaël gefahren. Da mein Vater bei der SNCF arbeitete, war Zugfahren für mich im wahrsten Sinne des Wortes ein Kinderspiel. Welch ein Glück, heute wieder damit zu fahren, noch dazu wie früher, um meine Großmutter zu sehen! Ein großer Tag, und um das Glück zu feiern, wieder in meinem ersten Zug zu sitzen, fahre ich bis zur Endstation nach Nizza, drei Haltestellen von Saint-Raphaël entfernt. Dieses Stück fahre ich dann mit dem TER zurück.

# Abfahrt 20:52 Uhr

## AUF DEM BAHNSTEIG IST JEDE MENGE LOS

Ich bin am Bahnhof Paris-Austerlitz, der Hochburg der französischen Nachtzüge. Seit dem letzten Mal hat sich einiges verändert. Zum einen haben die Renovierungsarbeiten am Glasdach Fortschritte gemacht. Aber noch etwas ist anders. Am Bahnsteig ist es bei meiner Ankunft richtig voll. Wahrscheinlich hat die Pandemie unsere Gewohnheiten verändert, und daher nehmen immer mehr Franzosen den Nachtzug. Außerdem ist der neue Train bleu erst im Mai 2021 eingeweiht worden – mit Premierminister Jean Castex als Ehrengast!

*»Ganz entspannt von A nach B kommen, ohne selbst fahren zu müssen.«*

## NICHT NUR EINE FRAGE DES UMWELTSCHUTZES

Die Fahrkartenkontrolle beim Einsteigen geht schnell. Ich beobachte die Menschenmenge, die an Bord strömt: Familien, Rentner, Geschäftsleute und zu meiner Überraschung viele junge Leute. Die Erinnerung an eine Radiosendung, die ich vor einigen Jahren gehört habe, bringt mich zum Schmunzeln. Meine Generation wurde darin als »Generation easyJet« bezeichnet wegen der durch Billigflüge demokratisierten Wochenendtrips ins Ausland. Wie schön, dass der Nachwuchs heute vom Nachtzug begeistert ist, sowohl im Hinblick auf den Umweltschutz als auch wegen der Geselligkeit. Man kann sich entspannt mit Freunden bei einem Aperitif transportieren lassen und die vorbeiziehende Landschaft genießen.

*Le Train du soir*, Raphaël

*Deep Blue Dream*, Éric Serra

*Nissa la Bella*, Nizzas inoffizielle Hymne

*Der blaue Express*, Agatha Christie

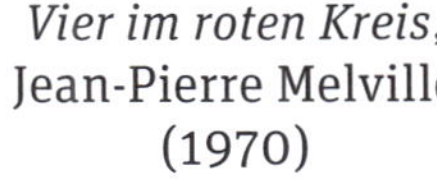

*Vier im roten Kreis*, Jean-Pierre Melville (1970)

*Über den Dächern von Nizza*, Alfred Hitchcock (1955)

## HEUTE ABEND KEIN BOOGIE-WOOGIE

Heute Abend reise ich in der ersten Klasse und steuere Abteil 5 in der Wagenmitte an, einer Gewohnheit meines Vaters folgend. Die Kabinen am Ende der Waggons liegen nämlich über den Triebdrehgestellen, sodass dort das Rollgeräusch des Zugs lauter ist. Meine erste kleine Enttäuschung: keine Steckdose! Mein Waggon ist ein Modell aus den frühen 2000ern, ein alter, verbesserter Corail-Wagen, der nicht modernisiert wurde. Ich wähle die obere Liege. Anders als in der zweiten Klasse ist es recht geräumig, und man kann seine Sachen gut unterbringen. Die SNCF stellt wie üblich Daunendecke, ein weiches Kopfkissen und ein Komfort-Kit. Ich mache mein Bett und lerne meine Mitreisenden kennen, ein Rentnerpaar unterwegs nach Antibes. Mit dem Paris – Nizza sparen sie einen Tag im TGV von ihrem Wohnort Le Havre aus. Auch sie sind dem Train bleu treu. Gemeinsam erinnern wir uns an den Sommer 2016, als die SNCF in der ersten Klasse einen »Premium«-Service anbot und Wagen der russischen Staatsbahn RZD gemietet hatte, in denen Zugbegleiter auf Wunsch iPads verteilten!

### *Der prächtigste Zug der Welt*

Auf einer ersten Strecke Calais-Nizza-Rom, 1883 kurz nach dem Orient-Express eröffnet, wurde 1886 der Calais-Méditerranée Express eingeweiht, lange Zeit einer der berühmtesten Nachtzüge der Welt. Sein Name Train bleu (»blauer Zug«) wird in der öffentlichen Wahrnehmung meist mit dem Mittelmeer in Verbindung gebracht, hat jedoch einen völlig anderen Ursprung: In den 1920ern bekam er neue Waggons, und zwar die ersten Metallwaggons der Internationalen Schlafwagengesellschaft, deren Direktor sie in das Blau von Savoyen kleiden ließ, wo er seinen Militärdienst bei den Alpenjägern abgeleistet hatte. Diese Farbe wurde zum »Schlafwagenblau« und gab dem Zug dann 1947 seinen offiziellen Namen. Der in den 1970ern renovierte Paris-Nizza konnte jedoch neben den TGVs nicht mehr glänzen, und 2007 wurden seine Waggons ausgemustert. Zwar erinnert das berühmte Restaurant an der Gare de Lyon an die Pracht des Train bleu, doch heute bezeichnet dieser Name nur noch zwei einfache Intercitys. Ohne Schlaf- und Speisewagen könnten diese Züge den Blues bekommen!

# IN DER NACHT MIT DEM ZUG DURCH FRANKREICH

Ein Pfiff kündigt die Abfahrt des Zugs an, dann ertönt das Knallen der automatischen Türen und das berühmte, durch das Lösen der Bremsen verursachte »pssst«… Wir sind auf dem Weg gen Süden! Nun beginnt die sanfte Sinfonie der über die Gleise der Gare d'Austerlitz ruckelnden Achsen. Als Kind bin ich im Train bleu immer gleich nach der Abfahrt gegen 22 Uhr eingeschlafen. Heute nicht! Ich bleibe am Fenster kleben, bis es vollkommen dunkel geworden ist. Bei Choisy-le-Rois erblicke ich ein letztes Mal die Seine. Morgen früh werde ich stattdessen das türkisfarbene Wasser des Mittelmeers sehen. Im Abteil lesen alle, und jetzt erkenne ich die eingebaute Leselampe wieder, mit deren Hilfe ich mich als Kind im chinesischen Schattenspiel versucht habe. Später bitte ich darum, die Deckenlampe auszuschalten. Ihr Schalter befindet sich zwischen den beiden oberen Pritschen neben den Reglern für die Abteiltemperatur und die Durchsagelautstärke. Da es in den Betten natürlich warm ist, stellt man den Thermostat besser auf kalt. Mein Wecker klingelt um 8 Uhr. Zu dieser Zeit nähert sich der Zug Les Arcs-Draguignan. Tschüs graues Paris, gleich werden mich Lavendelfelder und Olivenbäume empfangen!

## SONNIGES ERWACHEN

Ich verbringe eine wunderbare Nacht; in den Corail-Wagen schlafe ich immer am besten. Ich wache zur geplanten Zeit auf und bewundere vom Gang aus die Landschaft. Die aufgehende Sonne durchflutet den Zug mit Licht. Den majestätischen Felsen von Roquebrune, eine 372 Meter hohe Felsnase im Var, nannte mein Vater immer die »liegende Frau«. Wer rechts aus dem Zug schaut, kann selbst beurteilen, ob der Fels so aussieht! Gegen 8:15 Uhr bekomme ich leichtes Herzklopfen: Der Zug lässt den Bahnhof Fréjus Autotrain hinter sich. Dieser heute praktisch verlassene Bahnhof war vor wenigen Jahrzehnten Endstation vieler Autoschlafzüge. Damals konnte man sein Auto auf die Schiene stellen, genauer auf einen Autotransport- Waggon, und die Nacht nebenan im selben Zug verbringen, um das Steuer 1000 Kilometer weiter wieder zu übernehmen. Eine Reisemöglichkeit dieser Art wird es hoffentlich eines Tages wieder geben!

## AUF REISEN ZWISCHEN MEER, BERGEN UND MIMOSEN

Ab dem kleinen Bahnhof von St-Raphaël-Valescure, der früher Anfang (und Ende) meiner Ferien ankündigte, beginnt der beeindruckendste Teil der Reise: Wir fahren an einem der schönsten Abschnitte der Côte d'Azur entlang, und das ist erst der Anfang! Star ist die Corniche de l'Estérel, und wir sitzen in der ersten Reihe, um zuzusehen, wie das flammende Felsmassiv ins Mittelmeer stürzt. Wir nähern uns dem Strand von Dramont, an dem im August 1944 alliierte Truppen landeten. Von hier aus lässt sich die kleine Île d'Or mit ihrem Turm bewundern. Comic-Fans von sieben bis 77 Jahren ist sie ein Begriff, denn mitsamt ihrem verfallenen Fort inspirierte sie Hergé zum Titelbild seines Albums *Die schwarze Insel*. Bald kommt die Bucht von Agay mit ihren drei schönen goldenen Sandstränden zu Füßen des Rastel-Gipfels ins Blickfeld. Dann überquert der Zug das Estérel-Massiv und schlängelt sich zwischen Bergen und Buchten weiter. Blaues Wasser, rote Felsen, silbergrauer Eukalyptus und grüne Sträucher erschaffen ein herrliches mediterranes Bühnenbild mit paradiesischem Flair! Sie sollten es unbedingt im Februar sehen, wenn die Mimosen blühen und die ganze Komposition in Gelb erstrahlen lassen. Das Spektakel erreicht seinen Höhepunkt, als der Zug den Viadukt von Anthéor erreicht, der seit dem 19. Jahrhundert die gleichnamige Bucht überragt. Von hier aus bietet sich ein atemberaubendes Panorama auf das Meer und die Berge.

# Ankunft 9:06 Uhr

## DIE BUCHT DER ENGEL IM BLICK

Nach Théoule-sur-Mer ist endlich die Bucht von Cannes zu sehen. Im Winter kann man bei klarem Himmel vom Zug aus sogar die schneebedeckten Alpen im Hintergrund erspähen. In der Stadt an der Croisette angekommen, fährt der Zug am Strand von La Bocca entlang, stets nur wenige Meter vom azurblauen Meer entfernt.

Hinter dem Bahnhof von Cannes ändert sich die Landschaft deutlich: Die Natur weicht den zubetonierten Badeorten der Côte d'Azur, und etliche Hochhäuser verstellen den Blick. Zwischen Antibes und Villeneuve-Loubet fährt der Zug aber dann wieder nur einen Steinwurf entfernt am Meer entlang. Bei strahlendem Sonnenschein taucht am Horizont die Baie des Anges auf … Einige Minuten später fahren wir in Nizzas Bahnhof Nice-Ville ein.

### Statt Wecker zirpende Zikaden

Der Paris-Nizza bietet sechs Ziele als reizvolle Zwischenstopps am Mittelmeer. Von Marseille (Ankunft 6:29 Uhr) mit dem alten Hafen, dem Mucem und den Calanques über Toulon mit seinem Hafen (7:17 Uhr), Draguignan (7:58 Uhr) mit provenzalischem Markt und Pastisterrassen unter Platanen, Saint-Raphaël (7:58 Uhr) mit Dolce Vita unter Kiefern, Cannes (8:39 Uhr) mit dem Hügel von Le Suquet bis nach Antibes (8:50 Uhr) mit dem grandiosen Kap sind Sie an einer vom Himmel gesegneten Küste unterwegs.

# Angekommen, und nun?

## Schnell ein kleines Pan Bagnat!

Der Marché de la Libération, fünf Minuten zu Fuß vom Bahnhof entfernt, ist das ideale Ziel, um die besten Pans Bagnats der Stadt zu probieren. An Markttagen ist der Kiosk Chez Tintin an der Place du Général-de-Gaulle ab 7 Uhr geöffnet. Dort gibt es alle Spezialitäten aus Nizza. Eine lokale Institution mit Terrasse!

**Chez Tintin, 3 Pl. du Général-de-Gaulle, Nizza, Di–Fr 7–15, Sa, So ab 6 Uhr**

# Der Zug der Wunder

## Breil-sur-Roya

### *Von einem Zug in den nächsten*

Am Bahnhof Nice-Ville kann man in den treffend benannten Train des Merveilles nach Breil-sur-Roya steigen. Dieser kurze TER fährt vom Meeresspiegel bis auf 1000 Meter in die Alpen hinauf und durchquert dabei das Hinterland sowie die imposanten Täler Paillon, Roya und Bévéra. Von Breil-sur-Roya aus lässt sich die Zugfahrt sogar nach Italien fortsetzen.

# Praktische Informationen

**FAHRPLAN**

Ein Zug pro Tag. Abfahrt Paris-Austerlitz um 20:52 Uhr, Ankunft in Nizza (Nice-Ville) um 9:06 Uhr. Achtung, die Fahrzeiten ändern sich regelmäßig um ein paar Minuten wegen Bauarbeiten auf der Strecke (aktuelle Informationen unter www.sncf.com/de).

**PREISE UND KOMFORT**

Sitzplatz ab 29 €, Zweite-Klasse-Abteil (mit 6 Liegeplätzen) ab 29 €. Erste-Klasse-Abteil (mit 4 Liegen) ab 70 €. Außerhalb der Hochsaison besteht die Möglichkeit, ein Abteil der ersten oder zweiten Klasse privat zu reservieren (Zusatzpreis 45 €) oder ein Abteil *nur für Frauen* zu buchen (kostenloser Service für Frauen, die allein oder in Begleitung kleiner Kinder reisen). Achtung: Die Preise variieren je nach Saison und Nachfrage.
Interrail- und Eurail-Pässe gelten an Bord des Zugs mit einer Zuzahlung, je nach Wahl der Komfortklasse.

**WO KAUFT MAN TICKETS?**

Auf www.sncf.com/de oder an einem Schalter, da die Nachtzüge auf der Internetseite nicht immer angezeigt werden.

## Das kleine +

Vor Nizza hält der Train bleu sechsmal, aber nicht vor Marseille (Blancarde), um 6:29 Uhr, damit Sie Ihre neun Stunden Schlaf bekommen können!

4

# Próxima estación… Portbou!

*von Thibault Constant*

| 22:12 | Paris<br>FRANKREICH | Portbou<br>SPANIEN | 10:50 |
|---|---|---|---|

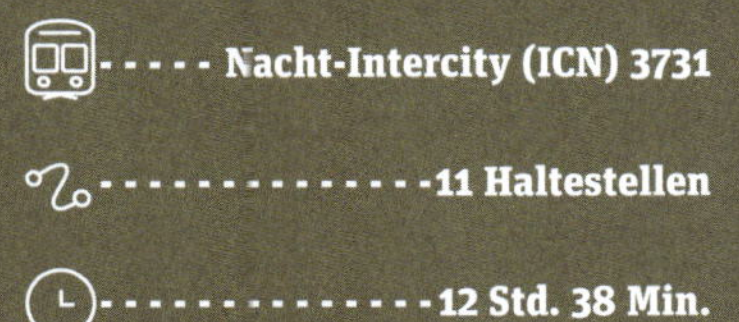
Nacht-Intercity (ICN) 3731
11 Haltestellen
12 Std. 38 Min.

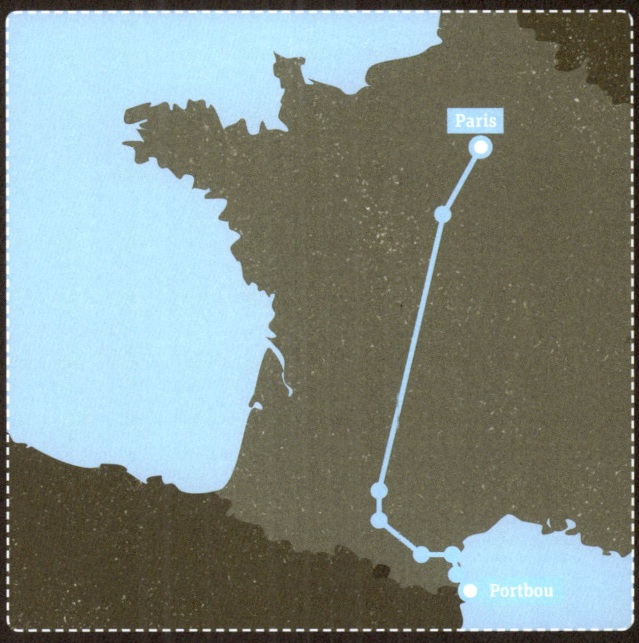
Paris
Portbou

*Raus aus dem Grau von Paris, erwachen unter spanischem Himmel am wogenden blauen Mittelmeer ... In weniger als zwölf Stunden verbinden die wackeren Corail-Wagen die französische Hauptstadt mit Portbou, einem kleinen katalanischen Ort in der Kalkfelslandschaft zwischen Pyrenäen und Mittelmeer. Also auf nach Katalonien mit seinen Terrassen und sonnigen Stränden, wo sofort hinter der Grenze alles anders ist: die Sprache, das Licht, die Küche – und sogar die Schienenbreite.*

## Abfahrt 22:12

### AUSTERLITZ, EINE BAUSTELLE

Paris, Gare d'Austerlitz: Ein Gerüste-Wald verbirgt das riesige Glasdach von 1867, das mich sofort an die Zugfahrten meiner Kindheit erinnert, als mein Bruder und ich zu unseren Großeltern fuhren. Dieses Mal bin ich mit meiner Mutter unterwegs. Seit etwa zehn Jahren wird das Bahnhofsgebäude aufwendig renoviert. Angesichts seiner abgenutzten Gänge ist es schwer vorstellbar, dass von der einstigen Gare d'Orléans aus lange Zeit scharenweise Reisende in den französischen Südwesten aufbrachen. Mit der Eröffnung der Schnellstrecke LGV Atlantique 1989 entthronte die TGV-Endstation Paris-Montparnasse die Gare d'Austerlitz. Dennoch blieb sie die letzte Bastion der französischen Nachtzüge. Bis 2013 konnte man von hier aus mit dem Zug nach Madrid oder Barcelona fahren. Das geht zwar inzwischen nicht mehr, aber man kann sich immer noch eine nächtliche Zugreise nach Spanien gönnen, indem man hier in den letzten internationalen Nachtzug der SNCF steigt: den Intercity nach Portbou.

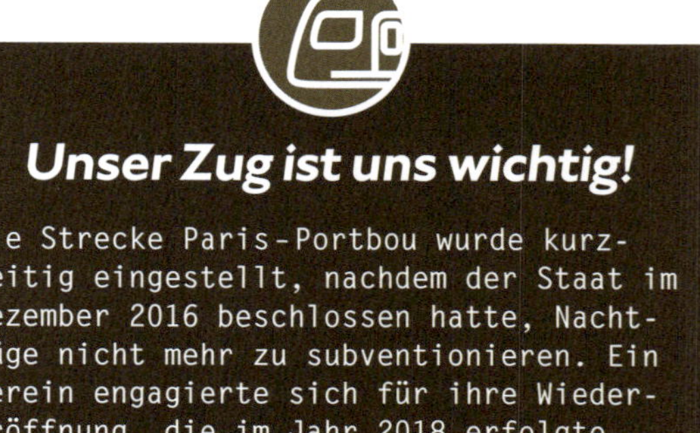

**Unser Zug ist uns wichtig!**

Die Strecke Paris-Portbou wurde kurzzeitig eingestellt, nachdem der Staat im Dezember 2016 beschlossen hatte, Nachtzüge nicht mehr zu subventionieren. Ein Verein engagierte sich für ihre Wiedereröffnung, die im Jahr 2018 erfolgte.

## RELIKT AUS ALTEN ZEITEN

Für diese Reise haben meine Mutter und ich Liegen in einem Sechserabteil der zweiten Klasse gebucht. Es hätte zwei weitere Optionen gegeben: erste Klasse (mit vier Liegen pro Abteil) oder Sitzplätze.

Sobald wir den Waggon betreten, wirkt der besondere Geruch der SNCF-Kabinen auf mich wie eine Madeleine auf Marcel Proust: Er weckt lange zurückliegende Reiseerinnerungen.

»… der Geruch im Liegewagen wirkt auf mich wie eine Madeleine auf Marcel Proust.«

Wir betreten unsere Kabine, in der wir die unteren Liegen gebucht haben. Ich finde die Betten oben viel besser, aber die unteren sind im Vergleich zu den echt engen, mittleren Liegeplätzen noch immer in Ordnung. Wir verstauen unser Gepäck unter den Betten und finden dort auch das Komfort-Kit der SNCF: Ohrstöpsel, Erfrischungstücher, eine kleine Wasserflasche, alles in einer Kühltasche, die man mitnehmen kann – eine ideale kleine Kühlbox für den Strand.

Der Inhalt der Kits verändert sich immer mal wieder: Die SNCF hat das Kit auch schon mal mit Einwegsocken und Smartphone-Reiniger bestückt!

Um ihren Fahrgästen süße Träume zu bescheren, legt die französische Staatsbahn ein Kopfkissen und einen schlau konzipierten Schlafsack mit einer dünnen Seite für Sommernächte und einer dickeren für den Winter bereit. Zu jeder Liege gehört eine oft launische Leselampe und ein Netz für persönliche Dinge.

Das größte Manko ist: Es gibt keine Steckdose, heutzutage eigentlich ein Unding. Um eine zu finden, muss man auf die Toilette oder in den Gang gehen, was zu einem seltsamen Ballett führt, wenn Reisende sich zwischen Handyladegeräten den Weg bahnen müssen. Man darf sich auf den Wiederbelebungsplan für Nachtzüge freuen, der – eine gute Nachricht – die Renovierung von 70 Liegewagen mit einer Steckdose für jedes Bett vorsieht!

## WIR VERLASSEN DIE STADT

Auf dem Bahnsteig, wo ich ein paar Fotos mache, beeilen sich die Fahrgäste des Paris – Portbou, ihre Waggons zu finden, ein Walzer, der immer lustig zu beobachten ist. In wenigen Minuten wird diese Hektik dem Schaukeln des Zugs weichen. Im Abteil haben sich drei Personen zu uns gesellt, ein junges Paar und ein Mann um die 40. Als der Zug endlich abfährt, beschäftigt sich jeder, wie er Lust hat: lesen, einen Film schauen ... Meine Mutter guckt ihre Lieblingsserie, und ich widme mich dem, was ich in Zügen am liebsten mache: aus dem Fenster schauen. Während unser Zug über die Gleisanlagen durch den Bahnhof gleitet, bewundere ich das Spiel des Lichts, das die Fassaden, Leitungen und Abstellgleise aufleuchten lässt. Es ist schwierig, alle Details genau zu erkennen, aber das trägt zum Charme des Ganzen bei. In einem fast meditativen Zustand lasse ich meine Gedanken schweifen, während wir die Hauptstadt allmählich hinter uns lassen.

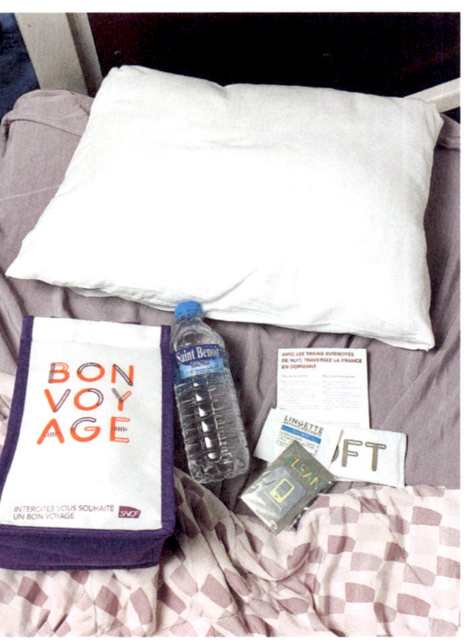


> *»Corail-Liegewagen sind sehr komfortabel, auch für große Menschen.«*

## ABSOLUTE RUHE

Ich bereite mich auf die Nacht vor. In unserem Wagen gibt es zwei WCs und zwei Kabinen mit Waschbecken, die sowohl praktisch als auch sauber sind. Ich gehe ein letztes Mal durch die nun menschenleeren Gänge zurück zu unserem Abteil. Ich verriegle die Tür und lege mich hin, ohne den Wecker zu stellen. Portbou ist die Endstation, und so besteht kein Risiko, die Haltestelle zu verpassen. Gegen 23:30 Uhr hat mich das Rollen des Zugs friedlich in den Schlaf gewiegt. Die Corail-Liegewagen aus den 1970ern sind auch für große Menschen sehr bequem. Und unglaublich: Obwohl ich die Ohren spitze, herrscht Stille! Ich schlafe sehr gut und wache gegen 8:15 Uhr mit der angenehmen Aussicht auf, noch zwei Stunden im Bett liegen bleiben zu können. Den Nachtzug zu nehmen bedeutet nämlich nicht automatisch, früh aufzuwachen.

## 8:15 Uhr

### TANZENDE FLUTEN

Am Morgen öffnet sich unser Vorhang für ein imposantes Schauspiel: Die Sonne geht genau in dem Moment auf, als unser Zug zwischen den in Blau- und Grüntönen funkelnden Lagunenseen von Bages-Sigean und Ayrolle dahingleitet. Es ist 8:15 Uhr, und der Blick zu beiden Seiten ist herrlich. Das Wasser fließt in nur zwei bis drei Meter Entfernung an uns vorbei, als würden wir auf dem Étang fahren, und weiter hinten am Horizont des Mittelmeers zeichnet sich Port-la-Nouvelle ab.

## FLUCHTLINIEN

Ich gehe durch die erste Klasse zu dem Wagen mit den Sitzplätzen mit verstellbaren Lehnen am Zugende. Dort haben mein Bruder und ich uns schon immer am liebsten aufgehalten, am hinteren Fenster, durch das man die Gleise davonfliegen sieht… Wie schön es ist, an Kindheitserinnerungen anknüpfen zu können!

Dann sitze ich wieder in unserem Abteil. Wir haben die mittleren Liegen hochgeklappt und das Fenster einen Spalt geöffnet, damit die Luft des Südens ins Abteil weht. Alles ist ruhig. Wir bewundern die vorbeiziehende Landschaft: Richtung Meer der Étang de Leucate und die Stadt Port-Leucate; Richtung Hinterland die Pyrenäen mit ihren ersten schneebedeckten Gipfeln… Bald erreichen wir den Bahnhof von Perpignan, wo viele Fahrgäste aussteigen. Hinter Argelès-sur-Mer verlangsamt der Zug sein Tempo. Er schlängelt sich zwischen den Bergen und der zerklüfteten Côte Vermeille hindurch, zuerst eine Abfolge von Felskanten und Buchten, dann ein langes, gerades Band mit einer ganzen Reihe von Badeorten – Collioure, Port-Vendres, Banyuls-sur-Mer – so viele Namen, die Lust auf Urlaub machen!

Im Jahr 1943 ließ sich Charles Trenet auf dem Weg zu einem Konzert zwischen Montpellier und Perpignan im Zug von der Landschaft, die in Höhe der Étangs vor Narbonne an seinen Augen vorbeizog, verzaubern. Der Sänger besorgte sich ein Stück Papier und hatte vor seiner Ankunft noch Zeit genug, das Chanson zu komponieren, das sein größter Erfolg werden sollte: *La Mer*.

*Collioure*, Stéphanie Lignon

*Untitled #1*, Spain

*Voir la mer*, Adrien Gallo

*Der Untergang der Cala Galiota*, Josep Pla

*Gala & Dalí*, Sylvia Frank

## Collioure

### 10:21 Uhr

*Unterwegs aussteigen*

»Nirgends in Frankreich ist der Himmel so blau wie in Collioure«, sagte Matisse, der es gemalt hat. Wo die Pyrenäen ins Mittelmeer eintauchen, schmiegt sich der hübsche Fischerort in die schönste Bucht der Côte Vermeille. Benannt ist die »Zinnoberküste« nach dem Felsenglühen in der Morgenröte. Frühstück mit Meerblick gibt es im St-Elme gegenüber vom Strand von Port-d'Avall. Die Café-Brasserie ist nicht so voll wie die Lokale an der Plage St-Vincent und bietet einen tollen Blick zum alten Leuchtturm mit der pinkfarbenen Kuppel im Hafen.

**www.brasserielesaintelme.com**

# Ankunft 10:50 Uhr

## AM RAND FRANKREICHS

9:45 Uhr: Wir erreichen Cerbère. An der Südspitze des Hexagons ist dies der letzte Bahnhof an der Côte Vermeille und die letzte französische Stadt vor der spanischen Grenze. Um die Besonderheit dieses Bahnhofs zu verstehen, muss man wissen, dass in Spanien andere Schienen verwendet werden als in Frankreich: Ihre Spurweite ist um einige Zentimeter breiter, um im Kriegsfall Invasionen über die Schiene zu verhindern. Damit man leichter umsteigen kann, verfügen beide Bahnhöfe, Cerbère und Portbou, über Gleise mit iberischer und mit Standardspurweite, die mit 1500 Volt elektrifiziert sind. So können Züge aus Frankreich in Portbou enden und Züge aus Spanien in Cerbère. Ein letzter Tunnel und wir sind in Spanien! Pünktlich auf die Minute erreichen wir Portbou auf französischen Gleisen. Der verfallene Bahnhof überrascht mit seiner spektakulären Größe. Nach einem Kaffee auf der Terrasse der typischen kleinen Brasserie Casa David, nur zwei Minuten vom Bahnhof entfernt, steige ich in einen Zug Richtung Gerona, der in Barcelona enden wird. Wer Zeit hat und spanische Luft schnuppern möchte, kann einen Tag in Portbou verbringen, mit seinem Fischerhafen und der Altstadt mit der Kirche Santa Maria. An der Strandpromenade lässt sich auf mehreren Terrassen bei einem Drink der Meerblick genießen. Mutige fahren ein paar Stunden Seekajak, andere folgen dem GR92 entlang der Costa Brava von paradiesischen Buchten zu charmanten Dörfern wie Cadaqués, Pals, Tossa de Mar, Calella de Palafrugell etc.

## Le Train jaune

63 Kilometer
und 19 Tunnel

## Die Cerdagne entdecken

### Von einem Zug in den nächsten

Als Pendant zum Paris – Portbou weiter westlich fährt ab Paris-Austerlitz auch der Nachtzug L'Occitan. Sein Vorteil? Am Bahnhof Latour-de-Carol an der spanischen Grenze kann man in den gelben Zug umsteigen, um die malerischen katalanischen Pyrenäen zu entdecken. Auf der 63 Kilometer langen, spektakulären Strecke durchquert der Zug mit dem Spitznamen »Kanarienvogel« die bergige Cerdagne und hält in Villefranche-Vernet-les-Bains. Der Zug fährt durch 19 Tunnel und über mehrere bemerkenswerte Brücken, wie den 65 Meter hohen, zweistöckigen Viadukt der Pont Séjourné. Im Sommer fährt man in einem offenen Waggon – magisch!

# Praktische Informationen

### FAHRPLAN

Im Juli und August täglich, den Rest des Jahres nur freitags und sonntags. Abfahrt in Paris-Austerlitz um 22:12 Uhr, Ankunft in Portbou um 10:50 Uhr. In entgegengesetzter Richtung fährt der Zug in Cerbère ab und nicht in Portbou!

### PREISE UND KOMFORT

Sitzplatz ab 29 €. Liege in einer Kabine zweiter Klasse ab 29 €. Liege in der ersten Klasse ab 70 €.
Achtung: Die Preise variieren je nach Saison und Nachfrage.
Interrail- und Eurail-Pässe gelten an Bord des Zugs mit Aufpreis je nach Klasse.
Pluspunkt? Man kann für 5 € sein Fahrrad mitnehmen.

### WEITERE STRECKEN

Paris/Latour-de-Carol – Enveitg (D 3971); circa elf Stunden Fahrzeit. Abfahrt von Paris-Austerlitz um 22:12 Uhr. Ankunft um 9:12 Uhr in Latour-de-Carol (s. links »Von einem Zug in den nächsten«).

### WO KAUFT MAN TICKETS?

Auf www.sncf.com/de oder an einem Schalter, was zu empfehlen ist, da Nachtzüge auf der Website der SNCF nicht immer zuverlässig angezeigt werden.

### Das kleine +

Vom Bahnhof von Portbou sind es nur sechs Minuten zu Fuß zum Strand!

5

# Portugiesische Herberge

*von Séverine Chave*

18:35 Hendaye FRANKREICH — Lissabon PORTUGAL 7:30

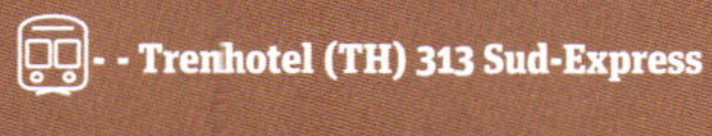
Trenhotel (TH) 313 Sud-Express
18 Haltstellen
13 Std. 55 Min.

Hendaye
Lissabon

*Die weiße Stadt mit ihrer roten Brücke und den verträumten Hügeln ist eine Berühmtheit … Die Straßen voller Street-Art und die Strände zum Chillen sind ebenso beliebt wie die alten Straßenbahnen, die versteckten Museen und die verrückten Food Courts. Nach einer köstlichen Vorspeise im Speisewagen entführt Sie das sonnige, herzliche und gastronomisch einmalige Lissabon in neue Höhen des Genusses.*

# Abfahrt 18:35 Uhr

## EIN HAUCH VON *SAUDADE*

Die Hitze ist drückend, als ich aus dem TGV steige, der mich am Bahnhof von Hendaye abgesetzt hat. Ein salziger Geruch steigt mir in die Nase. Sofort fühle ich mich wie im Urlaub. Wie schade, ich habe nur eine Stunde Aufenthalt, die ich brauche, um den Bahnsteig zu finden, von dem der Zug abfährt, der mich in den Süden bringt. Ich hätte lieber einen kleinen Umweg zum Strand gemacht, an dem ich meine Sommer als Kind verbracht habe …

## VERSTECKTER BAHNHOF

Die Anzeigetafeln in der Halle holen mich auf den Boden der Tatsachen zurück: Lissabon steht nirgends. Das stresst mich etwas. Niemand am Schalter, kein Hinweis auf meinem Ticket. Ich verlasse den Bahnhof, denn ich brauche einen Kaffee und etwas Abstand. Ich setze mich in die Bar der Casa José, eine sympathische Kneipe auf der anderen Straßenseite; den Bahnhof habe ich von dort im Blick. Ich brauche gute 15 Minuten, bis ich begreife, dass sich hinter diesem Bahnhof ein zweiter verbirgt: links vom SNCF-Parkplatz hinter einem großen Tor mit der Aufschrift »EuskoTren – Hendaia« (Spanien ist in der Tat um die Ecke). Von hier aus fahren sehr häufig Pendelbusse nach Irún und San Sebastián (Donostia) und auch die Nachtzüge nach Lissabon … Erleichtert bezahle ich meinen Kaffee und schleppe meinen Koffer zum Eingang. Um mich herum sprechen alle schon Spanisch. Die Grenze ist ja nur 500 Meter entfernt.

## Vor der Abfahrt

### Tapas essen ohne Ende!

*Plazer baduzu!* Nur wenige Minuten von Hendaye entfernt liegt die Stadt San Sebastián (Donostia auf Baskisch), deren Tapas-Restaurants legendär sind. Ein Grund für einen Abstecher ins spanische Baskenland! Eusko-Tren bietet von Hendaye aus alle 30 Minuten einen Pendelbus dorthin an, von 5 bis 22:30 Uhr (circa 35 Min. Fahrzeit). Eine gute Gelegenheit, sich mit kleinen Köstlichkeiten einzudecken, zu spanischer Zeit zu Mittag zu essen oder sich vor der Fahrt nach Lissabon einen Aperitif zu gönnen.

*Cielo Ciego* und *Tu m'emmènes*, Boulevard des Airs

*Guarda-me a vida na Mão, Andorinhas*, Ana Moura

*Nachtzug nach Lissabon*, Pascal Mercier

*Reisen und andere Reisen*, Antonio Tabucchi

*Nachtzug nach Lissabon*, Bille August (2013)

## AUF IN DEN SÜDEN!

Ganz bin ich aber noch nicht erlöst. Auf einer Informationstafel ist mein Zug auf Gleis B angekündigt, dabei war ich in alter Gewohnheit auf eine Ziffer eingestellt, um den Bahnsteig zu finden. Wo sind die mit Buchstaben beschrifteten Gleise? Meines scheint sich jedenfalls in der hintersten Ecke des Bahnhofs zu verstecken. Instinktiv folge ich dem Strom der Reisenden mit riesigen Rucksäcken, die ja wohl nicht bloß Pendler sein können und auf eine unsympathische Barriere aus grünem Metall zudrängen. Eine große, blonde Kontrolleurin ruft ihnen in gebrochenem Französisch zu, dass sie warten sollen, und redet dann auf Portugiesisch weiter. Ich verstehe nur, dass von »*Lisboa*« die Rede ist. Dann gelingt es mir, meine Fahrkarte zu zeigen und durch die begehrte Tür zu gehen. Unter dem Vordach des Bahnsteigs für Nachtzüge stehen die Fahrgäste in kleinen Gruppen zusammen. Einige machen Übungen, um sich auf Stunden der Unbeweglichkeit vorzubereiten. Dann fährt der weiß mit violetten Streifen lackierte Renfe-Zug langsam mit metallischem Knirschen ein.

## AMBIENTE DER WAGGONS

Als ich an Bord gehe, erfahre ich, dass – oh Wunder! – dieser Zug im Gegensatz zu meinen früheren Erfahrungen im Osten Südeuropas einen Speisewagen hat. Welch ein Glück! Nachdem ich meine Sachen in mein Abteil gebracht habe, dessen vier Liegeplätze noch leer sind, mache ich mich auf die Suche. Die erste Überraschung: Jeder Waggon sieht völlig anders aus. Während meiner mit seiner kakifarbenen Dekoration an die graue Architektur des sozialen Wohnungsbaus der 1970er erinnert, weist der nächste eher runde Formen auf, ist komplett bonbonrosa und wirkt wie ein Teletubby-Dorf. Hinter einer weiteren Tür tauche ich in eine gediegene Welt ein, in der sich zylinderförmige Kabinen wie große Flaschen aneinanderreihen, ausgelegt mit flauschigem Teppich in Anthrazit. Wer weiß, was noch alles kommt?

## *SALUD!* ESPERANTO!

Der Speisewagen ist weniger extravagant, aber auf jeden Fall einladend. Ich setze mich an die Bar und bestelle ein Glas Rotwein – zum Essen ist es in diesen Breiten Europas noch zu früh. Der Barkeeper, ein großer, resoluter und schon etwas älterer Mann, spricht nur Spanisch und Portugiesisch. Zum Glück sind die Namen der Weine eine universelle Sprache. Ein junges Paar setzt sich neben mich, und wir kommen ins Gespräch. Als Pariser Architekten haben sie sich auf nachhaltiges Bauen spezialisiert und gehören zu den »Verbissenen, die der Meinung sind, dass man nicht fliegen sollte«. Aber nicht nur aus Umweltschutzgründen nehmen sie den Zug: »Wir haben uns gedacht, es ist eine ziemlich coole Erfahrung!« Wenig später schaffe ich es, in Zeichensprache *bacalhau* zu bestellen. Ich esse schweigend, eingelullt vom Stimmengewirr und dem Kommen und Gehen. Solo-Senioren unterhalten sich mit dem Barkeeper – ich kann ihre Worte nicht verstehen, aber sie klingen melodisch. Draußen verlängert der Sonnenuntergang in der kastilischen Landschaft die Schatten.

## MITBEWOHNERINNEN

Ein letzter Kaffee, und ich gehe wieder in mein Abteil, während der Zug den Bahnhof von Burgos verlässt. Es ist schon 22 Uhr, aber die Frauen, mit denen ich mein Abteil teile, unterhalten sich noch angeregt. Die drei plaudern fröhlich auf Niederländisch. Ich begrüße sie, stelle mich kurz vor, und wir sprechen auf Englisch weiter. Die beiden Freundinnen um die 20 sind mit der Mutter der einen unterwegs. Eine von ihnen studiert Kunstgeschichte und Anthropologie in Amsterdam, die andere arbeitet als Managerin in einem Restaurant und unterrichtet Yoga. Alle drei erzählen mir, dass sie gern mit dem Zug fahren und ihnen das Verkehrsmittel und die Reisezeit genauso wichtig sind wie das Ziel. Nacheinander machen wir uns im Waschraum auf dem Gang frisch und informieren uns gegenseitig über die Länge der Warteschlange. Dann geht das Licht im Zug aus. Ich lasse meine Lampe etwas länger an, lese noch ein paar Seiten des sehr passenden Buchs *Nachtzug nach Lissabon* von Pascal Mercier und schalte dann ebenfalls das Licht aus, um meine Mitreisenden nicht länger zu stören. Es ist Mitternacht, der Zug verlässt gerade den Bahnhof von Medina del Campo.

> »Anders als im Flugzeug siehst du, wie sich die Landschaft verändert.«

**6:30 Uhr**

## BADEZIMMER-PARTY

Ab 6:30 Uhr geht die Badezimmer-Party weiter. Das Frühstück wird serviert, und zugleich werden unsere Tickets kontrolliert. Ich lächle über das seltene Ereignis: Gemeinsam mit drei völlig Fremden, die Augen noch schläfrig, das Gesicht zerknittert und das Haar zerzaust, trinke ich fröhlich meinen heißen Kaffee und spüre das Kribbeln der Vorfreude auf die Ankunft in einer traumhaften Stadt.

## IMMER BERGAUF

Nach kurzem, aber herzlichem Abschied auf dem Bahnsteig verlasse ich meine Reisegefährtinnen und den Bahnhof Santa Apolónia. Ich gerate in ein Labyrinth steiler Gassen und möchte immer weiter bergauf gehen. Ich brunche bei Maria Limão in der Rua da Verónica und lande auf dem Vorplatz der Kirche von Graça hoch über der Stadt. Hier sehe ich mich satt, bevor ich am Fuß der Ponte del 25 de Abril die LX Factory besuche, ein Industriegelände, das heute Designerboutiquen, Bars und originelle Restaurants beherbergt. Dann gönne ich mir einen Sprung in den Atlantik. Der Strand von Carcavelos ist mit dem Auto in nur 30 Minuten (und in etwa einer Stunde mit dem Zug) zu erreichen. Und der Tag fängt ja erst an!

# Und nun?

*Lust auf was anderes?*

We Hate Tourism Tours bietet Ihnen die Möglichkeit, Lissabon anders zu entdecken. Das Motto: »Das Smartphone weglegen, sich treiben lassen und neue Freunde finden.« Der Anbieter hat seinen Sitz am Eingang der LX Factory und ist unter https://wehatetourismtours.com zu finden.

# Praktische Informationen

**FAHRPLAN**

Abfahrt in Hendaye um 18:35 Uhr, Ankunft in Lissabon-Santa Apolónia um 7:30 Uhr (lokaler Zeit – 8:30 Uhr deutsche Zeit).
Aufgrund der Pandemie kann es zu Einschränkungen kommen. Bitte informieren Sie sich über das aktuelle Angebot auf www.sncf.com/de

**PREISE UND KOMFORT**

Eine Liege in einer Kabine der zweiten Klasse für vier Personen *(cama turista)* mit Waschbecken kostet circa 95 €.
Alleinreisende haben die Möglichkeit, bei der Buchung ein Abteil mit Mitreisenden desselben Geschlechts anzufragen. Zahlen Sie gegebenenfalls etwa 20 € mehr für ein Bett in einer Kabine der ersten Klasse für zwei Personen *(cama preferente)* mit Waschbecken und privatem WC. 150 € zahlt man für ein Bett in einer Einzel- oder Doppelkabine der ersten Klasse *(cama gran class)* mit Dusche, Waschbecken und Privat-WC. Fahrgäste der *camas preferentes* und der *camas gran class* haben den Vorteil eines kostenlosen Parkplatzes und Zugang zur Club Lounge im Abfahrtsbahnhof.

**WO KAUFT MAN TICKETS?**

Auf www.sncf.com/de oder am Schalter, was die empfehlenswerte Option ist, da die Website der SNCF Nachtzüge nicht immer zuverlässig anzeigt.

6

# Der Ruf des Tejo

*von Rozenn Le Roux*

21:43 Madrid
SPANIEN

Lissabon 7:30
PORTUGAL

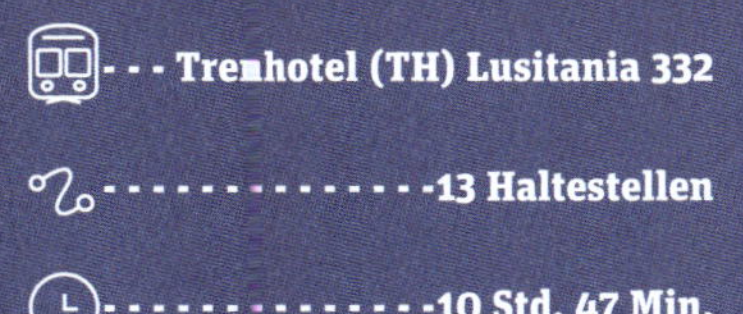

Trenhotel (TH) Lusitania 332
13 Haltestellen
10 Std. 47 Min.

Madrid
Lissabon

*Lissabon ist zweifellos eine der schönsten Hauptstädte Europas! Nach einer langen Reise an Bord des Lusitania empfängt Sie eine Stadt der sieben Hügel im sanften Licht des frühen Morgens, glänzend am Ufer des spektakulären Tejo, der hier in den Atlantik mündet. Ihr schwarz-weißes Kopfsteinpflaster, ihre gelben alten Straßenbahnen, ihre Häuser mit farbenfrohen Azulejos, ihre kleinen Gassen voller Bougainvilleen und ihre Brücke, die so rot leuchtet wie die Nelken im April, versetzen Sie auf jeden Fall in andere Zeiten. Und ihre Sonnenuntergänge ziehen Sie unwiderstehlich aufs Meer hinaus.*

## Abfahrt 21:43 Uhr

### QUÉ CALOR!

Madrid, 19:30 Uhr. An diesem späten Juli-Nachmittag erstickt die spanische Hauptstadt in der Hitze – es hat über 30 °C! Wie ihre Bewohner kühle auch ich mich im Retiro-Park etwas ab, einer echten grünen Lunge im Herzen der Stadt. Das Flanieren zwischen hohen Bäumen, Brunnen und stattlichen Gebäuden lädt zum Träumen ein. Ich pausiere auf der Terrasse einer Bar, die für einen der besten *vermuts* Madrids bekannt ist – Bodegas Casas. Kaum zu glauben: Schon heute Abend sitze ich im Zug nach Lissabon, über 500 Kilometer vom lebenslustigen Madrid entfernt!

## AUFTRIEB

Nach ein paar Tapas betrete ich Atocha, Spaniens größten Bahnhof, ein Juwel der Eisenbahnarchitektur des 19. Jahrhunderts. Die historische Halle wölbt sich über einem erstaunlichen tropischen Garten, einer Quelle der Frische. Aber ich muss meinen Zug erreichen! Ich nehme den nächsten *tren de cercanías* zum Bahnhof Chamartín in Madrids Norden. Es ist 21 Uhr, und da mein Talgo noch nicht angezeigt wird, kaufe ich mir draußen ein Sandwich mit *jamón iberico*. In der klimatisierten Halle warten Reisende aufgeregt auf die Bekanntgabe des Gleises. Knapp 20 Minuten vor Abfahrt lässt die Durchsage die Menschen zum Gleis strömen. Ich bin eine von ihnen, mit meinem Rucksack etwas schwer beladen.

## GANZ WOANDERS

Der Zug, ein Konvoi weiß lackierter Wagen mit roten und bordeauxfarbenen Streifen, ist ein Trenhotel, wie die Marke der spanischen Eisenbahngesellschaft Renfe heißt. Ich bahne mir den Weg durch den Gang zu meiner Kabine für vier Personen. Ich teile sie mit anderen Frauen. An die Wand gedrückt, lasse ich einige verloren wirkende Reisende vorbei. Endlich bin ich im Abteil. Zu meiner Überraschung sind die Liegen noch nicht ausgeklappt. Ich entdecke vier freie Sitzplätze und setze mich auf meinen ans Fenster. Die Kabine ist zwar winzig und etwas altmodisch, aber das macht nichts, denn ich bin im Kopf schon ganz woanders – in Lissabon mit seinem Labyrinth weißer Gassen ...

## ICH BIN NOCH NICHT MÜDE

Schon bald stürmen meine Reisegefährtinnen – zwei Spanierinnen und eine Belgierin – herein und reißen mich aus meinen Gedanken. Wir unterhalten uns auf Spanisch, der Bahnhofsvorsteher pfeift. Der Zug startet gemächlich in Richtung Westen. Ich packe mein Sandwich aus und beobachtete, wie sich die Hochhäuser Madrids entfernen. Kurz vor 23 Uhr klopft der Schaffner, kontrolliert die Fahrkarten und richtet die Schlafliegen. Ich schaue unterdessen, was in der Cafeteria los ist. Im Barwagen geht es zu wie im Turm von Babel; Reisende verschiedener Nationalitäten lehnen an der Theke und plaudern. Ich rufe den Kellner: *una caña por favor!* Ich stammle meinem Nachbarn ein paar Sätze auf Spanisch zu, der es wie ich kaum erwarten kann, in der portugiesischen Hauptstadt anzukommen. Um Mitternacht schließt die Bar, und für mich ist es Zeit, ins Bett zu gehen. In meiner Kabine wird schon geschnarcht, und ich hoffe, ich kann einschlafen.

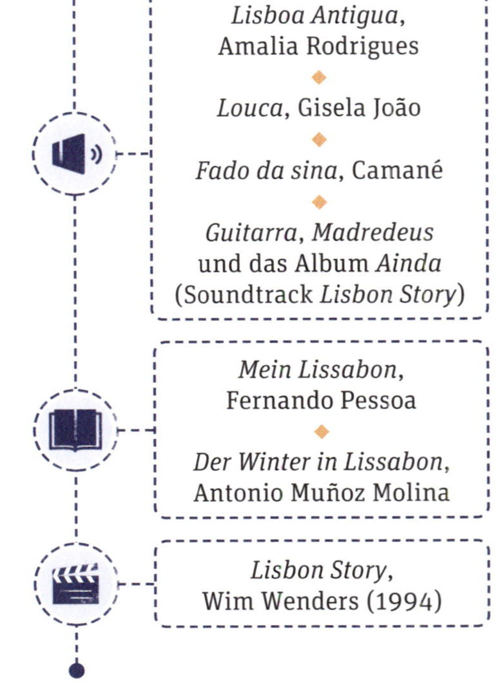


**6:00 Uhr**

## ZWISCHEN TAG UND NACHT UND ZWEI ZUGSTRECKEN

Um 6 Uhr öffne ich nach einer unruhigen Nacht die Augen. Die in Morgennebel getauchten Oliven- und Zitrusfrüchtehaine ziehen in hoher Geschwindigkeit an mir vorbei. Gleich erreichen wir Entroncamento. Dieser Name sagt mir gar nichts. Aus gutem Grund, denn es ist Portugals zweitkleinster Ort!

Er liegt am Ufer des Tejo, wurde im 19. Jahrhundert an der Kreuzung zweier Eisenbahnlinien gegründet und lebt bis heute vor allem vom Eisenbahnverkehr. Es gibt hier sogar ein nationales Eisenbahnmuseum, dessen Sammlung zu den schönsten in Europa zählen soll. Wir haben jetzt nur noch weniger als eine Stunde Fahrt vor uns, und über der sattgrünen Landschaft geht die Sonne auf.

## NEBEN DER SPUR

Nach einem ersten Halt in Lissabon unter den beeindruckenden Bogen der Estação do Oriente, erbaut für die Expo 98, fährt der Zug am Tejo entlang gen Süden zur Endstation Santa Apolónia, dem ältesten Bahnhof der portugiesischen Hauptstadt. Je langsamer er wird, desto schneller schlägt mein Puls. Bald steige ich aus, aufgeregt bei der Aussicht, gleich am Fuß der berühmten Alfama zu stehen, und bereit, Lissabons Hügel zu entdecken. Das Morgenlicht fällt durch das Glasdach auf ein elegantes Gebäude mit hellblauen Wänden. Malerisch schmückt es wie Lissabons Straßenpflaster ein schwarzweißes Muster. Zu dieser frühen Stunde treffen in der Halle zwei Welten aufeinander: die der Vorstädter, die zur Arbeit eilen, und die der Touristen, die etwas neben der Spur gerade aus mehreren Nachtzügen ausgestiegen sind.

**IN MADRID**

Zug, Züge ***tren, trenes***
Bahnhof ***estación de tren***
Gleis ***andén***
Abfahrt ***salida***
Hin- und Rückfahrt ***ida y vuelta***
Fahrschein ***billete***
Gepäckaufbewahrung
***depósito de equipajes***
Wann fährt der Zug?
***a qué hora sale el tren?***
nächster Halt ***próxima parada***
Schalter ***taquilla***

**IN LISSABON**

Zug ***comboio, trem***
Bahnhof ***estaçao***
Ausgang ***saída***
Fahrrad ***bicicleta***

# Ankunft 7:30 Uhr

## BRISE VOM TEJO

Auf dem Bahnhofsvorplatz streichelt eine frische Brise mein Gesicht. Endlich stehe ich am Ufer des Tejo. Welch ein Fluss! So breit, dass die Luft hier wirklich sauber wirkt. Riecht sie nicht sogar etwas nach Jod? Ich sehe ein paar Möwen! Ich möchte schnell die Stadt erkunden, die mit Azulejos geschmückten Gebäude betrachten, im Schatten der Jakarandabäume Kühle finden, zu den höchsten *miradouros* laufen und mich am Anblick der rosafarbenen Ziegeldächer über dem Fluss berauschen. Aber zuerst brauche ich zum Aufwachen einen guten kleinen Kaffee, eine *bica*, wie der Espresso hier heißt. Zur Doce Fama, einer der beliebten *cafetarias* der Alfama, gehe ich vom Bahnhof zehn Minuten. Hier tanke ich Energie, bevor ich mich in Lissabons steilen Gassen verliere.

# Praktische Informationen

## FAHRPLAN

Abfahrt Madrid-Chamartín jeden Abend um 21:43 Uhr. Ankunft am nächsten Tag in Lissabon-Santa Apolónia um 7:30 Uhr (Ortszeit). Aufgrund der Pandemie kann es zu Einschränkungen kommen. Bitte informieren Sie sich über das aktuelle Angebot auf www.renfe.com.

## PREISE UND KOMFORT

Rechnen Sie mit etwa 80 € für eine Liege in einem Abteil der zweiten Klasse für vier Personen *(cama turista)* mit Waschbecken. Alleinreisende können bei der Buchung angeben, dass sie ihre Kabine mit Personen des gleichen Geschlechts teilen wollen. Etwa 100 € kostet eine Liege in der ersten Klasse für zwei Personen *(cama preferente)* mit Waschbecken und privatem WC. Ein Bett in einer Einzel- oder Doppelkabine der ersten Klasse *(cama gran class)* mit Dusche, Waschbecken und privatem WC kostet circa 130 €. Es besteht die Reisemöglichkeit auf einem Einzelsitz mit verstellbarer Lehne für etwa 20 €, aber der Komfort ist sehr begrenzt. Fahrgäste von *camas preferentes* und *camas gran class* können gratis parken und haben Zugang zur Lounge im Abfahrtsbahnhof.

## WO KAUFT MAN TICKETS?

www.renfe.com

## Und nun?

### Die Uhr umstellen

Stellen Sie sich auf die Lissaboner Zeit ein: Nicht nur, weil es in Portugal eine Stunde früher ist als in Spanien, sondern auch, weil die Landeshauptstadt ein Faible für *saudade*, antike Trams und nostalgische *pastelarias* hat! In heißen vibrierenden Nächten treffen aktuellste Trends aufeinander, an Foodie-Spots sind die beliebtesten Restaurants mit einem Stand vertreten. Auf tollen Rooftop-Terrassen wird die Kunst des Chillens gepflegt – ein *esplanadar* genanntes lokales Ritual. Kunstgalerien, schräge Boutiquen und hippe Brachflächen lassen Street-Art und urbane Poesie die Wände hochgehen. Immer noch und immer wieder weht über Lissabon und seinem Tejo der Zeitgeist – von morgen!

## Und was noch?

### *Mit der Nase im Wind am Atlantik entlang*

Nur wenige Kilometer trennen die Hauptstadt Lissabon von Portugals breiten Atlantikstränden. Man braucht nur mit dem Bus TST 161 die emblematische Hängebrücke Ponte 25 de Abril zu überqueren und ist an der Costa da Caparica. Ihre Strände säumen auf 20 Kilometern ockerfarbene Dünen, und an Strohhütten kann man mit den Füßen im Sand einen Drink genießen… Viel weniger besucht, windiger und bei Surfern beliebt ist der Strand von Guincho. Er liegt in einer grünen Landschaft und ist vom Bahnhof Cascais mit dem Bus (405 oder 416) leicht zu erreichen. Er erstreckt sich hinter den Badeorten Estoril und Cascais, die mit ihren Retro-Badekabinen viel Charme haben. Von hier können Sie auf neun Kilometer langen Radwegen sanft am Atlantik entlang bis zur Praia do Guincho rollen. Das kleine Plus der »Lissaboner« Strände? Die herrlichen Sonnenuntergänge über dem Atlantik…

# Nostalgisch von Paris nach Venedig

*von Thibault Constant*

| 19:15 | Paris<br>FRANKREICH | Venedig<br>ITALIEN | 9:25 |
|---|---|---|---|

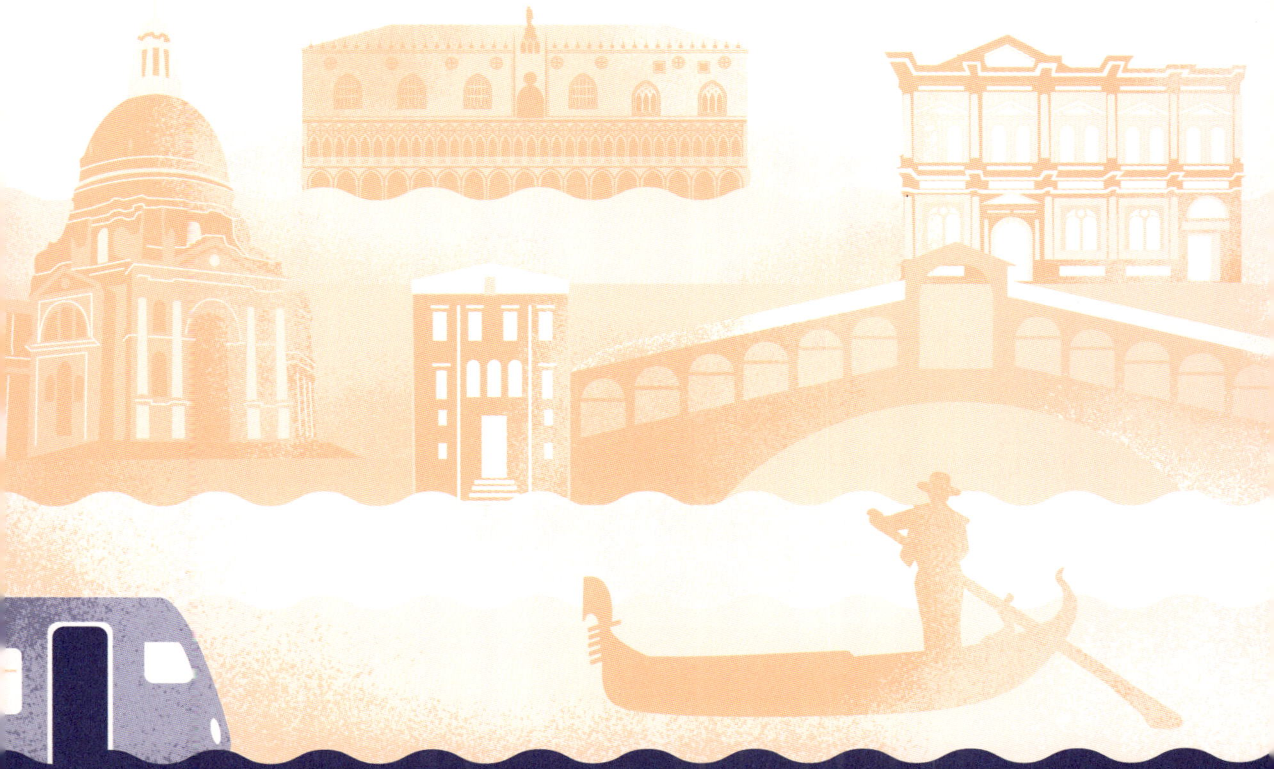

Thello (Linie eingestellt)

8 Haltestellen

14 Std. 10 Min.

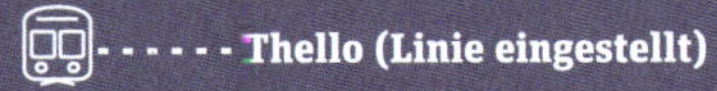

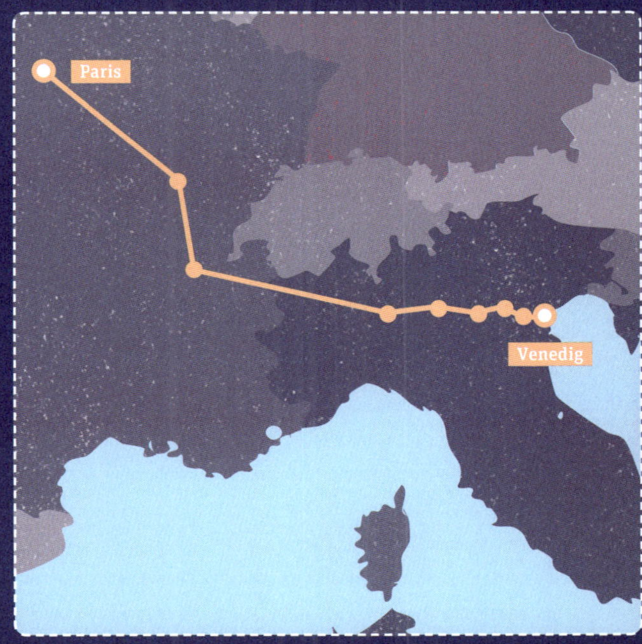

*Die beliebte Strecke von Paris nach Venedig, die in Teilen der des legendären Orient-Express folgt, galt lange als eine der schönsten. Dank der Alpenüberquerung, des Gleitens über die Lagune und der grandiosen Ankunft am Canal Grande war sie die begehrteste Nachtzugreise überhaupt. Derzeit fährt dieser Zug nicht mehr, aber wir sind uns sicher: Dieses Dornröschen wird bald von seinem Traumprinzen wiedererweckt!*

# Abfahrt 19:15 Uhr

## AB IN DIE SONNE

Es ist 18:30 Uhr, und ich bleibe auf dem Vorplatz der Gare de Lyon in Paris stehen und bewundere den Glockenturm aus dem Jahr 1901. Dieser Bahnhof ist Frankreichs zweitgrößter für Fernreisezüge und nach der Gare du Nord der größte Bahnhof Europas. Da er den gesamten französischen Südosten bedient, ist er für viele Reisende das Synonym für den Beginn der Ferien. Im Sommer geht es an die Mittelmeerstrände, im Winter in die Skigebiete der Alpen.

In 45 Minuten nehme ich den letzten Zug des Abends, einen Thello, dessen Endstation die legendäre Dogenstadt Venedig ist, aber ich steige unterwegs in Verona aus, der mehr als romantischen Stadt von Romeo und Julia!

Vor dem TGV-Zeitalter fuhren täglich Dutzende Nachtzüge von der Gare de Lyon ab. Es gab auf jeder Strecke pro Tag einen, in der Hochsaison manchmal sogar zwei. Das war eine andere Ära! Jetzt bin ich in der Halle, in der um diese Uhrzeit noch sehr viel los ist. Der Thello fährt normalerweise von Gleis A ab, versteckt unter einer wenig einladenden Betonplatte auf der Etage der RER-Züge. Es sieht ganz so aus, als wolle die SNCF ihrer italienischen Konkurrenz Steine in den Weg legen …

»Vor dem TGV-Zeitalter fuhren täglich Dutzende Nachtzüge von der Gare de Lyon ab.«

Thello wurde 2011 von Veolia-Transdev und Trenitalia, Tochter der Gruppe Ferrovie dello Stato Italiane, gegründet und ersetzte damals Artesia, das SNCF und FS als Betreiber der Nachtzüge zwischen Frankreich und Italien zusammengebracht hatte. Seit 2016 gehört Thello Trenitalia. Der Paris-Venedig, im Frühjahr 2020 aufgrund der Pandemie eingestellt, wird künftig nicht mehr eingesetzt. Aber vielleicht veranlasst die Nachfrage einen etablierten Betreiber dazu, die Strecke wieder zu eröffnen. Das französische Start-up Midnight Trains plant ab 2024 luxuriöse »Hotels auf Schienen« von Paris über Mailand nach Venedig.

## ERSTE BEGEGNUNG

Ich habe eine Liege in einem Sechserabteil gebucht, aber diesmal sind wir nur zu viert. Eine kurze Fahrkartenkontrolle, und schon sitze ich im schlicht-modernen Wagen 88, Abteil 11, Liege 112 (eine der beiden unteren). Ich entdecke die kleinen Aufmerksamkeiten, die Thello seinen Kunden zukommen lässt: die Wasserflasche, die Kombi aus Bettlaken, Kissen und Decke in Plastikfolie, eine Anleitung, wie man das Bett macht, die Temperatur regelt, die Steckdosen und die Nachtlampe verwendet. Es gibt nichts zu bemängeln! Lächelnd gesellt sich bald ein junges Paar zu mir und nimmt die oberen Liegen in Beschlag. Wir verlassen den Bahnhof um 19:15 Uhr. Gerade freue ich mich, dass die Liege gegenüber frei bleibt, als ein atemloser 30-Jähriger reinkommt, der zum Zug gerannt zu sein scheint. Nun sind wir vollzählig. Auf der berühmten »kaiserlichen Arterie«, der vierspurigen Strecke zwischen Paris und Lyon, geht es nach Süden. Bis 1981 der TGV eingeführt wurde, war sie die meistbefahrene Strecke Frankreichs. Der Thello ist einer der wenigen Personenzüge, die sich noch Zeit lassen.

## VORGESCHMACK AUF ITALIEN

Noch ein Pluspunkt ist der Speisewagen. Als mein Bruder und ich noch klein waren, schwärmte mein Vater von den verlockenden Düften und der Stimmung in den Speisewagen der italienischen Eisenbahn. Tatsächlich riecht es in dem des Thello nach Pizza, und vor der Theke bildet sich eine lange Schlange. Die Leute unterhalten sich, lachen und trinken Wein. Ich warte auch. Huhn mit Erbsen, Pizza, Lasagne alla parmigiana... Die Gerichte (vakuumverpackt) werden nach der Bestellung aufgewärmt. Ich nehme Rigatoni mit vier Käsesorten und genieße sie perfekt gegart, während die Sonne über den Weinbergen des Burgund untergeht. Ein magischer Moment bei 160 km/h! Da der Lärmpegel steigt, bleibe ich aber nicht allzu lange.

## IN GUTER GESELLSCHAFT

Im Abteil sitzen meine drei Mitreisenden auf den unteren Liegen und unterhalten sich. Der 30-Jährige ist Schotte. Er rückt, um mir Platz zu machen, und ich beteilige mich am Gespräch. Matt ist am Vorabend in Edinburgh losgefahren und will nach Mailand. Er ist im Caledonian Sleeper bis London gereist und dann in den Eurostar gestiegen – er hat viel Zeit und legt Wert auf Umweltschutz. Das junge Paar will das Wochenende in Verona verbringen, und Matt geht mit seiner Freundin in den Alpen wandern. Nur ich setze die Zugfahrt nach meinem Aufenthalt in Verona bis nach Venedig fort. Genau wegen dieser Art von Austausch fahre ich gern mit dem Nachtzug.

Um 22 Uhr klopft der Schaffner und fragt nach unseren Ausweisen. Italien gehört zwar zum Schengenraum, und normalerweise überquert unser Zug die Alpen via Modane und Maurienne-Tal. Aber ein Sommergewitter hat einen Erdrutsch verursacht, und ein Teil der Bahnstrecke ist nicht mehr befahrbar. Unser Zug muss einen Umweg über Dole und die Schweiz machen. Und um die Papiere der Fahrgäste einzusammeln und sie den helvetischen Zollbeamten vorzulegen, macht der Schaffner die Runde durch die Waggons. Das erspart uns, mitten in der Nacht selbst unsere Ausweise zeigen zu müssen. Danke, Thello!

Gegen 22:30 Uhr beschließen wir gemeinsam, uns schlafen zu legen, und machen unsere Betten. Wir brauchen uns nicht die peinliche Frage zu stellen, wer das Licht ausmacht. Irgendwo im Jura, zu Beginn der Alpenüberquerung, hüllt uns die Dunkelheit ein.

Blöd, ich kann nicht einschlafen. Irgendetwas stimmt mit meiner Liege nicht, sie ist zu schmal und merkwürdig geneigt. Sie ist wohl im Tagesmodus geblieben. Was ich auch (mit meiner Smartphone-Lampe) versuche, ich schaffe es nicht, ihre Position zu ändern. Da ich in einem Abteil für sechs Personen bin, beschließe ich gegen Mitternacht, die mittlere Liege auszuklappen. Endlich habe ich ein Bett, das diesen Namen verdient. Den Wecker habe ich auf Punkt 7 Uhr gestellt, da der Zug um 7:53 Uhr in Verona ankommen soll. Als ich pünktlich aus dem Tiefschlaf gerissen werde, schlafen alle noch … Seltsam, Matt hätte schon um 6 Uhr aussteigen müssen. Ich ziehe das Rollo etwas hoch: Die Sonne steht schon recht hoch am Himmel. Ich schaue in meine Google-Maps-App … Was? Wir sind immer noch nördlich von Mailand? Dann haben wir aber viel Verspätung! Zur Katzenwäsche gehe ich ins Gemeinschafts-WC des Waggons (es gibt keine Dusche, nur ein Waschbecken). Auf dem Rückweg treffe ich im Gang meine beiden französischen Mitreisenden. Sie sind völlig entspannt und haben es nicht eilig. Durch das Gangfenster verblassen die Gipfel der Alpen langsam. Wir sind in der Poebene, die trotz vieler Städte und Industrie Abwechslung bietet. Um wach zu werden, gehe ich zum Speisewagen und bestelle einen starken Espresso. Ich trinke ihn wie am Vorabend an der Bar. Mein Nachbar beginnt ein Gespräch auf Italienisch. Ich verstehe, dass er über die Verspätung schimpft – eineinhalb Stunden, um genau zu sein. Ich frage den Barkeeper, ob er den Grund dafür kennt, doch er hat auch keine Ahnung.

## MAILAND-HAUPTBAHNHOF

Die Stimmung im Speisewagen ist ziemlich gedrückt, als wir gegen 7:45 Uhr in Mailand ankommen. Ich steige aus und vertrete mir die Beine auf dem Bahnsteig, wo sich viele Fahrgäste zum Rauchen aufhalten. Der Schaffner erklärt die Verzögerung mit Problemen in der Schweiz und geht dann etwas verlegen wieder an Bord. Mehr erfahren wir nicht.

Als ich wieder in mein Abteil komme, ist es leer. Matts Reise ist zu Ende, und unsere beiden Turteltauben essen an der Bar. Als Entschuldigung geht die Crew durch die Waggons und verteilt Pakete mit einem Tetra Pak Orangensaft, einer Tüte Vitamine (ja, ja, wasserlösliche!), Cashewnüssen, Keksen und einem Aprikosentörtchen. Danke, Thello! Aber ich habe das Gefühl, das Einladen dieses Frühstücks hat die Abfahrt aus Mailand verzögert. Dann gibt mir der Schaffner den Reisepass zurück, und es geht weiter nach Venedig – links die grünen Ausläufer der Alpen, rechts die Poebene. Vorbei an Brescia fährt der Zug dem majestätischen, von Bergen umgebenen Gardasee entgegen.

### 7:16 Uhr

#### Unterwegs aussteigen

Mediterrane Hügel im Süden, windumtoste »Fjorde« im Norden – der größte italienische See (368 km²) spielt mit Kontrasten, um effektvoller zu verführen. Im Südwesten, in der Nähe des quirligen Desenzano del Garda, liegt die zauberhafte Halbinsel Sirmione, seit der Antike für ihre heißen Quellen berühmt. Im Westen bietet die Hochebene von Tremosine atemberaubende Ausblicke und schöne Trekkingrouten. Ein weiterer Aussichtspunkt ist der Monte Baldo (2218 m), der von Malcesine im Osten mit der Seilbahn erreichbar ist. Kletterer und Wintersportler kommen in Arco und Riva del Garda am Nordufer auf ihre Kosten.

**www.visitgarda.com**
**Anreise: Von Brescia oder Verona mit einem Trenord nach Desenzano del Garda und Peschiera del Garda (im Südosten). Die Italos und der TGV Frecciarossa fahren beide Bahnhöfe auch von Mailand oder Venedig aus an.**

### Am Gardasee

*Nous irons à Vérone*, Charles Aznavour

*Venise*, Claude Nougaro

*Ti Amo*, Umberto Tozzi

*Der Tod in Venedig*, Thomas Mann

*Casanova*, Philippe Sollers

*Venezianisches Finale*, Donna Leon

*Der talentierte Mr. Ripley*, Anthony Minghella (1999)

*The Tourist*, Florian Henckel von Donnersmarck (2010)

## STADT DER VERLIEBTEN

Um 10 Uhr wird der Thello langsamer und nähert sich Verona. Ich steige aus. Die Hitze ist drückend, und mein Skateboard nützt mir in den gepflasterten Straßen der Altstadt nichts. Ich kann es mir nicht verkneifen, mir das touristische Haus der Julia *(Casa di Giulietta)* anzusehen, unter dessen Balkon (von 1935) sich Verliebte aus der ganzen Welt Liebe und Treue schwören. Befestigte Brücken, gotische Palazzi, romanische Kirchen und antike Arenen: Die Stadt aus ockerfarbenen Ziegeln und rosa Marmor in einer Biegung der Etsch hat einiges zu bieten.

## Vicenza

### 8:35 Uhr

*Unterwegs aussteigen*

Schon in aller Frühe erhellt das milchige Morgenlicht die Straßen und enthüllt Paläste aus weißem Marmor oder aus Pietra di Vicenza, einem elfenbeinfarbenen oder golden schimmernden Sandstein aus den nahen Berici-Hügeln. Zahlreiche Bauwerke des genialen Renaissance-Architekten Andrea Palladio verstärken die Harmonie. Eine ausgezeichnete Gelegenheit, den Blick für den Stil des Meisters zu schulen, dem man in Venedig vor allem am Giudecca-Kanal begegnet. Erst mal gibt es ein gutes Frühstück in der Pasticceria Sorarù, einem so illustren wie alten Café. Dann bewundern Sie das Teatro Olimpico (1580), ein verkanntes Juwel von Palladio, und machen einen Altstadtbummel bis zum unvermeidlichen Ritual des *aperitivo* mit dem ersten Spritz.

## Ankunft 9:25 Uhr

### AUF DEM WASSER

Der Nachtzug bietet die wohl atemberaubendste Ankunft in Venedig. Er durchquert die Lagune am Wasser und endet am Bahnhof Santa Lucia direkt am Canal Grande. Von der Vaporetto-Haltestelle Ferrovia in der Nähe bis zur Haltestelle Rialto (Linie 2) dauert die Bootsfahrt zehn bis 20 Minuten. Von dort sind es bis zum Markusplatz nur sieben Minuten zu Fuß.

# Praktische Informationen

**FAHRPLAN**

Der Thello fuhr früher um 19:15 Uhr im Pariser Bahnhof Gare de Lyon ab und kam um 9:25 Uhr in Venise-Santa Lucia an.
Im Frühjahr 2020 wurde dieser Nachtzug eingestellt und wird nicht wieder unter dem Markennamen Thello fahren, aber bei entsprechender Nachfrage könnte ein Anbieter historischer Zuglinien ihn wieder einführen *(siehe S. 75)*.

8

# Auf nach Syrakus!

*von Thibault Constant*

23:00 Rom ITALIEN - - - - - Syrakus ITALIEN 11:21

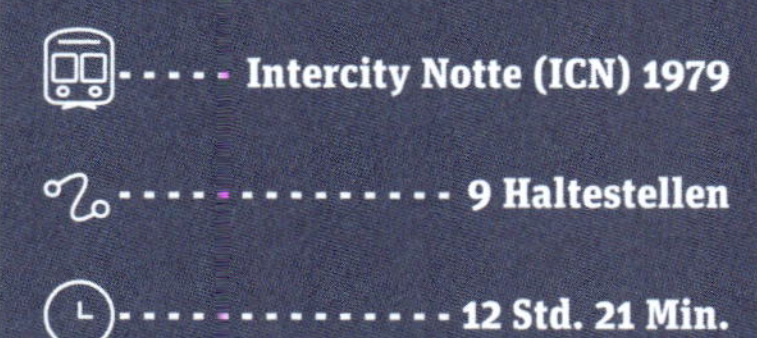
Intercity Notte (ICN) 1979
9 Haltestellen
12 Std. 21 Min.

Rom
Syrakus

*Syrakus – allein dieser Name ist eine Reise wert! Er versetzt Sie ohne Zwischenhalt in die Antike, ans Mittelmeer, irgendwo zwischen Italien, Afrika und dem Orient. Blaue Fluten und strahlende Sonne, mythische Strände, riesige Vulkane, Zitronenbäume, griechische Tempel, Barockkirchen, prächtige Palazzi … Die Bilder ziehen vorbei wie im Traum. Einem Traum, den Sie wach und staunend träumen, während Ihr Nachtzug in den Laderaum der Fähre nach Messina fährt. Die Morgendämmerung verleiht dem Himmel Pastelltöne, die Seeluft ist lauwarm. Gegenüber, nur einen Steinwurf von der Reling entfernt, liegt Sizilien. Bald gibt es einen Kaffee – heiß wie der Ätna!*

## ES IST HEISS

Es ist heiß an diesem August-Tag, sogar sehr. Mit Skateboard und Riesenrucksack, die mich auf meiner dreiwöchigen Zugreise durch Europa begleiten, habe ich Rom durchstreift. 20 Uhr: Von den Stufen der Kirche Santissimo Nome di Maria blicke ich auf das friedliche Forum Romanum. Es wird Zeit, an meine Reise im Intercity Notte nach Sizilien zu denken, eine der wichtigsten Etappen meiner Grand Tour! Ich kann es nicht glauben, schon als kleiner Junge hörte ich von einem Nachtzug, der per Fähre nach Sizilien gelangt. Ich habe mich kaum über die legendäre Strecke informiert, damit dieser schöne Teil der Reise eine Überraschung bleibt. Ein Ticket nach Syrakus und *andiamo*! Gegen 22 Uhr bin ich am Bahnhof Roma Termini. Mit seiner Nachkriegs-Betonarchitektur hat er im Vergleich zu anderen großen europäischen Bahnhöfen nichts Spektakuläres. Welche Ruhe! Und was für ein Kontrast zur Hektik des Tages. Der Zug fährt um 23 Uhr von Gleis 16. Um 22:30 Uhr ist er noch nicht da. Aber ich staune nicht schlecht: Familien, die in die Ferien ans Meer fahren, Solo-Traveller auf dem Weg nach Hause, Touristen, die sich wie ich auf die Strände freuen, junge und weniger junge Leute – ich werde nicht der Einzige im

Zug sein! 15 Minuten vor der Abfahrtszeit fährt ein dunkelblau und rot lackierter langer Zug ein. Endlich! Ich steuere Liege 52 (unten) ir Abteil 5 von Wagen 5 an. Die Kabine bietet Platz für vier Fahrgäste. Ein kurzer Blick, und ich bin beruhigt. Die Liegeplätze im Intercity Notte sind frisch renoviert, sehr sauber, und jeder verfügt über eine Steckdose, ein Leselicht und eine kleine Ablage. Sie sind ziemlich breit, aber leider nicht sehr lang (schließlich bin ich 1,87 Meter groß), aber sie sind trotzdem bequem. Ein Kopfkissen, ein Laken und eine Decke liegen für jeden Fahrgast bereit. Wir brauchen nur noch das Bett zu machen.

# Abfahrt 23:00 Uhr

## ANDIAMO!

Der Schaffner macht seine Durchsage, kontrolliert die Fahrscheine, und der Zug setzt sich langsam gen Süden in Bewegung. Im Gang herrscht italienisches Flair! Man ruft sich zu, plaudert fröhlich und lautstark. Einer meiner drei Mitreisenden verlässt mit dem Telefon in der Hand das Abteil und telefoniert völlig unbekümmert mehrmals hintereinander. Ich mache mich kurz im Gemeinschaftsbad auf dem Gang frisch. Auf dem Rückweg steht er vor unserer Kabinentür. Er quatscht immer noch, aber jetzt mit einer weiblichen Reisenden. Ich habe das Gefühl, er will sich noch nicht schlafen legen.

»Beruhigt schlafe ich ein, vom Rollen des Zugs sanft gewiegt.«

In unserem Abteil ist es ruhig. Meine Begleiter sind ein junger Mann, der mit seinem Smartphone beschäftigt ist, und ein 50-Jähriger, der bereits tief und fest schläft, obwohl die Deckenlampe noch brennt. Als es endlich dunkel ist, schlafe ich beruhigt ein, vom Rollen des Zugs sanft gewiegt. In ein paar Stunden erreichen wir die kalabrische Küste und danach auch die Straße von Messina. Ich habe meinen Wecker auf 5 Uhr gestellt, weil ich die Überfahrt genießen will.

# 5:00 Uhr

## MIT DEM ZUG AUF DEM MEER

Mein Wecker klingelt. Ich stürze förmlich aus meinen Bett, denn ich habe das Gefühl, der Zug hat angehalten. Hoffentlich sind wir nicht schon auf dem Schiff!

Nein, zum Glück sind wir erst im Bahnhof von Villa San Giovanni, dem letzten Halt, bevor wir das Festland verlassen. Ich kann also noch etwas weiterschlafen. Eine Stunde später werden wir vom Klopfen des Schaffners geweckt … Aus seinem italienischen Wortschwall verstehe ich »Fähre«. Endlich ist der ersehnte Moment da – wir stechen in See!

Wir können das Schiff erkunden, aber die Fahrgäste, die das nicht möchten, dürfen im Abteil bleiben und weiterschlafen. Durch das Wagenfenster sehe ich, dass wir uns bereits im Schiffsladeraum befinden, und ich höre das dumpfe Dröhnen der Dieselmotoren … Ich steige aus und bestaune das Spektakel: ein Zug in einem Schiff! Da stehen sie, die Wagen unseres Intercitys. Sie sind in zwei Viererreihen geparkt und nehmen den gesamten Laderaum ein – unglaublich!

Auf dem Oberdeck erwartet offenbar eine Bar die Fahrgäste. Ich gehe gleich hin, mache natürlich zuerst ein paar Fotos, denn diesen Moment will ich festhalten. Auf jeden Fall können wir uns im Laderaum frei bewegen und während der Überfahrt so oft wir wollen in den Zug ein- und wieder aussteigen.

»Da stehen sie, die Wagen unseres Intercitys. Sie sind in zwei Viererreihen geparkt und nehmen den gesamten Laderaum ein – unglaublich!«

## KAFFEE AN DER RELING

Ich bestelle einen Kaffee und lehne mich an die Reling – auf der einen Seite das Festland, auf der anderen Sizilien, und alles in mildem Morgenlicht. Ich schlürfe meinen Kaffee und denke, dass ich dieses Erwachen nicht so schnell vergessen werde: Ich bin an Bord einer Eisenbahnfähre, die mein Bett transportiert! In Europa gibt es nur drei Schiffe dieser Art, und ich habe das Glück, heute mit einem von ihnen zu fahren – übrigens bin ich mir dessen nicht als Einziger bewusst. Alle Fahrgäste sind ausgestiegen, um das Spektakel zu genießen. Die Überfahrt dauert nur 15 Minuten. Wir nähern uns Messina und werden bereits aufgefordert, wieder einzusteigen. Die meisten bleiben im Laderaum stehen, wahrscheinlich wissen sie als Stammgäste, dass es noch lange nicht an Land geht. Nach dem Anlegen muss das Schiff erst seine Position am Kai anpassen, ein Manöver, das millimetergenaue Präzision erfordert. Gespannt beobachte ich es aus meinem Fenster; alles ist perfekt organisiert. Zum Schluss zieht eine Speziallokomotive unsere beiden Zugteile nacheinander aus dem Laderaum.

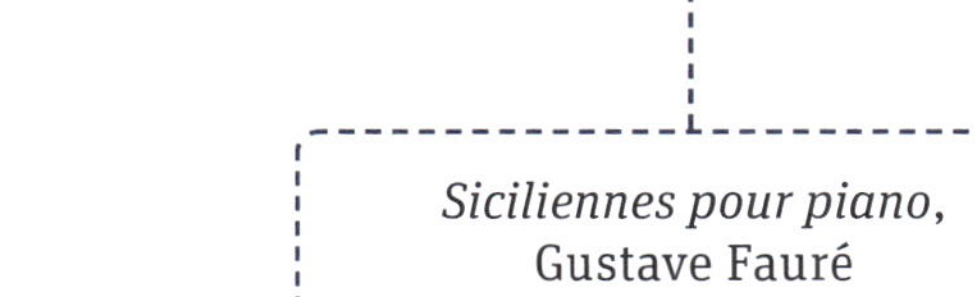

*Siciliennes pour piano*, Gustave Fauré

*Syracuse*, Yves Montand

*Die Affäre Moro*, Leonardo Sciascia

*Süditalienische Reise*, Dominique Fernandez

## AM MEER ENTLANG

In Messina haben wir etwa 40 Minuten Aufenthalt. Viele Fahrgäste gehen in die Cafés und Restaurants gegenüber vom Bahnhof. Der Junge mit dem Smartphone ist am Ziel, und die beiden anderen laufen durch den Zug. Da ich allein im Abteil bin und bis Syrakus noch fast vier Stunden Zeit habe, klappe ich die Liegen hoch und mache es mir am Fenster gemütlich. Hinter Messina fährt der Zug praktisch die komplette Strecke an der Küste entlang, sodass man sich vom glitzernden blauen Meer hypnotisieren lassen kann.

Fast könnte dabei das andere Wahrzeichen Siziliens in Vergessenheit geraten, der riesige, stets qualmende Kegel des Ätna, der sich im Landesinneren erhebt. Durch die Gangfenster sieht man ihn grandios die Landschaft überragen. Kaum zu glauben, dass er noch aktiv ist, säumen doch Weinreben, Zitrusfrüchte und Olivenhaine seine Flanken … Ich schaue wieder zum Meer und kann die Ankunft in Taormina kaum erwarten, dem sizilianischen Saint-Tropez mit der herrlichen Küste und dem glasklaren Wasser der Isola Bella.

# 9:30 Uhr

## Zwischen Meer und Vulkan unterwegs aussteigen

Die archäologischen und barocken Schätze von Syrakus sind traumhaft, aber auch Taormina (120 km nördlich) hat viel Charme! Herrliche Gärten, pastellfarbene Fassaden, Gassen und Piazzas ... Die Stadt auf einer Anhöhe und ihr legendäres antikes Theater bieten einen grandiosen Balkon mit Blick auf das Meer und den Ätna. Über eine Sandbank kann man das Naturschutzgebiet Isola Bella am Fuß des Hügels erreichen und dort den Strand und das klare Wasser genießen.

**Taormina,** Goethes »Paradies auf Erden«

## AM FUSS DES VULKANS

Wir kommen gegen 10:30 Uhr am Bahnhof von Catania an. Als ich erfahre, dass meine beiden Begleiter ein paar Tage bei ihrer *mamma* verbringen werden, bereue ich meine Zurückhaltung vom Vortag. Immerhin verabschieden wir uns herzlich.

**Der Ätna**

Als Weinanbaugebiet bietet sich der Vulkan für önologische Entdeckungen an – mit dem Zug!

**www.stradadelvinodelletna.it**

Bahnhof ***stazione***
Zug, Züge ***treno, treni***
Gleis, Bahnsteig ***binario***
Gleis 2 ***binario 2***
Gepäckaufbewahrung ***deposito bagagli***
Schalter ***sportello***
Fahrschein ***biglietto***
ein Ticket kaufen ***comprare un biglietto***
Liegeplatz ***cuccetta***
Abteil ***scompartimento***
Fenster ***finestrino***
Abfahrtszeit ***orario di partenza***
Ankunftszeit ***orario d'arrivo***
Wann fährt der Zug nach Syrakus?
***a che ora parte il treno per Siracusa?***
Anschlusszug ***treno in coincidenza***
Verspätung ***ritardo***
nächster Halt ***prossima fermata***

## Ferrovia Circumetnea

Eine malerische Rundfahrt um den Vulkan!

# 10:11 Uhr

## *Von einem Zug in den nächsten*

Wie wäre es, in Catania auszusteigen? Die sizilianische Stadt am Fuß des Ätna (3300 m), Europas höchsten aktiven Vulkans, bietet Gelegenheit für einen einzigartigen Ausflug. Vom Bahnhof Catania-Borgo fährt ein authentischer Bummelzug, die Ferrovia Circumetnea, eine Schmalspurbahn aus dem späten 19. Jahrhundert. Von Catania bis Riposto umrundet sie den Vulkan in drei Stunden und zehn Minuten, eine unglaubliche Reise! Die malerische Rundfahrt ist eine gute Art, dem bebenden Koloss zu begegnen, und auch eine Gelegenheit für eine nostalgische Reise in die Vergangenheit! An Bord eines Waggons mit Fenstern, die sich öffnen lassen, geht es mit Dorfbewohnern, Schulkindern und anderen Gästen über rustikale Bahnübergänge zu kleinen Bahnhöfen. Steigen Sie ruhig aus und erkunden Sie winzige Orte wie Bronte, wo Pistazien eine Spezialität sind, und genießen Sie die Aussicht. Mit zunehmender Höhe bleiben das üppige Grün und die Obstgärten zurück, und es geht in eine basaltische und manchmal feindselige Mondlandschaft.

**www.circumetnea.it**

# Ankunft 11:21 Uhr

## ZEITREISE

Nach Catania mit seiner aufgeheizten Stimmung bietet der Intercity am Fuß des Ätna einen Abstecher ins Hinterland mit beeindruckender Aussicht auf Wein-, Oliven- und Zitruskulturen, die, so weit das Auge reicht, die Hügel bedecken. Und dann: Ankunft in Syrakus. Fast ein Schock. Nach 15-minütigem Spaziergang vom Bahnhof bin ich auf der Insel Ortygia (Ortigia), der mythischen Hauptstadt des antiken Großgriechenlands im Herzen der Altstadt. Die Kathedrale steht auf dem Fundament eines 2500 Jahre alten Athene-Tempels, und die Epochen treffen atemberaubend aufeinander! Aber Syrakus bedeutet auch *dolce vita*, und das will ich auskosten. Ich stelle Skateboard und Rucksack ab und warte auf den Sonnenuntergang am Horizont des bezaubernden *mare nostrum*.

## Und nun?

### Auf zwei Rädern auf der Schiene

Nach Ihrer Ankunft in Syrakus immer noch Lust, auf Gleisen zu fahren? Im Zentrum kann man Fahrräder leihen und auf dem Radweg Rossana von Syrakus nach Targia (7 km nordwestlich) radeln. Die ehemalige Eisenbahnstrecke bietet tolle Panoramablicke aufs Meer.

# Praktische Informationen

### FAHRPLAN

Abfahrt täglich von Roma Termini um 21:30 und 23 Uhr. Ankunft in Syrakus um 9:36 bzw. 11:21 Uhr. Wer die spätere Abfahrt wählt, erlebt die Überquerung der Meerenge von Messina am frühen Morgen.

### PREISE UND KOMFORT

Liegeplatz *comfort* im Abteil für vier Personen etwa 80 € (Mini-Wasserflasche, Komfort-Kit und Snack inbegriffen). Einzelkabine mit gemachtem Bett, Waschbecken, Handtuch (Komfort-Kit, Wasserflaschen und Frühstück inkl.) um 90 €. Es gibt auch Schlafwagen *deluxe* und (in manchen Zügen) größere Schlafwagen *excelsior* (mit Dusche). In einigen Intercity Notte kann man auch klassische Sitzplätze *(basic)* buchen.

### ZIELE

Der Intercity Notte (IN) teilt sich auf Sizilien in Messina: ein Zugteil fährt nach Syrakus, der andere nach Palermo.

### WEITERE STRECKEN

Geplant sind Mailand – Syrakus (19 Std. Fahrzeit), Turin – Sizilien und Venedig – Sizilien.

### WO KAUFT MAN TICKETS?

www.trenitalia.com/de.html

## Das kleine +

Die italienischen Nachtzüge auf der Nord-Süd-Achse (von Mailand, Turin oder Rom in den Mezzogiorno) sind frisch renoviert.

# Von Syrakus nach Palermo und zurück nach Rom

Auf dem Lungomare bewundern wir den Ätna aus der Ferne zu sehr und holen uns einen Sonnenbrand. Auf dem Markt kosten wir den Schinken der Monti Nebrodi und die besten Schafskäse. Im früheren Ghetto finden wir ein perfektes kleines Fischrestaurant. In Neapolis gehen wir durch die antiken Ruinen bis in das Ohr des Tyrannen Dionysius. Noch eine *granita con la panna* - sie nicht zu probieren, wäre eine Sünde -, und schon verlassen wir Syrakus, die prächtige Kathedrale und die Melodie der Wellen.

## Palermo

### Siziliens Hauptstadt

Von Syrakus fährt der Zug, der manchmal durch einen Bus ersetzt wird, ins im Sommer blonde und trockene und im Frühjahr grüne Herz der Insel. In den Straßen von Palermo trifft barocker auf arabisch-normannischen Stil, und Verkäufer besingen lauthals die Waren an ihren Ständen. Wir erliegen der Versuchung der *panini mit panelle* (frittierte Kichererbsenfladen). Dann bewundern wir das seit Jahrhunderten glänzende Gold der Cappella Palatina, den unschätzbaren Schatz des Palazzo dei Normanni. Abends werden im Vucciria Oktopoden und Sardinen gegrillt und frittiert. Dieses Viertel, tagsüber Schauplatz eines der größten Märkte der Stadt, zieht nach Einbruch der Dunkelheit Nachtschwärmer an. Hier bleibt man lange sitzen, isst und lacht und lernt die Palermitaner kennen. Mit einer Miet-Vespa geht es am nächsten Morgen zum Strand von Mondello. Elfenbeinfarbener Sand und glasklares Wasser liegen vor den über 100-jährigen Jugendstilvillen der High Society.

**Die Zugfahrt von Syrakus nach Palermo dauert 4 Std. und 40 Min. mit einmal Umsteigen in Dittaino (einfach 18 €).**

# Rückfahrt

## Rom schläft

Tschüss Palermo, wir steigen wieder in den Intercity Notte. Der Zug gleitet an Siziliens Nordküste entlang bis Messina, wo er wieder demontiert wird, um jeden einzelnen Waggon auf die Fähre zu verladen. In der Meerenge färbt die späte Stunde das Meer orange und rosa. Wenn der Zug bereit ist, auf den kalabrischen Schienen weiterzufahren, ist es bereits dunkle Nacht und die Reisenden schlafen. Am frühen römischen Morgen, der nach Kaffee riecht und nach *cornetti* (Hörnchen) schmeckt, kommen wir gegen 7:15 Uhr am Bahnhof Termini an. Die Katzen am Largo di Torre Argentina strecken sich müde. Auf den Straßen sind Arbeiter, aber noch kaum Touristen unterwegs.

# Triest, am Ziel der Träume

*von Lucie Tournebize*

22:35 Rom ITALIEN – Triest ITALIEN 9:20

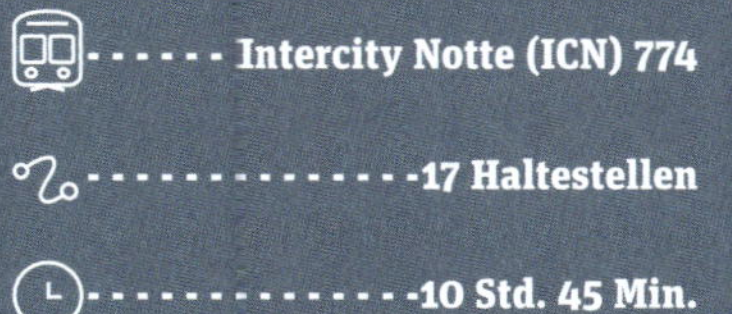

Intercity Notte (ICN) 774
17 Haltestellen
10 Std. 45 Min.


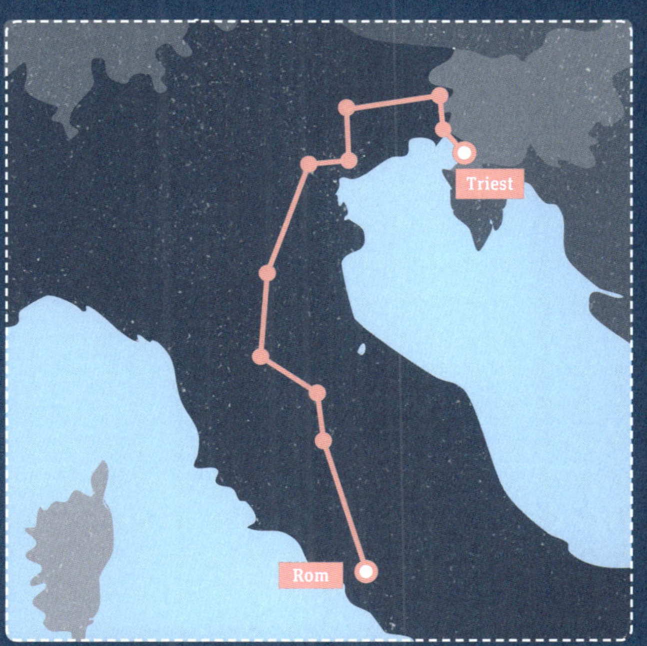

Triest
Rom

*Fahren Sie aus der Ewigen Stadt in Italiens äußersten Nordosten. Über Triest, das Tor zum Balkan, schweben die Erinnerungen an die österreichisch-ungarische Monarchie. Sprachen, Dialekte und Stile mischen sich in den Straßen, die meist Adria-Blick bieten. Triest wirkt wie aus der Zeit gefallen. Selbst der Nachtzug, der Rom kurz nach 22 Uhr verlässt, weckt es nicht zu früh: Er fährt nach 9 Uhr in den Bahnhof ein. So haben die Fahrgäste Zeit, aufzuwachen, im Bett Zeitung zu lesen und Kaffee zu trinken, während die letzten Kilometer an ihnen vorbeiziehen.*

**22:35 Uhr**

## BAHNHOF TERMINI

Die Liegen sind noch eingeklappt, das Bettzeug noch in der Plastikfolie. Die Türen zum Gang des Wagens schlagen im Rhythmus der Passagiere, die mit ihren schweren Gepäckstücken hereinkommen. *»Ciao!«*, *»Buonasera«*. Man grüßt sich, schaut, wo genügend Platz ist: ein großer Koffer nach oben rechts, ein kleiner Trolley unter den Sitz. Man hilft sich gegenseitig, klettert auch mal die Leiter hoch, bis alle ihr Gepäck verstaut haben. Auf dem Bahnsteig verabschieden sich die Fahrgäste, Familien tauschen Tupperdosen aus und umarmen sich. Noch wird gelacht und gewunken, dann fährt der Zug los und lässt den Bahnhof Termini hinter sich, einen Ameisenhaufen, in dem sich täglich Tausende von Reisenden über den Weg laufen.

## DER ATEM DES ZUGS

Um 22:35 Uhr ist es Nacht, aber noch früh, also beginnen die Gespräche im Abteil oder im Speisewagen. Im Dunkeln rast der Zug durch die Landschaft zwischen Umbrien und der Toskana, wo noch Reisende zusteigen. Schon wird häufiger gegähnt, in den Waggons machen sich allmählich alle bettfertig. Klick! Die dunkelblauen Liegen werden aufgeklappt, die Sicherheitsgurte angelegt, um nicht aus Versehen nachts aus dem Bett zu fallen. Der Schaffner steckt den Kopf durch die Tür; wer friert, bekommt noch eine Decke. Fahrkarten? Alle sind zugedeckt, die Vorhänge zu. *Buona notte!* Im Reisetempo wiegt das Geräusch der Schienen in den Schlaf, und der Atem des Zugs vermischt sich mit dem eigenen. Langes Ausatmen beim Einfahren in einen Bahnhof; er wird langsamer und bleibt stehen. Schlaflose und das Zugpersonal nutzen die Gelegenheit zum Rauchen auf dem dunklen Gleis.

# 5:19 Uhr

## VENEZIA SANTA LUCIA

Gegen 5 Uhr zieht es Träumer auf Zehenspitzen in den Gang. Von den Klappsitzen beobachten sie durch das Fenster den blauen Horizont, den nach und nach das erste Licht des Tages färbt. Links ist Wasser, rechts auch. Wir reiben uns noch die Augen, bevor wir begreifen, dass wir nicht fantasieren. Wo sind wir hier? Auf der Brücke der Freiheit. Am Ende der Schienen liegt Venedig mit seinen Kanälen. Der Kopfbahnhof ist nicht die Endstation, und nachdem der Zug seine Fahrgäste in der Lagunenstadt abgesetzt hat, fährt er wieder auf das Festland zurück.

*Si, Viaggiare*, Lucio Battisti

*Il Mare d'Inverno*, Loredana Bertè

*Summer on a Solitary Beach*, Franco Battiato

*Das Phantom von Triest*, Enzo Bettiza

*Triest und eine Frau*, Umberto Saba

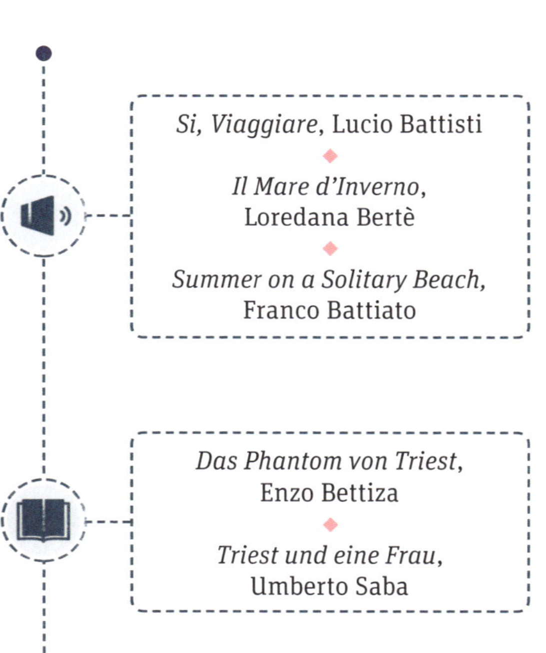

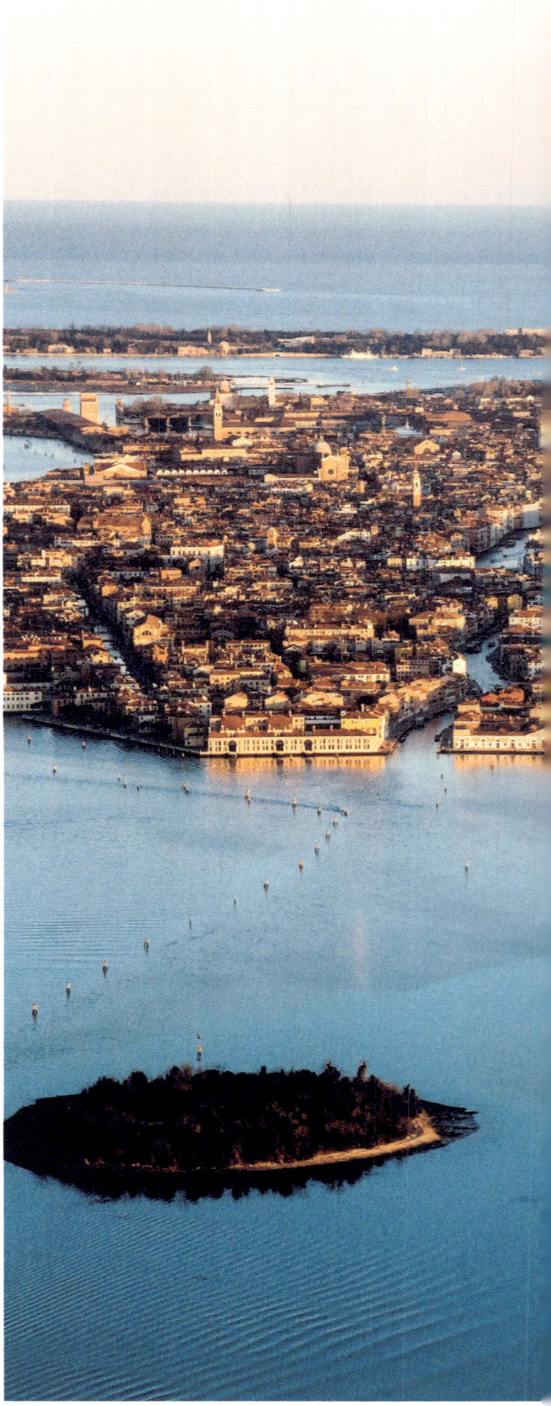

## LETZTER UMWEG ZUM MEER

Wir legen uns wieder schlafen. Wir träumen von den Hügeln im Hinterland, die Weinberge bedecken. Hier entstehen der Prosecco und ein Stück weiter im Friaul köstliche Weine aus roten und weißen Rebsorten. Der anbrechende Tag gibt den Blick auf die grüne Landschaft der Ebene frei, betont durch die bläuliche Masse der Dolomiten am Horizont. Der Schaffner klopft an die Tür und reicht den Reisenden das Frühstück (Kekse und Saft) und die Tageszeitung. Vor dem kleinen Gemeinschafts-WC hat sich eine Warteschlange gebildet. Die Leute bereiten sich auf die Ankunft vor: Einige gehen frisch rasiert zum Platz zurück, andere haben den Eyeliner tadellos nachgezogen. Nach dem hübschen kleinen Udine fragt man sich, ob der Konvoi Triest vergessen hat und direkt ins benachbarte Slowenien fährt. Aber an der Grenze hält er in Gorizia. Die Stadt zwischen Italien und Slowenien teilte lange eine Mauer, doch heute werden dort einträchtig beide Sprachen gesprochen.

# 7:40 Uhr

## Unterwegs aussteigen

Von Udine haben Sie bestimmt noch nie gehört. Grund genug, auszusteigen und durch die Straßen zu schlendern. Die Venezianer kannten Udine sehr wohl: Die Republik Venedig beherrschte die Stadt vom 15. bis zum 18. Jahrhundert. Statt Kanälen gibt es hier die *rogge*, ein uraltes Bewässerungssystem im Zentrum. Auf der von Säulen und Terrassen gesäumten Piazza Matteoti ist das Ambiente ausgesprochen erlaucht. Man geht hoch zum Schloss, kauft sich *furlane*, die örtlichen Samtslipper, diniert in einer *osteria* und genießt die provinzielle Ruhe dieser kleinen Stadt, um sich für die Weiterreise nach Triest zu erholen.

**Udine**

# Ankunft 9:20 Uhr

## TRIESTE, ULTIMA FERMATA

Letzte Zielgerade entlang der Adria nach Triest. Jetzt sind alle wach, die Liegen hochgeklappt, und im Barwagen raucht die Kaffeemaschine ununterbrochen, die Telefone klingeln, jeder erzählt seinen Lieben, wie er die Nacht verbracht hat. In diesem Trubel zeichnet sich allmählich das Profil der Stadt ab. Hinter dem Schloss Miramare beginnt schon beinahe Triest. An der Promenade von Barcola lassen sich frühe Badegäste unter Pinien nieder. Im Sommer bleiben sie den ganzen Tag und springen von den Felsen, auf denen manche ihr Handtuch ablegen. Nach über zehn Stunden erreicht der Zug endlich seine Endstation. Der Bahnhof auf einem dem Meer abgerungenen Stück Land hat den Charme alter Zeiten bewahrt. Er wurde 1888 für die Reisenden auf der Meridionale errichtet, einer Linie zwischen Wien und Triest. In fünf Minuten zu Fuß ist am Canal Grande die Statue von James Joyce erreicht, denn in Triest verfasste der irische Schriftsteller seine Jugendwerke. Ein Gruß, und schon trinkt man einen *nero*, wie der echte hiesige Kaffee heißt.

# Praktische Informationen

## FAHRPLAN

Ein Zug täglich. Abfahrt von Roma Termini um 22:35 Uhr, Ankunft Trieste Centrale um 9:20 Uhr.

## PREISE UND KOMFORT

Drei Komfortkategorien: *posto a sedere* (Sitzpatz mit verstellbarer Lehne, ab 30 €), *cuccetta comfort* (Liegeplatz, ab 80 €) in einem Abteil für vier Personen (mit Bettzeug in Plastikfolie und Komfort-Kit: Erfrischungstuch, Papierhandtuch und Flasche Wasser) sowie *cabina excelsior* (Einzelkabine, ab 90 €) mit Bett, Dusche und kleiner Flasche Prosecco als Willkommensgruß! Die Abteile sind klimatisiert und von innen abschließbar.

## WO KAUFT MAN TICKETS?

www.trenitalia.com/de.html

# Und nun?

## *Nein, trist ist Triest nicht!*

An der Grenze zwischen Italien und Mitteleuropa liegt Triest, die Stadt der Cafés mit altmodischem Charme. Der Bora, einem starken Nord-Nordost-Wind, verdankt sie ihren klaren Himmel, ihre kalten Winter und ihr einzigartiges Flair. Man hört hier Italienisch, Friaulisch und Slowenisch. Nach nur kurzer Busfahrt spürt man auf den Anhöhen, nur wenige Schritte von der Grenze entfernt, Balkanatmosphäre. Wer Triest besucht, bewundert die Adria, ein blaues Gemälde und jährlich Schauplatz der spektakulären Regatta Barcolana, bei der Hunderte von Booten um die Wette segeln. Von den romantischen Straßen der Altstadt über die romanische Kathedrale San Giusto bis zum Schloss Miramare – diese Stadt fasziniert jeden, der ihr die Ehre seines Besuchs erweist.

Ljubljana

# Slowenische Auszeit

## Von einem Zug in den nächsten

Da Slowenien ganz nah ist, steigen wir in einen Zug der österreichischen ÖBB, um die Landeshauptstadt zu erkunden. Nach nur zweieinhalb Stunden Fahrt von Triest ist das charmante Ljubljana schon erreicht. Das Zentrum zwischen einem Hügel und dem sich dahinschlängelnden Fluss Ljubljanica sieht mit seinen pastellfarbenen Häusern wie ein Puppendorf aus. Drachen schmücken die Burg hoch über dem Umland. Sie sind auch das Wahrzeichen der Stadt, was zur märchenhaften Atmosphäre beiträgt. Am Flussufer bummeln, in der Eisdiele um die Ecke die Geschmacksrichtungen probieren, ein Rad mieten, stundenlang plaudernd auf der Terrasse sitzen – hier nimmt man sich Zeit, den Urlaub und das süße Leben zu genießen, das am Abend aufregend wird.

# Sonnenaufgang über dem Mezzogiorno

*von Lucie Tournebize*

| 20:50 | Mailand ITALIEN | Bari ITALIEN | 6:44 |
| --- | --- | --- | --- |

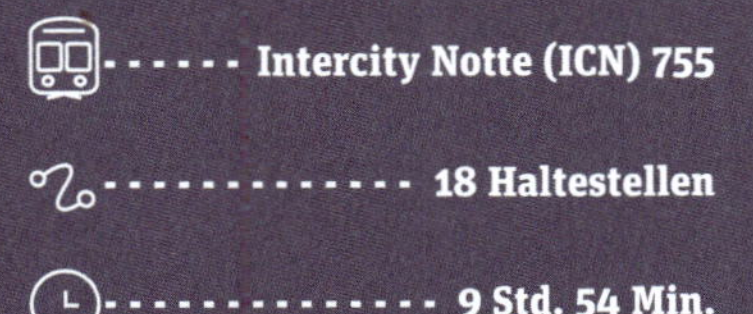
Intercity Notte (ICN) 755
18 Haltestellen
9 Std. 54 Min.

Mailand
Bari

*Wir lassen die Ebene des Po und seine winterlichen Nebelschwaden hinter uns. Wir sind auf dem Weg gen Süden. Die ganze Nacht fährt der Zug an der Adria entlang und durchquert etliche Hafenstädte. Als er schließlich in Bari hält, ist es 7 Uhr. Die mittelalterliche Stadt mit ihren weißen Häusern und Kirchen färbt sich rosa, die Straßen werden gefegt, die Cafés öffnen. Man reckt sich genüsslich vor einem Cappuccino oder geht zum noch stillen Hafen. Die Zeit scheint stillzustehen, bis knatternde Vespas die morgendliche Ruhe stören und die Fischer ihre Stände aufstellen.*

## MILANO CENTRALE, ALLE SUCHEN IHREN ZUG

Die imposante Fassade von Milano Centrale – rund 200 Meter breit und 72 Meter hoch – empfängt jeden Tag einen Strom von 320 000 Menschen. Wie sie gehe ich durch einen der monumentalen Bogen, halte Ausschau nach der Anzeige mit den Abfahrtszeiten und steuere das der 24 Gleise an, von dem der Intercity Notte nach Bari abfährt. In den Süden des Stiefels braucht dieser Zug nur knapp zehn Stunden. Von der Rolltreppe aus lasse ich die beeindruckende Dekoration des 1931 eingeweihten Gebäudes auf mich wirken. Es dauerte 40 Jahre, diesen Bahnhof zu bauen, der eine kuriose Mischung aus Jugend- und Art-déco-Stil darstellt, die das faschistische Regime der 1920er Jahre um rationalistische Elemente ergänzte.

# Abfahrt 20:50 Uhr

## SCHNELLER START

In sanftes Nachtblau gehüllt, das süße Reiseträume verspricht, steht der Intercity Notte am Gleis. Hinter den Sicherheitsschleusen, wie sie heute in allen großen Bahnhöfen jenseits der Alpen üblich sind, schieben die Fahrgäste sich durch die rote Tür des Waggons an Bord. Als wirtschaftliche Hauptstadt Italiens hat Mailand einen hohen Einwohneranteil aus dem Mezzogiorno, Italiens Süden. Auch nutzen Studenten und junge Arbeitnehmer den Zug vor lauter Sehnsucht nach dem Süden, wo sie regelmäßig ihre Familien in Apulien, Kampanien oder Sizilien besuchen. *Pianissimo* verlässt er den Ballungsraum Mailand und gleitet in der Abenddämmerung durch die Poebene. In diesem riesiger Becken bildet der Großteil der Industrie des Landes ein dynamisches Gefüge aus kleinen und mittleren Unternehmen. Im Sommer herrscht eine warme Feuchtigkeit, im Winter verdeckt dichter Nebel, *nebbia* genannt, die Landschaft. Morgen liegt er weit hinter uns, wie weggeblasen von der Brise der Adria.

## BOLOGNA CENTRALE

Im Abteil beginnen die Gespräche mit den Nachbarn und die Vorbereitungen für die Nacht. Die einen suchen nach Steckdosen, um ihr Handy aufzuladen, die anderen machen ihr Bett mit den bereitliegenden Decken, und wieder andere testen die Klimaanlage auf der Suche nach der Idealtemperatur. Nachdem der Schaffner die Fahrkarten kontrolliert hat, erreicht der Zug Bologna, wo neue Fahrgäste zusteigen. Die Versuchung ist groß, spontan auszusteigen und durch die Straßen dieser Studentenstadt zu ziehen, die fast nie schläft. Von *tagliatelle al ragù* über Straßenmusik bis zum Bummeln unter Arkaden – Bologna hat viel zu bieten. Ich besuche es beim nächsten Mal …

## MEER IN SICHT

Im Barwagen sprechen wir mit neuen Freunden darüber, wie viel Kaffee serviert wird: zu wenig in Italien, zu viel in Deutschland – Ansichtssache. Plötzlich ist der Zug an der Adriaküste. Über den schwarzen Fluten scheint der Vollmond. Die ganze Nacht fährt der Intercity am Wasser entlang, streift Strände und wiegt die Fahrgäste mit den Namen von Badeorten in den Schlaf. Sie erinnern zuweilen an etwas altmodische Postkartenmotive. Rimini mit Sonnenschirmen ohne Ende, Ancona, Abfahrtsort der Fähren nach Griechenland und Albanien, Trani mit seiner majestätischen Kathedrale am Wasser …

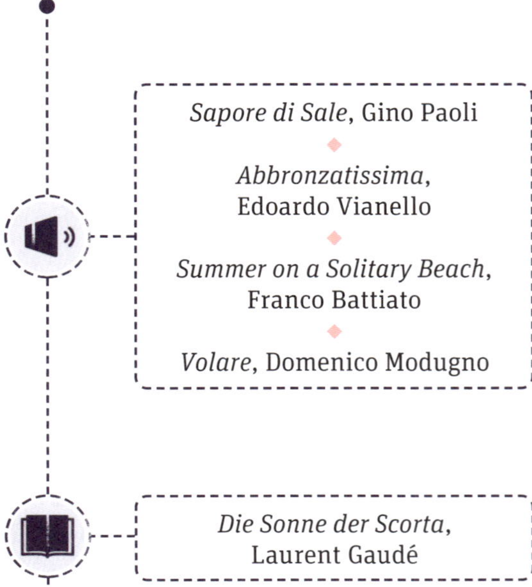

# 6:04 Uhr

## Unterwegs aussteigen

6:04 Uhr ist nicht zu früh, um aus dem Zug zu springen. Wir steigen in Trani aus, südlich des Gargano, des spornförmigen Massivs, das Molise von Apulien trennt. In der Kleinstadt dreht sich alles um den Jachthafen. Am Kai, wo sich die Netze stapeln, arbeiten Fischer auf ihren bunten Booten. Das Gewirr weißer Häuser überragt die »Königin der apulischen Kathedralen«, San Nicola Pellegrino. Der nah und leicht erhöht am Meer erbaute romanisch-normannische Prachtbau aus dem 11. bis 13. Jahrhundert überrascht mit hohen Gewölben. Sein Glockenturm diente den Schiffen einst als Orientierungspunkt. Vom Ende des Molo San Nicola aus scheint Trani aus den Wellen aufzusteigen. Nach einem erfrischenden Spaziergang durch die Gärten der Villa Comunale kann man sich eine Portion Seeigel-Pasta gönnen, eine Spezialität der Region.

**Trani**

# Ankunft 6:44 Uhr

## VIER MINUTEN IN BARI

Als schließlich der Tag langsam anbricht, fährt der Zug in die *stazione* von Bari ein. Auf der Esplanade am Fuß der orangefarbenen Arkaden des Bahnhofs warten bereits einige Taxis. Die Umgebung der Via Sparano da Bari, einer geraden Straße, die den Bahnhof mit dem Stadtzentrum verbindet, ändert ihr Aussehen, je weiter man in das schachbrettartige Viertel Muratiano vordringt. Zunächst durchquert man einen Garten mit mediterraner Vegetation, dann lösen elegante *palazzi* nach und nach die modernen Hochhäuser ab, und letztendlich überlassen die Autos die Straße den Fußgängern. Wir vertreten uns noch ein wenig die Beine in Bari *vecchia*, der Altstadt, und setzen uns auf eine Terrasse der Piazza Ferrarese zwischen dem Theater und dem Meer. *Benvenuti a Bari*.

## Und nun?

### Quer durch Bari

Bari entspricht nicht der klassischen Postkartenansicht Apuliens. Die mittelalterlichen Gassen, die weißen Kirchen und die Stadtmauer über dem Meer sind zwar wunderschön, aber die meisten Touristen zieht es an die Strände des Salento oder in die Dörfer des Hinterlands. Dabei ist Bari eine Hafenstadt voller Charakter, am Tag angenehm und am Abend feierlustig. Wir erkunden zuerst die Altstadt und schauen in jede geöffnete Kirche. Dann setzen wir uns wie die Bewohner mit einem Eis auf die Stadtmauer und schnuppern Meeresluft. Gegenüber der Burg, in der Via dell' Arco, sehen wir viele Frauen *orecchiette* von Hand formen, die berühmten »Öhrchen« aus gebranntem Hartweizen, köstliche lokale Nudeln. Wir probieren *panzerotti*, frittierte Teigtaschen, aus denen Tomatensoße läuft, bevor wir am Molo San Nicola feiern gehen, der tagsüber ein Fischmarkt und nachts eine Reggae-Bar ist.

## Praktische Informationen

### FAHRPLAN

Ein Zug täglich. Abfahrt Milano Centrale um 20:50 Uhr, Ankunft in Bari Centrale um 6:44 Uhr (in Lecce, der Endstation, um 8:30 Uhr).

### PREISE UND KOMFORT

Es gibt drei Kategorien: *posto a sedere* (Sitz mit verstellbarer Lehne ab 40 €); *cuccetta comfort* (Liegewagen, ab 85 €, Snack und Getränk inkl.) in einer Viererkabine. Die *cabina excelsior* (Einzelkabine, ab 90 €, Zeitung und Frühstück inkl.) verfügt über ein Bett und ein Waschbecken.
Zusätzlich zur Bettwäsche (Kopfkissen, Laken und Decke), die eingepackt geliefert wird, gibt es ein Komfort-Kit mit Erfrischungstuch, Papierhandtuch und Wasserflasche. Die Abteile sind klimatisiert und von innen verschließbar.

### WO KAUFT MAN TICKETS?

www.trenitalia.com/de.html

# Und nun?

*Von einem Zug in den nächsten*

Vielleicht sagt Ihnen Polignano nichts, aber wenn man Ihnen ins Ohr singt *»Volare… oh, oh! Nel blu, dipinto di blu«*, erinnert Sie das wahrscheinlich an etwas. Das Lied ist *famosissima*. Komponiert hat es der hier geborene Domenico Modugno. Wer sich das knapp eine Stunde Zugfahrt von Bari entfernte, mittelalterliche Dorf auf einem Tuffsteinfelsen ansieht, versteht, was ihn inspirierte. Die am Fels klebenden Häuser heben sich von der Einheit aus azurblauem Himmel und Meer ab. Die unermüdlichen Angriffe der Wellen formten am Fuß des Fischerdorfs einen traumhaften Kieselstrand: die Cala Porto. Die Eisdiele Mago del Gelato ist in ganz Apulien für ihre *granitas* und Sorbets mit originellen Aromen bekannt. Also unbedingt vor der Rückfahrt probieren!

## Polignano

# Lecce

## Und was noch?

*Auf zum Terminus*

Warum nicht bis zur Endstation des Intercity Notte 755 fahren, um das schöne Lecce zu besuchen? Barocke Glanzlichter lohnen einen Abstecher ins fröhliche »Florenz des Südens«!

# Frische Bergluft und 1980er Flair

*von Antoine Besse*

| 20:52 | Paris FRANKREICH | Modane FRANKREICH | 6:41 |
|---|---|---|---|

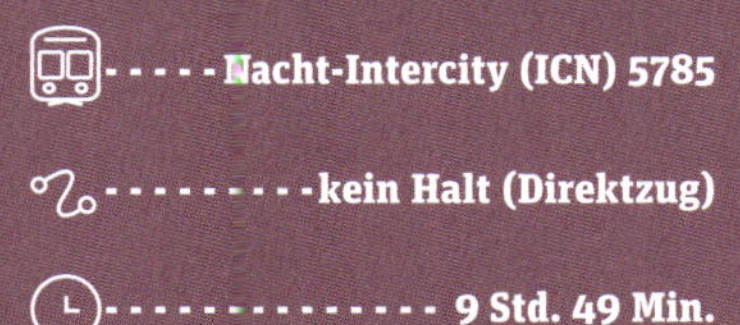
Nacht-Intercity (ICN) 5785
kein Halt (Direktzug)
9 Std. 49 Min.

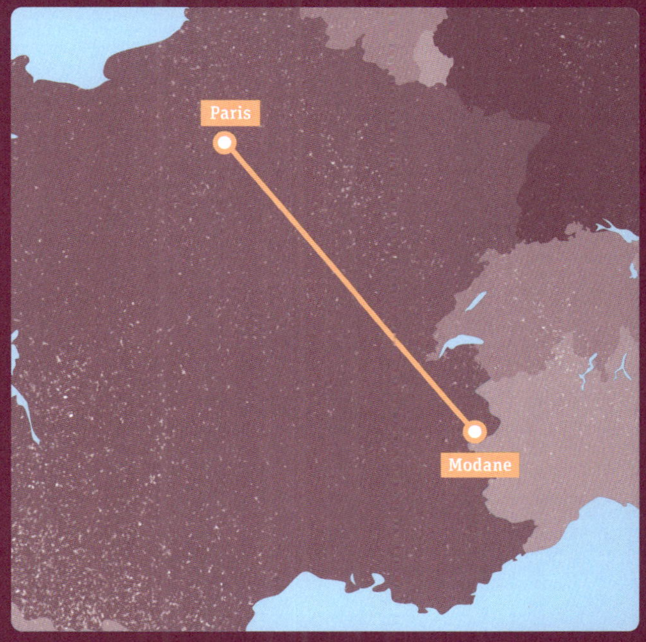
Paris
Modane

*Die flachen Ebenen und den Rhythmus des sesshaften Lebens im Pariser Becken hinter sich lassen, um in der frischen Bergluft der Alpen aufzuwachen? Sehr überzeugend! Im Winter setzt uns der Nachtzug am Fuß der verschneiten Skipisten ab. In der warmen Jahreszeit berauscht uns der Tannenduft und lockt uns immer höher hinauf, den Blick auf die Vanoise-Gipfel gerichtet. Von spektakulären Pässen zu donnernden Bächen, von sonnenbeschienenen Hängen zu bewaldeten Tälern. Zwischen zwei Serpentinen drücken wir die Weitertaste auf unserem Walkman. Denn noch kurz zuvor sind wir in einem seltsamen Raum-Zeit-Gefüge an Bord eines Mitte der 1980er Jahre vergessenen Waggons gereist.*

## Abfahrt 20:52 Uhr

### UNTER PILZSÄULEN: DIE GARE D'AUSTERLITZ

Das Viertel um die Gare d'Austerlitz ist seit Jahren eine Baustelle. Kräne, Bagger, Bohrer und Betonmischer lärmen dort wie in Dantes *Inferno*. Doch zur Abfahrtszeit meines Zugs an diesem frühen Sommerabend schlafen die Stahlkolosse vorübergehend. Die Baumaschinen werden erst am nächsten Tag wieder aktiv. Die Arbeiten gewähren einen Blick zur Schieferkuppel der Salpêtrière – von der schräg stehenden Sonne in schönes goldenes Licht getaucht. Die erste Umbauphase hat die Gleise mit einem fließenden Schleier weißen Betons überdacht, auf Stützen, die aussehen wie riesige Pfifferlinge. Der Zug wartet brav am Bahnsteig im grün schillernden Licht. Irre, diese Dekoration für einen Intercity, der – noch irrer – bereits zu Giscards Zeiten fuhr. Auf dem Weg zu meinem Waggon traue ich meinen Augen kaum – Corail-Wagen mit havannabraunen Kunstledersesseln und Faltenvorhängen. Flashback! Verbringe ich diese Nacht tatsächlich in einem Eisenbahndenkmal?

## WILLKOMMEN IM LETZTEN JAHRHUNDERT

Auf dem Bahnsteig begegnen mir Familien mit aufgeregten Kindern, Urlauber in Fleecejacken mit Rucksäcken und einige Gastarbeiter. Ich komme zu meinem Wagen und stelle fest: Auch die Liegeplätze der zweiten Klasse stammen aus dem vergangenen Jahrhundert, der guten alten Zeit, als die Franzosen bei den French Open und bei der Tour de France gewannen, ihre Plätze auf 36-15 SNCF buchten und mit batteriebetriebenem Walkman Kassetten hörten. Im Abteil sind keine Steckdosen für Handys, nur der matte Schein einer Leselampe … Die etwas spartanische Ausstattung könnte man vornehm mit Vintage umschreiben. Ob das Reisenecessaire (eine Flasche Wasser, Augenmaske und Ohrstöpsel) etwas daran ändert?

*Les plaisirs démodés*, Charles Aznavour

*Night Drive*, Giorigio Moroder

*Trois nuits par semaine*, Indochine

*Flash in the Night*, Secret Service

*Comme un avion sans aile*, Charlélie Couture

*Respire*, Mickey 3D

## UNTER STAMMKUNDEN

Die Enge in der Kabine bricht schnell das Eis zwischen den Bewohnern für eine Nacht. Eine streckenerfahrene Mitreisende gibt ein paar Tipps. Das Bett macht man besser vor der Abfahrt, dann ist es leichter, denn es wackelt nicht so. Wer die untere Liege wählt, braucht nicht akrobatisch zu klettern, ein Vorteil, wenn man nachts mal schnell zur Toilette muss. Nachdem ich die bequeme Daunendecke ausgebreitet und das dünne Kopfkissen aufgeklopft habe, bin ich bereit, noch angezogen einem Morpheus in der Uniform eines SNCF-Schaffners in die Arme zu laufen. Ein Pfiff, eine Durchsage, und schon rumpelt der Zug los.

Es gibt keinen Barwagen zu erkunden, nicht genug Akku für Videospiele auf dem Handy, nicht genug Licht, um zu lesen … Das wird kein langer Abend und ist schon ein kleiner Vorgeschmack auf eine Berghütte! Draußen gleitet die Seine phlegmatisch durch einen Pariser Vorort, der mit Neonlicht gegen das Ende des Tages ankämpft. Nach dem Zähneputzen im WC am Wagenende kann die Nacht beginnen.

Im Abteil herrscht direkte Demokratie. Der Antrag, den Vorhang zu schließen und die Deckenlampe auszuschalten, war bereits im ersten Wahlgang ein voller Erfolg. Der Intercity schaukelt sanft über die Gleise und wiegt schließlich alle in den Schlaf. Im Wagen ist es still. Einige wenige Schlaflose wandern durch den Gang oder kaufen bei der Schaffnerin ein Getränk oder ein Paket Kekse. Die sporadische Verlangsamung des Zugs stört den Schlaf der Reisenden nicht weiter.

# Ankunft 6:41 Uhr

## SCHIEFERDÄCHER, BERGSPITZEN UND FELSNADELN

Magie der Nachtzüge! Als ich gegen 6 Uhr ein Auge öffne, hat sich die Landschaft vor meinem Fenster gewandelt. In der zaghaften Helligkeit des frühen Morgens tauchen plötzlich riesige Wälle auf, über denen niedrige Wolken hängen. Wir sind in den Bergen! In den Haute Maurienne Vanoise. Der sich an den Felsen klammernde Wald bringt eine willkommene grüne Note in die mineralischen Grautöne. Eingeweiht 1871, wie der Fréjus-Tunnel, damals der längste der Welt, war der Bahnhof von Modane bis zu seiner Bombardierung im Zweiten Weltkrieg wegen der Nähe zu Italien einer der wichtigsten Bahnhöfe Europas. Ein charmantes Museum in einem ehemaligen Kino nebenan erzählt seine glanzvolle Geschichte, lässt doch das heutige niedrige Gebäude mit Schieferdach nicht im Geringsten erahnen, wie groß und lebhaft der Bahnhof früher einmal war. Die Luft verströmt angenehmen Tannenduft, es ist 6:50 Uhr, und trotz der frühen Stunde finde ich ein geöffnetes Café. Ich werde in aller Ruhe vor meiner dampfenden Tasse wach, direkt neben den Arbeitern des Orts in Leuchtkleidung. Vor mir im Tal erstreckt sich das Dorf inmitten einer majestätischen Bergkulisse mit mehreren Dreitausendern: der Dent Parrachée (3697 m) und der Pointe de l'Échelle (3427 m) im Norden, der Pointe de Longe Côte (3104 m) und die Aiguille de Scolette (3508 m) im Süden… Eine Einladung, die Wanderschuhe zu schnüren und sich auf den Weg zu machen!

# Praktische Informationen

## FAHRPLAN

Im Juli und August ein Zug täglich.
Abfahrt von Paris-Austerlitz um 20:52 Uhr.
Ankunft in Modane um 6:41 Uhr.
Der Paris – Modane ersetzt vorübergehend den Paris – Briançon, der derzeit wegen Bauarbeiten nicht fährt.

## PREISE UND KOMFORT

Sitz mit (nicht immer) verstellbarer Lehne ab 19 €. Liege in einem Abteil der zweiten Klasse für sechs Personen ab 29 €. Liege in der ersten Klasse (größer, Abteil für 4 Pers.) ab 44 €.
Das Ticket für die Liegeplätze der ersten und zweiten Klasse beinhaltet eine kleine Flasche Wasser, ein Komfort-Kit und einen Snack (einen Kaffee im Pappbecher und ein Gebäckstück in Plastikfolie), der direkt vor der Ankunft in Modane serviert wird.
Es besteht die Möglichkeit ein *Abteil nur für Frauen* oder *neben einer nahestehenden Person* zu wählen (kostenlos durch Ankreuzen bei der Buchung). In der ersten Klasse kann man gegen einen Aufpreis von 70 € ein ganzes Abteil buchen.

## WO KAUFT MAN TICKETS?

www.sncf.com/de

## Und was sonst?

### Ausflüge rund um Modane

Von Modane aus lohnt das Bergdorf Aussois einen Besuch. Mit seinen traditionellen Häusern mit Steinrahmentüren zählt es zu den schönsten im Maurienne-Tal. Einen Halt wert ist auch Lanslevillard, dessen Kapelle St-Sébastien Wandfresken birgt, die trotz ihres hohen Alters erstaunlich frisch aussehen: Sie ähneln einem Comic zum Leben Christi und stammen aus dem 15. Jahrhundert. Im Dorf Bonneval (1 Std. 20 Min. mit dem Altibus von Modane entfernt) sollten Sie unbedingt den Heidelbeerkuchen probieren. Es liegt am Ende der Welt, ist für seine Schieferdächer berühmt und zählt zu den schönsten Frankreichs.

## Und nun?

### Weiter nach Briançon

Mit dem Bus geht's es nach Briançon, dem eigentlichen Ziel des Intercity, das der Zug wegen Bauarbeiten aktuell nicht anfährt. Mit der Gondelbahn im Herzen von Briançon kommt man im Winter zu den Pisten von Serre-Chevalier auf 2400 Meter Höhe. Im Sommer gelangt man ab der Bergstation über einen Wanderweg in etwa 45 Minuten auf den Prorel (2566 m) mit Blick über die Stadt. Die von Vauban-Festungen umgebene und von den Gipfeln des Queyras majestätisch eingerahmte Oberstadt mit ihren bunten Häusern ist auch von Nahem sehr attraktiv. Hier gibt es viel zu entdecken, wenn man durch steile Gassen und über schattige Plätze schlendert. Ideal für eine süße Pause ist die Pâtisserie Turin, eine lokale Institution.

# Noch weiter?

## *Turin*

Lust auf einen Ausflug nach Italien? Modane liegt direkt an der Grenze zum Stiefel. Durch den 1871 eröffneten Fréjus-Tunnel fährt der Zug bis ins Turiner Zentrum nur eineinhalb Stunden – die Gelegenheit für einen Besuch in der Hauptstadt des Piemont. Sie ist Hauptsitz von Fiat und wartet mit grandiosen Überresten ihres goldenen industriellen und politischen Zeitalters auf. Turin, einst Hauptstadt der Dynastie Savoyen (16.–18. Jh.), des Königreichs Piemont-Sardinien (1720–1861) und des Königreichs Italien (1861–1865), hat ein fantastisches Kulturerbe – den Palazzo Carignano, ein barockes Highlight, und die italienische, flämische und holländische Gemäldesammlung der Galleria Sabauda. Aber Turin steht auch für *dolce vita*: Hier in den Cafés wurde der typische *aperitivo* bei einem Glas Wermut geboren! Lebenskunst ist auch die Schokolade, die Sie nach Herzenslust im roten Plüsch historischer Cafés genießen können …

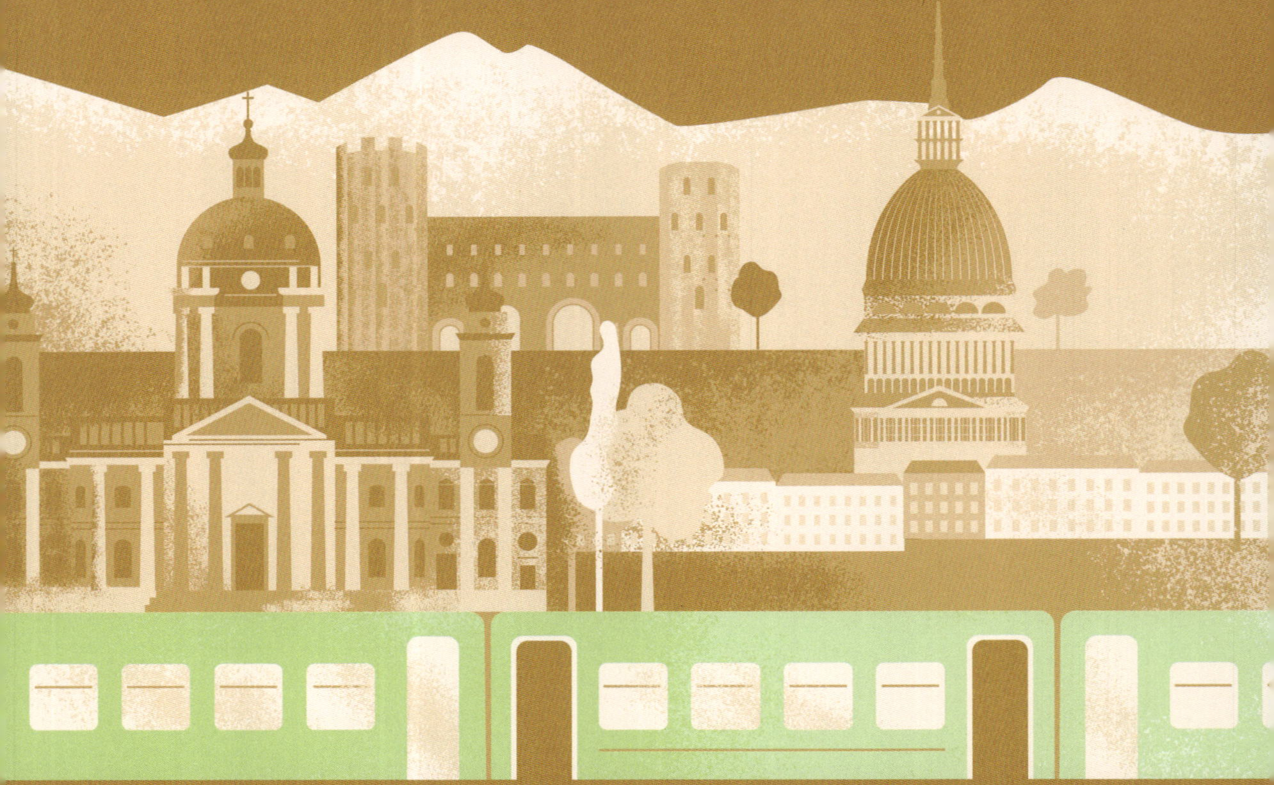

12

# Rom, ganz für mich allein

*von Antoine Besse*

| | | | |
|---|---|---|---|
| 21:55 | Turin ITALIEN | Rom ITALIEN | 5:43 |

Intercity Notte (ICN) 35299
11 Haltestellen
7 Std. 48 Min.

Turin
Rom

*Mit diesem* treno notturno *verlassen Sie eines Abends das barocke Turin, um frühmorgens in der Ewigen Stadt Rom anzukommen. Sie glauben noch zu träumen? Alles ist da, die Hügel mit ihrer antiken Pracht, die Pinien, die Springbrunnen, die Patriziervillen und die berauschenden Gärten. Und noch ist niemand dorthin unterwegs außer ihnen … Sogar das Kolosseum scheint sich allein Ihrem Blick zu präsentieren! Es ist 6 Uhr, Rom erwacht. Und Sie sind nicht mehr müde.*

# Abfahrt 21:55 Uhr

## MONDÄNER BAHNHOF

Um 22 Uhr abzufahren, oder eben ein paar Minuten früher, ist ideal. So bleibt genügend Zeit, nicht nur für einen echten Turiner *aperitivo*, zum Beispiel im Mago di Oz, der berühmten Cocktailbar der Hauptstadt des Piemont, sondern auch für ein typisches Abendessen im Da Mauro zwischen lauter Damen mit Dauerwelle. Dann geht es beschwingt weiter zum Bahnhof Porta Nuova, einem Gebäude am Ende einer königlichen Turiner Sichtachse. Der Bahnhof ist eine der Eisenbahn und dem Unternehmergeist des 19. Jahrhunderts gewidmete neogotische Kathedrale. *La stazione* zählt heute zu den wichtigsten Bahnhöfen des Landes und sprüht zu jeder Tageszeit nur so vor Leben. Als ich auf meinem Gleis angekommen bin, auf dem sich viele Urlauberfamilien und angeheiterte junge Leute auf dem Weg in den Süden drängen, wird mir klar, dass es in italienischen Nachtzügen ebenfalls höchst lebhaft zugeht.

## WIE IN WATTE GEPACKT

Was den Komfort angeht, machen Nachtzüge, die die Alpen überqueren, keine halben Sachen. Ich habe eine Einzelkabine, was hier kein Luxus ist. Ich betrete den kleinen Kokon, der mir vorkommt wie ein Hotelzimmer. Ich öffne die Tür – und sehe Kleiderbügel, Steckdosen zum Akkuaufladen und sogar ein kleines Waschbecken, verborgen unter einer Ablage und praktisch für eine Katzenwäsche. Das Bett vor einem großen Spiegel ist bereits bezogen. Zwei Dosen Wasser und ein Reisenecessaire gehören zum Begrüßungspaket: Rasierklinge, Handtuch, Erfrischungstuch, Zahnbürste mit Mini-Zahnpasta und sogar Hausschuhe! Der Schaffner klopft an die Tür. Er kontrolliert meine Fahrkarte, und ich kann das Frühstück bestellen. Meinen Wecker brauche ich nicht zu stellen, er kümmert sich um alles.

## LA NOTTE, LA NOTTE

Als der Zug losfährt, wird es im Gang schnell leer; alle beziehen ihre Apartments. Mangels Speisewagen kauft ein Fahrgast, der noch nicht zu Abend gegessen hat, bei einem Zugbegleiter etwas zu knabbern. Draußen ist es schnell Nacht geworden; die Turiner Vorortbahnhöfe rasen wie Neonblitze vorbei. Ich schließe meine Tür ab und lösche das Licht. Das Nachtlicht ist unwirklich blau, was zum Einschlafen einlädt, aber die zahlreichen Bahnhöfe, an denen der Zug hält, wecken in mir Erinnerungen oder Reisewünsche (ach, Genua und die Cinque Terre! Mmm Pisa …), die mich träumen und wach bleiben lassen. Ständig ändert sich der Rhythmus der Fahrt, läuft jemand durch den Flur, schreien überdrehte Kinder. Alles in allem erweist sich der Schlaf trotz der erstaunlich bequemen Matratze als sehr widerspenstig.

## STARKER KAFFEE

Um 5 Uhr verwässert die frühe Morgendämmerung den Nachthimmel. Als der Zug am Meer entlang nach Civitavecchia fuhr, war es noch stockdunkel. Jetzt durchquert er das Latium. Sanfte Hügel mit Schirmpinien, Weizenfelder, Bauernhöfe, deren Viehherden schon weiden, und malerische ockerfarbene Häuser prägen die Landschaft. Dann wird es urbaner. Am Ende eines Tunnels haben Hochhäuser die Landschaft regelrecht abgeriegelt. Und dann taucht zwischen zwei Türmen eine Kuppel auf. Der Petersdom von Rom! Kein Zweifel, wir nähern uns der Ewigen Stadt. Wir bekommen das Frühstück, das pünktlicher ist als der Zug. Kleines Wunder jenseits der Alpen: Der Espresso ist einer der besten, den ich je getrunken habe.

# Ankunft 5:43 Uhr

## ROM NOCH NICHT FÜR BESUCHER GEÖFFNET

Es ist erst 6 Uhr, aber schön warm, als ich den Bahnhof Roma Ostiense verlasse. Blauer Himmel strahlt über den Kolonnaden dieser strengen, neoklassizistischen Mussolini-Architektur. Die wenigen Reisenden aus meinem Zug zerstreuen sich in alle Richtungen. Bald ist der Bahnhofsvorplatz menschenleer. Welch seltsames Gefühl, allein durch die italienische Hauptstadt zu laufen – als würde ich ihre Privatsphäre verletzen. Durch die Luft schwebt das Aroma der erwachenden Stadt: Der schwere Geruch feuchten Asphalts mischt sich mit dem frischen Duft blühender Bäume. Ich lasse mich von der Morgendämmerung bis zur Piazzale Ostiense treiben. Dort erhebt sich ein antikes Grabmal, die Pyramide des Caius Cestius, nur wenige Schritte von der Porta San Paolo (5. Jh.), einem erstaunlich gut erhaltenen Tor der Aurelianischen Mauer, entfernt. Am Kiosk des Parco della Resistenza dell'Otto Settembre trinken Gärtner ihren Espresso, ohne die antiken Gemäuer auch nur eines Blickes zu würdigen.

## EWIGER NEUBEGINN

Ich fahre die zwei Kilometer bis ins historische Zentrum nicht mit der Metro, um meinen Spaziergang durch das erwachende Rom nicht zu verkürzen. Abgesehen von ein paar Joggern habe ich die Umgebung des Kolosseums für mich allein. Ich gehe noch bis zum Pantheon, setze mich im Viertel auf eine Terrasse und gönne mir ein zweites Frühstück. Als ich meinen belebenden *caffè americano* getrunken habe, füllen sich die Straßen.

# Praktische Informationen

### FAHRPLAN

Ein Zug täglich. Abfahrt Turin-Porta Nova um 21:55 Uhr, Ankunft Roma Ostiense um 5:43 Uhr.

### PREISE UND KOMFORT

Die preiswerteste Option ist immer noch der Sitz mit verstellbarer Lehne *(posto a sedere)* für circa 50 €. Für einen Liegeplatz *(cuccetta)* im Abteil für vier Personen bezahlt man etwa 80 €. Ein Bett in einer Kabine *(vagone letto, VL)* für ein bis drei Personen, die zusammen reisen, kostet circa 90 €. Achtung: Im Zug nach Salerno gibt es keine Kabinen mit Dusche *(excelsior)*.

### WO KAUFT MAN TICKETS?

www.trenitalia.com/de.html

# Neapel

## *Noch weiterfahren?*

Bis Rom haben Sie es geschafft – wieso also nicht ins sonnige Neapel im Mezzogiorno weiterreisen? Die brodelnde Metropole am Fuß des Vesuvs ist nur zweieinhalb Stunden entfernt. Bett hochklappen, frisch machen in der Kabine und *andiamo*! Sie brauchen sich nur noch an der Küste entlang durch Latina am Fuß des Bergs Semprevisa fahren zu lassen, bevor Sie in Formia das Tyrrhenische Meer streifen. Der Zug hält sich dann Richtung Vesuv, und um 8:17 Uhr steigen Sie aus und stehen auf dem riesigen Vorplatz von Neapels Hauptbahnhof. Die Neapolitaner knattern bereits auf ihren Vespas herum. Weder Schwerkraft noch Straßenverkehrsordnung scheinen für sie zu gelten. Der Hafen, von dem die Fähren nach Capri übersetzen, ist vom Bahnhof in etwa 20 Minuten zu Fuß erreicht, aber den Abstecher zum *centro storico* und zur Via Tribunali darf sich niemand entgehen lassen. Die Neapolitaner haben sich zum »Volk des Kaffees« erklärt, und in der Stadt wimmelt es von Terrassencafés neben prunkvollen Kirchen. Beim Espresso und *cornetto* (Gebäck) sitzt man in der ersten Reihe und genießt urbane italienische Lebensart.

# Salerno

## *Endhaltestelle*

Nach Neapel setzt der Intercity Notte seine Fahrt in den Süden fort. Nach einer knappen Stunde erreicht er seine Endstation Salerno. Westlich der Industriestadt erstreckt sich die berühmte Amalfiküste (UNESCO-Weltkulturerbe) bis Positano, eine atemberaubende Küste mit schwindelerregenden Klippen, hängenden Gärten, Zitrusfrüchteplantagen und farbenfrohen Fischerdörfern. Ein Tipp für den Sommer: Testen Sie eine der vielen Schiffsverbindungen zwischen Positano und Amalfi oder Salerno und Capri.

**www.metròdelmare.it; www.alicost.it; www.travelmar.it; www.navlib.it**

# Capri

## *Eine Reise in der Reise*

Vom Hafen von Salerno (oder Neapel) gibt es mehr als 15 Überfahrten pro Tag nach Capri. Das Tragflächenboot ist zwar schnell (45 Min. Fahrzeit), aber nicht sehr romantisch. Wer gerade aus einem Nachtzug ausgestiegen ist, für den ist Geschwindigkeit nicht die höchste Priorität! Also geht es am Quai Molo Calata Porta di Massa auf eine gute alte Fähre. Nach knapp zwei Stunden in der blauen Bucht ist der kleine Hafen von Marina Grande erreicht, dessen bunte Häuser sich an die weißen Klippen klammern. Hier beginnt dann die nächste Reise.

*Roman Blue*, Danger Mouse

*Tutto va bene quando facciamo l'amore*, Alex Rossi

*Anatomia di una notte*, Capricorn College

*Week-end à Rome*, Étienne Daho

*La mezza luna*, Adriano Celentano

*Folia*, Giancarlo D'Aura

*Le diro parole blu*, Christophe

*Der letzte Sommer in der Stadt*, Gianfranco Calligarich

*Rom, offene Stadt*, Roberto Rossellini (1945)

*Meine italienische Reise*, Martin Scorsese (1999)

13

# Der Tschu-Tschu nach Brüssel

*von Thibault Constant*

20:13 Wien ÖSTERREICH — Brüssel BELGIEN 9:52

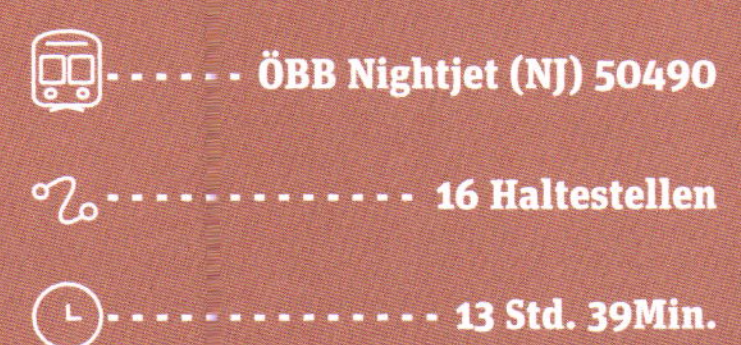

ÖBB Nightjet (NJ) 50490
16 Haltestellen
13 Std. 39Min.

Brüssel
Wien

*»Brüssel, meine Schöne, ich komme bald zu dir«, singt Dick Annegarn. Um EU-Beamte österreichischer Staatsbürgerschaft zu animieren, mit dem Zug zu fahren statt zu fliegen, setzt die ÖBB seit 2020 einen Nachtzug zwischen Wien und Brüssel ein. Ein Glücksfall für alle anderen, die die belgische Hauptstadt, die flämisch-barocken Fassaden der berühmten Grand Place, ihre Museen, ihre Estaminets und ihre 300* friktots *(Frittenbuden) besuchen möchten!*

## 19:00 Uhr

### TOTALER LUXUS

Wien HBF, hier bin ich wieder, am 2015 komplett sanierten, hochmodernen Hauptbahnhof der österreichischen Hauptstadt. In knapp einer Stunde steige ich in den ÖBB-Nachtzug nach Brüssel. Heute will ich die luxuriöseste Reisemöglichkeit nutzen: die Kabine mit Dusche im Schlafwagen. Erst mal mache ich einen Abstecher in die ÖBB-Lounge im Zwischengeschoss, die neben Snacks und Getränken auch Bereiche mit Steckdosen und WLAN bietet. Und es gibt sogar einen Aufenthaltsraum für Fahrgäste, die eine Schlafwagenfahrkarte (unabhängig von der Bahngesellschaft) oder ein Ticket für einen Nightjet-Liegeplatz haben. Der Bahnsteig ist bereits überfüllt. Schließlich hält der Zug in drei großen europäischen Städten: Brüssel, Amsterdam und Hamburg. Der Zug nach Hamburg wird in der Nacht an den Nightjet aus Zürich gehängt.

# Abfahrt 20:13 Uhr

## HERZLICHER EMPFANG

Der lange Konvoi aus 15 Wagen fährt mit hoher Geschwindigkeit rückwärts in den Bahnhof ein. Das Manöver ist beeindruckend. Ich erreiche Wagen 242, wo mich eine Zugbegleiterin lächelnd mit einem *»Welcome on board, Sir!«* empfängt. Abgesehen von denen des EuroNight Slovakia *(siehe S. 200–209)* sind die Wagen dieses Zugs die neuesten, die in Europa unterwegs sind. Am Eingang fällt mir die kleine Plakette »Siemens Mobility, 2006« auf. Mit einer Sitzbank mit drei Plätzen ist meine Kabine noch im Tagesmodus. Ich entdecke das Nightjet-Willkommenspaket (Hausschuhe, Ohrstöpsel, Kuli etc.), das Multiple-Choice-Formular für die Frühstücksbestellung und eine Flasche Sekt. So bin ich in einem Nachtzug noch nie verwöhnt worden! Um 20:23 Uhr fährt der Zug mit nur zehn Minuten Verspätung in Wien ab. Die Schaffnerin kommt vorbei, begrüßt mich, serviert mir einen Orangensaft und Erdnüsse und erklärt mir die Sicherheitsbestimmungen. Meine Tür kann ich mit einer Schlüsselkarte abschließen, die ich nicht verlieren darf. Echter Luxus: Sobald ich sie rufe, macht sie heute Abend mein Bett.

## WIE EIN PRINZ

Wir fahren auf der Westbahn, der Hochgeschwindigkeitsstrecke zwischen Wien und Salzburg. Ich mache mich frisch – man hat ja nicht jeden Tag die Gelegenheit, bei 200 km/h zu duschen! Da Wasser in einem Zug nicht unerschöpflich ist, läuft auf Knopfdruck für 30 Sekunden ein Wasserstrahl. Man kann so lange duschen, wie man will, es liegt an jedem Fahrgast, sich vernünftig zu verhalten. Das Wasser ist sofort warm und der Strahl großzügig – ich fühle mich fast wie zu Hause. Jetzt sind wir im Donautal. Blitzsauber betrachte ich durch das Fenster die vorbeiziehenden Felder und österreichischen Dörfer. Zur Feier des Tages gönne ich mir ein Glas Sekt! Die Sonne ist schon fast verschwunden, als wir in den Bahnhof von Linz einfahren. Meine Augenlider werden schwer, und ich rufe die Schaffnerin, die beinahe sofort da ist. Während sie mein Bett macht, gehe ich auf den Gang, und eine Minute später ist mein Palast im Taschenformat fertig. Steckdose unter dem Bett, eingebautes Leselicht, perfekte Schalldämmung – alles sehr komfortabel. Als wir das bayerische Passau am Zusammenfluss von Inn, Ilz und Donau erreichen, schlafe ich ein. Ich verbringe eine ruhige Nacht, in der ich bei zwei Bahnhofseinfahrten nur kurz aus dem Schlaf schrecke. Als ich aufwache, ist es schon 8:10 Uhr. Auf meinem Smartphone sehe ich, dass wir durch die Vororte von Köln fahren, dabei müssten wir eigentlich schon hinter Aachen sein. Ich ziehe das Rollo hoch und sehe: Der Zug steht in einem Rangierbahnhof, und es regnet in Strömen.

*Ça plane pour moi*, Plastic Bertrand

*Little Arithmetics*, dEUS

*Bruxelles*, Jacques Brel

*A Short Song for a Short Mind*, Girls in Hawaii

# Aachen

Stadt Karls des Großen

## 7:22 Uhr

*Unterwegs aussteigen*

Aachen, die ehemalige Hauptstadt Karls des Großen, beherbergt ein Juwel der europäischen Kirchenkunst: die Pfalzkapelle, in der der karolingische Kaiser 814 beigesetzt wurde. Porphyr- und Marmorsäulen, Mosaiken in Kuppel und Gewölbe, Türen und Geländer aus Bronze – diese byzantinisch inspirierte Basilika berauscht mit ihrer Pracht. Sie ist das erste UNESCO-Welterbe Deutschlands und bildet den Kern der gotischen Kathedrale von 1414, deren Schatz ebenfalls von unschätzbarem Wert ist. Stärken Sie sich in einer der nahen Konditoreien und kaufen Sie Aachener Printen, die es in vielen Varianten gibt – pur, glasiert oder mit Schokoladenguss.

## EIN VORMITTAG IM ZUG

Um 8:30 Uhr serviert die Zugbegleiterin das Frühstück: Pfefferminztee, zwei Kaisersemmeln, Butter, Honig und Aufstrich. Wegen katastrophaler Überflutungen ist der Zug in Deutschland umgeleitet worden. Da ich nicht vor Mittag in Brüssel ankomme, gönne ich mir eine zweite Dusche. Die Hostess erkundigt sich ein paarmal, ob alles in Ordnung ist, und serviert erneut Orangensaft und Tee. Um 11 Uhr sind wir in dem futuristischen Bahnhof Lüttich-Guillemins (von 2009), entworfen von Santiago Calatrava Valls, dem Architekten der Stadt der Wissenschaften und Künste in Valencia und der neuen U-Bahn-Station World Trade Center in New York.

# Ankunft 9:52

## ENDLICH IN BRÜSSEL!

Gegen 11:45 Uhr durchfährt der Zug den Bahnhof Bruxelles-Nord und den unterirdischen Bahnhof Bruxelles-Central. Dort hält er leider nicht, dabei ist die Grand Place ganz nah. Wenig später kommen wir endlich in Bruxelles-Midi an. Die Schaffnerin gibt mir eine Bescheinigung über die 120-minütige Verspätung. Eine weitere Aufmerksamkeit einer Bahngesellschaft, die ihr Möglichstes für ihre Fahrgäste tut.

# Praktische Informationen

## FAHRPLAN

Abfahrt Wien Hauptbahnhof um 20:13 Uhr, Ankunft in Bruxelles Midi um 9:52 Uhr. Drei Züge pro Woche in beide Richtungen (Mo, Mi, Fr von Belgien Richtung Österreich; Di, Do, So von Österreich Richtung Belgien). Details und Auskünfte über eventuelle Bauarbeiten an der Strecke unter www.oebb.at.

## PREISE UND KOMFORT

Sitzplatz ab 29 €, Liegeplatz ab 69 €, Bett in Doppelkabine ab 99 €, Bett in Einzelkabine mit Dusche ab 129 €.
Die Preise variieren je nach Saison und Zahl der Buchungen.
Interrail- und Eurail-Pässe gelten mit Zuzahlung je nach Komfortklasse.

## WO KAUFT MAN TICKETS?

www.oebb.at oder www.raileurope.com

# Am Wasser entlangrollen und chillen

*von Thibault Constant*

19:30 Amsterdam NIEDERLANDE – Wien ÖSTERREICH 9:19

ÖBB Nightjet (NJ) 40421

18 Haltestellen

13 Std. 49 Min.

*Im Venedig des Nordens plätschert zum Abschiedsgruß friedlich das Wasser. Auf geht's zu den Ufern der Donau, um sanft über einen kaiserlichen Ring zu rollen! Wien hat das Fahrrad zur Königin gemacht und bietet 1400 Kilometer Radwege. So lässt sich die Stadt auf ganz andere Art entdecken – von ihrer großen Street-Art-Szene am Kanalufer bis zu den Strandbars, die zum Faulenzen am Wasser einladen … Bis dahin gibt es nur noch eines zu tun: Das leichte Schaukeln des Nightjets zum Ausruhen und Beinehochlegen nutzen – und das Badezeug in die Tasche packen, um gleich nach dem Aussteigen ins Wasser springen zu können.*

## Abfahrt 19:30 Uhr

### FAHRRADPARADIES

Prächtig und strahlend erhebt sich in meinem Blickfeld die Fassade des Bahnhofs Amsterdam Centraal, der so tut, als sei er das Rijksmuseum, und die ganze Stadt magisch anzuziehen scheint. Noch vor wenigen Minuten habe ich mir an Amsterdams berühmten Kanälen meinen Weg durch die Fahrräder gebahnt. In einer halben Stunde bringt mich ein Nachtzug durch die Niederlande, Deutschland und Österreich nach Wien. Dazu muss ich in den neuen Nightjet steigen, das Schmuckstück der österreichischen Bahngesellschaft ÖBB. Ich fahre zusammen mit meinem Bruder Benjamin, der genauso ein Nachtzug-Fan ist wie ich. Vor dem Bahnhof treffen wir einen Follower, der meine Zugabenteuer auf meinem YouTube-Kanal verfolgt! Gut informiert sagt er uns, dass unser Nightjet von Gleis 7 abfährt. Anschließend begeben wir uns zum Bahnsteig, wo unser Zug zehn Minuten vor der Abfahrt aus dem Depot eintrifft. Heute reisen wir in einem Liegewagen. Für 20 Euro Gebühr konnte ich ein Abteil für uns allein reservieren, was übrigens auch mit der Familie oder Freunden eine gute Möglichkeit ist, während der Fahrt unter sich zu bleiben.

## Vor der Abfahrt

### Königin der Fahrräder und der Kanäle!

Selbst als echter Süßwassermatrose ohne Erfahrung oder Boot können Sie ein kleines Elektroboot mieten. Schippern Sie durch Amsterdams hübsche Grachten. Bei sehr langsamen fünf km/h können Sie die blumengeschmückten Brücken (Vorsicht Kopf, einige sind sehr niedrig, da heißt es hinlegen!) und die alten, bunten Giebelhäuser bewundern …

**Boats4rent: https://amsterdamcanalboatrental.com, ab 79 € für 3 Std. am Vormittag**

## GUTE ATMOSPHÄRE

Abteil 2: Ein lächelnder Schaffner kontrolliert unsere Fahrkarten. Die Besonderheit im Nightjet: Alle Fahrgäste können sich auf der gesamten Fahrt an den Zugbegleiter wenden, auch im Liegewagen. Als er für die Frühstücksbestellung wiederkommt, bitte ich ihn, uns spät zu wecken, da wir erst um 9:19 Uhr in Wien ankommen. Im Abteil ist Platz für sechs Personen. Da wir nur zu zweit sind, bleiben die unteren Sitzbänke im Tagesmodus. Es ist recht geräumig, und wir haben mehrere Ablagen für unser Gepäck. Die beiden Steckdosen in der Nähe der Türen sind ein wenig versteckt. Mein Bruder und ich richten uns ein. Dann unterhalten wir uns und lassen die niederländische Landschaft an uns vorbeiziehen: Felder und kleine Dörfer, dazwischen immer wieder Windmühlen. Postkartenreif! Die Stimmung an Bord ist angenehm: Junge Leute trinken einen Aperitif und spielen Karten, Familien picknicken und Rentnerpaare lesen friedlich. Ich habe noch nicht zu Abend gegessen und probiere den Bestellservice aus. Es gibt ein Menü mit Baguette und Getränken für 5,90 Euro (Nightjet stellt während der gesamten Fahrt Wasserflaschen bereit). Der Zugbegleiter bringt es mir auf einem Tablett. Wir machen die Betten und legen uns um 22:30 Uhr schlafen. Schade, dass das Komfortpaket nur im Schlafwagen erhältlich ist! Für die Ohrstöpsel müssen wir den Zugbegleiter rufen. Wir haben die oberen Liegen genommen, da die unteren mehr dem Licht aus dem Gang ausgesetzt sind. Einziges Manko: Oben fühlt man sich etwas eingeengt, wenn man wie ich 1,87 Meter groß ist. In Deutschland, in der Nähe von Düsseldorf, schlafen wir ein.

# Köln

Erfrischung am Kölschen Wasser

**FÜR DEN START IN AMSTERDAM**

Gleis ***spoor***
Nachtzug ***nachttrein***
Schalter ***loket***
Kartenautomat ***kaartautomat***
Gepäckaufbewahrung ***bagagekluis***

## DIEBSTAHL IM ABTEIL

Ich schlafe gut ohne aufzuwachen! Um 6:52 Uhr werde ich von einer Handy-Nachricht wach: Gerade haben wir die deutsch-österreichische Grenze überquert. Ich schaue um mich herum: Sind unsere Sachen noch da? Es überrascht mich doch: Mein Portemonnaie ist weg (es lag gestern noch auf der Ablage). Ich durchsuche das Abteil, finde es aber nicht. Mein Bruder wacht auf. Er vermisst nichts. Der Schaffner rät mir, den Diebstahl direkt nach der Ankunft in Wien bei der Polizei anzuzeigen. Trotzdem laufe ich durch alle 14 Wagen und hoffe, dass mein Geldbeutel wieder auftaucht. Vergebliche Mühe … Zum Glück war nicht mehr viel drin.

## Abfahrt 22:16 Uhr

### Unterwegs aussteigen

Mit über einer Million Einwohnern ist Köln die viertgrößte Stadt Deutschlands. Hier richten sich alle Blicke nach oben: Der Dom ist 157 Meter hoch, und der Fernmeldeturm Colonius überragt mit 260 Metern die ganze Stadt! Ins dynamische und feierlustige Köln locken viele Museen, darunter das Schokoladenmuseum, typische Kneipen, die das lokal gebraute Kölsch ausschenken, und Nachtclubs! Lust auf eine Siesta oder ein Picknick? Dann einfach durch den Rheinpark schlendern: Die grüne Lunge am Rheinufer ist ideal, um unter einem Sonnenschirm in aller Ruhe die Schiffe vorbeischippern zu sehen.

## FRÜHSTÜCK MIT AUSBLICK

Etwas enttäuscht kehre ich in unser Abteil zurück, wo zu meinem Trost bereits das Frühstück steht! Auf dem Speiseplan: zwei Kaisersemmeln mit Marmelade und Butter und ein Getränk. Ich frühstücke und betrachte die Landschaft. Wir fahren jetzt auf der Westbahn, der Hauptstrecke, die Salzburg mit Wien verbindet. Am Fenster tanzen kleine österreichische Dörfer wie auf einer Festbühne an uns vorbei; die Berge im Hintergrund bilden die Kulisse. Im Süden sehen wir einen Teil der Tauern, der österreichischen Ostalpen, in denen Dörfer und Klöster kauern. Kurz hinter der Stadt Linz bietet sich sogar ein Blick auf das wunderschöne Stift Sankt Florian.

## 7:46 Uhr

### *Von einem Zug in den nächsten*

Von Linz aus fährt ein Zug in weniger als einer halben Stunde nach Attnang-Puchheim, dem Startpunkt der Salzkammergut-Lokalbahn. Mit dieser Schmalspurbahn lässt sich die herrliche Alpenseenregion erkunden, ein echtes Sahnehäubchen mit schönsten Ferienorten voller altmodischem Charme. Bevor sie in die Berge kraxelt, fährt sie an den sanften Buchten des Traunsees entlang; kristallklares Wasser und Holzstege laden zum Baden ein…

**Traunsee**

Frische Luft und das Flair vergangener Zeiten

# Ankunft 9:19

Unsere Reise geht weiter durch das Donautal, das leider nur selten zu sehen ist, und unser Zug hält bald in Sankt Valentin und Sankt Pölten *(siehe S. 176)*. Wenige Minuten später sind wir schließlich in der österreichischen Hauptstadt. Vom Gleis aus sehe ich unseren Schaffner, der nun älteren Menschen beim Aussteigen mit dem Gepäck hilft.

Nach einigen Fotos vom Zug gehe ich zur Polizeiwache gegenüber vom Bahnhof, wo ich ein kurzes Anzeigeformular für die Versicherung ausfülle. Der zum Glück harmlose Vorfall wird mir für meine weiteren Abenteuer eine Lehre sein: Ab jetzt achte ich darauf, mein Abteil im Nachtzug immer doppelt abzuschließen!

## Und nun?

### Radeln am Ufer der Donau

Der Donauradweg, der durch Wien führt, ist einer der schönsten in Europa. Nutzen Sie das Selbstbedienungs-Fahrradverleihsystem Citybike zum Radeln am Fluss. Von der U-Bahnhaltstelle Donaustadtbrücke führt ein Weg zur Alten Donau, wo man im einwandfreien Wasser, das genauso klar ist wie an den Stränden des Strandbads Gänsehäufel, baden kann.

**www.citybikewien.at**

# Praktische Informationen

## FAHRPLAN

Abfahrt Amsterdam Centraal um 19:30 Uhr,
Ankunft Wien Hauptbahnhof um 9:19 Uhr.
Fährt täglich.
Detaillierte Infos und Auskünfte über eventuelle Bauarbeiten unter www.oebb.at.

## PREISE UND KOMFORT

Sitzplatz ab 29 €, Liegeplatz ab 69 €, Schlafwagen (2 Betten) ab 99 €, Schlafwagen (Einzelabteil mit Dusche) ab 129 €.
Achtung, die Preise ändern sich je nach Saison und Nachfrage.
Interrail- und Eurail-Pässe gelten mit Zuzahlung je nach Komfortklasse.

## WO KAUFT MAN TICKETS?

www.oebb.at oder www.raileurope.com
Und die Fahrkarte fürs Fahrrad? Leider verfügen nur die Nightjets, die zwischen Deutschland, Österreich und manchmal der Schweiz verkehren, über einen Gepäckwagen für Fahrräder (in diesem Fall kann man für das Zweirad eine Fahrkarte mit reserviertem Platz kaufen).

15

# Alpenüberquerung in Pantoffeln

*von Thibault Constant*

| 21:40 | Zürich SCHWEIZ | Wien ÖSTERREICH | 7:58 |
|---|---|---|---|

ÖBB Nightjet (NJ) 467
13 Haltestellen
10 Std. 18 Min.

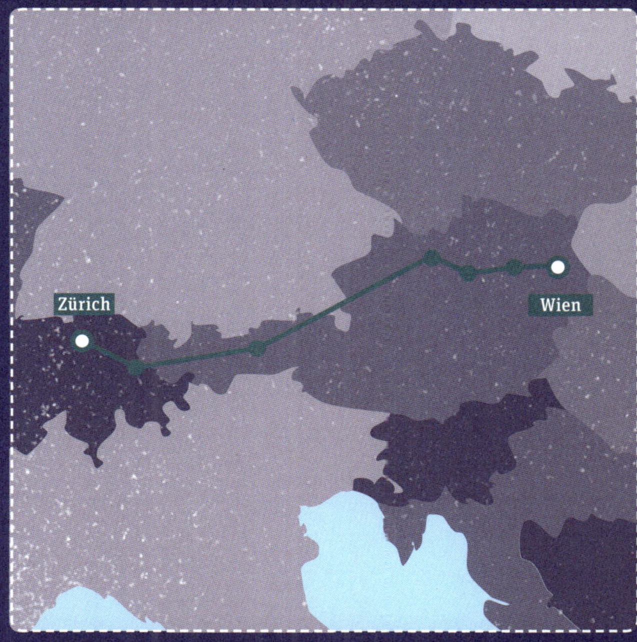
Zürich
Wien

*Die Alpen bei Nacht überqueren, im Dezember, ohne Haarnadelkurven, Höhenangst oder winterliche Kälte befürchten zu müssen: Genau das ermöglicht der ultrakomfortable Nightjet, der seinen Fahrgästen den Luxus einer Hotelübernachtung bietet – Pantoffeln sind im Fahrkartenpreis inbegriffen!*

## Abfahrt 21:40

### GROSSE PLÄNE

21 Uhr. Der Dezember macht in Zürich keine halben Sachen. Es ist stockdunkel und war tagsüber sehr kalt in der Schweizer Finanzmetropole. Was mich nicht davon abgehalten hat, durch die Stadt zu streifen, die Chagall-Fenster des Fraumünsters zu bewundern, ins Schweizerische Nationalmuseum und ins Kunstmuseum zu gehen und vom Seeufer aus den Blick auf die majestätischen Alpen zu genießen… An diesen sehr ausgefüllten Tag schließe ich den ehrgeizigen Plan an, mit dem Nightjet in die österreichische Hauptstadt zu fahren. Ich freue mich, endlich wieder in Wien zu sein, aber auch auf die Nacht in diesem Zug. Denn auf der Strecke Zürich – Wien stellt die ÖBB ihren Fahrgästen einzigartige Schlafwagen zur Verfügung.

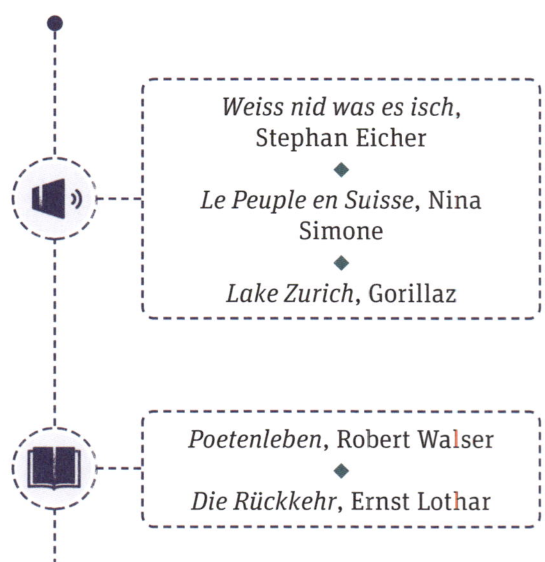

## WEIHNACHTEN IM BAHNHOF

Zürichs riesiger Bahnhof besteht aus mehreren Ebenen: Im Erdgeschoss ist der Kopfbahnhof; die unteren Stockwerke beherbergen zwei unterirdische Bahnhöfe (Museums- und Löwenstrasse), die in den 1990ern für den S-Bahn- und Fernzugverkehr erbaut wurden. In wenigen Tagen ist Weihnachten und – erste schöne Überraschung: Als ich die Haupthalle betrete, entdecke ich einen Weihnachtsmarkt. Touristen und Einheimische finden sich hier ein, um sich bei einem Glühwein aufzuwärmen. Was ich auch tue. Beim Betrachten der Anzeigetafel überwältigt mich die Anzahl der Züge, die den Bahnhof um diese Uhrzeit an einem Abend unter der Woche noch verlassen: Ich zähle einen oder sogar mehrere pro Minute! Ich denke an die Gare du Nord, einen der bedeutendsten Bahnhöfe Europas, wo nach 21:30 Uhr praktisch kein Fernzug mehr fährt. Aber die Schweiz ist ein komplett auf die Schiene ausgerichtetes Land, in dem rund um die Uhr Züge unterwegs sind, sowohl S-Bahnen als auch Fernzüge.

## Uetliberg

Hoch oben auf dem Berg …

## Frische Luft gefällig?

*Von einem Zug in den nächsten*

In Zürich fährt ein Zug auf den Uetliberg, 900 Meter über der Stadt. Nach zehn Gehminuten sind Sie am Gipfel mit herrlichem Blick über Zürich, seinen See und die Alpen. Die Fahrt ab dem Hauptbahnhof dauert eine knappe halbe Stunde.

## AUSSERGEWÖHNLICHE SCHLAFWAGEN

Mein Zug wird noch nicht angezeigt. Ich gehe los, um ein paar Fotos zu machen. Und sehe dabei einen anderen Nightjet mit zwei Schlafwagen an seinem Ende. Er ähnelt dem, in dem ich heute durch die Nacht reisen werde. Als mein Zug endlich angekündigt wird, gehe ich zum Gleis, wo ein sehr bunter Konvoi meine Aufmerksamkeit weckt. Der letzte Wagen gehört der tschechischen Gesellschaft České dráhy und fährt nach Prag. Die davor gereihten Waggons der ungarischen Gesellschaft MÁV haben Budapest zum Ziel. Die internationale Solidarität auf der Schiene gehört zu den Dingen, die ich an Nachtzügen am meisten liebe. Hinter den ungarischen Waggons sehe ich endlich die berühmten Doppelstockwagen. Diese Schlafwagen in ihrem wunderschönen Nachtblau erinnern mich an die des finnischen Lappland-Express. Eine Zugbegleiterin begrüßt mich freundlich lächelnd und bringt mich dann zu meinem Abteil. Welch schöne Überraschung: Meine Kabine hat ein Waschbecken und viel Stauraum. Mein Bett ist schon gemacht! Zur Krönung liegt darauf eine kleine Tüte mit Goodies: Wasserflaschen, eine Willkommenskarte, ein Muffin und – ein Paar Pantoffeln! Ich bewahre sie noch heute als Andenken auf … Ein kleiner Bleistift, Ohrstöpsel, ein Handtuch und Seife vervollständigen das Ganze. Nach meinen zahlreichen Nachtzugerfahrungen steht der Nightjet bei mir in Sachen Komfortpaket ganz oben auf dem Siegertreppchen.

# Nightjet

## Zürich–Wien

### 3 in 1

Im Konvoi des Nightjet von Zürich nach Wien reihen sich Waggons, die sich aus gutem Grund unterscheiden: Sie bedienen drei verschiedene Reiseziele.

3

### Drei verschiedene Endstationen

Der Schlafwagen von Ceské dráhy ganz hinten hat Prag als Endstation. Davor reihen sich drei Liegewagen der Gesellschaft MÁV, die nach Budapest weiterfahren. Sie sind nicht unbedingt auf den ersten Blick erkennbar, da es jeden Tag andere sein können und jeder Wagen einen anderen Oberbau haben kann. Hinter diesen vier Waggons bildet der nachtblaue Nighjet das vordere Zugende.

## 21:40 Uhr

### OH, SÜSSE NACHT

Die Überraschungen sind aber noch nicht zu Ende. Wie im Night Riviera in England werden wir aufgefordert, unser Frühstück für den Morgen zu bestellen … Mit der Präzision eines Schweizer Uhrwerks kommt die Zugbegleiterin genau 15 Minuten nach Abfahrt in Zürich, notiert meine Bestellung und die gewünschte Weckzeit. Unser Zug hat nun die Züricher Vororte hinter sich gelassen, und ich erahne trotz der Dunkelheit die im Hintergrund vorbeiziehende Berglandschaft. Wir durchqueren die Gemeinde Sargans am Fuß des 1830 Meter hohen Bergs Gonzen und erreichen Buchs an der Grenze zu Liechtenstein, bekannt als Tor zu Schloss Werdenberg. Aber für mich wird es Zeit zu schlafen, und ich mache das große und sehr bequeme Bett. Ich kuschle mich glücklich unter eine gemütliche Decke, den Kopf auf zwei hochwertige Kissen gebettet. Ich ziehe den Vorhang zu und genieße die völlige Dunkelheit in meiner Kabine. Welch ein Luxus, ich fühle mich wie im Hotel! Perfekte Stille, kaum gestört durch das leichte Rollen des Zugs. Die Wirkung des Wiegens lässt nicht auf sich warten: Ich schlafe ein wie ein Baby.

## 3:00 Uhr

### MITTEN IN DER NACHT MITTEN IN EUROPA

Um 3 Uhr wache ich auf, öffne den Vorhang einen Spalt breit und sehe: Wir sind in Salzburg in Österreich, wo wir fast eine Stunde Aufenthalt haben. Hier werden die tschechischen und ungarischen Liegewagen vom Zug getrennt. Wegen seiner geografischen Lage zwischen Italien, Deutschland und der Schweiz ist das österreichische Salzburg ein echter Knotenpunkt für europäische Nachtzüge. Ich schlafe sofort wieder ein.

## Salzburg

Musikalische Pause

### 3:22 Uhr

*Unterwegs aussteigen*

Musikliebhaber wissen: In Salzburg ist Mozart geboren, und man kann hier sogar zwei seiner Wohnungen besichtigen. Der Dom, die Festung und das Schloss bilden eine atemberaubende Kulisse am Fuß der Berge. Das Leben in Salzburg ist angenehm: Man erfrischt sich mit Brunnenwasser im Park von Schloss Hellbrunn und lernt in den zahlreichen Museen (DomQuartier, Salzburg Museum) viel dazu. Nach einem Bummel durch die Gassen der barocken Altstadt, in der ein Haus eleganter ist als das andere, löscht man seinen Durst in einer der elf Brauereien …

## FRÜHSTÜCKSZEIT

Wie geplant, weckt mich die Zugbegleiterin um 6:45 Uhr. Sie klopft an meine Tür und sagt in makellosem Englisch: »*Good morning, here is your breakfast.*« Sie hat nur einen ganz leichten deutschen Akzent. Auf meinem Tablett präsentiert sich ein Festmahl: zwei traditionelle Semmeln, zwei Scheiben Schinken und zwei Scheiben Käse. Zudem habe ich einen Aprikosenjoghurt und einen schwarzen Kaffee gewählt. Das Frühstück ist sowohl köstlich als auch reichlich. Ich trinke meinen Kaffee schnell aus, da mir neben meinem Bett ein kleiner Knopf aufgefallen ist. Damit kann man den Zugbegleiter rufen. Normalerweise drücke ich ihn nie, aber heute Morgen kann ich nicht widerstehen. Eine Minute, nachdem ich ihn gedrückt habe, taucht schon die Zugbegleiterin auf und lächelt wie immer. Ich bitte sie um einen zweiten Kaffee. Unglaublich, dass ich so verwöhnt werde!

## DURCH DAS LAND DER SCHNEEBEDECKTEN GIPFEL

Aus dem Fenster sehe ich die Bahnsteige von Sankt Pölten, Hauptstadt des Bundeslands Niederösterreich. Ich habe vor, bei einer meiner nächsten Reisen dort einen Zwischenstopp einzulegen, um die barocke Architektur und das Hinterland zu erkunden, die für ihre herrlichen Weinberge berühmte Wachau. Da es nur noch 30 Minuten bis zu unserer Ankunft in Wien sind, beginne ich, meine Sachen vorzubereiten, zumal der Wetterbericht Minusgrade ankündigt. Endlich bricht der Tag an und auf der linken Seite sind schneebedeckte Gipfel zu sehen. Wir fahren jetzt 200 km/h. Wie aufregend, so schnell an den nahen Bergen vorbeizufahren …

# Ankunft 7:58

## KAISERLICHE ANKUNFT IN WIEN

Die beeindruckende moderne Architektur des Wiener Hauptbahnhofs begrüßt uns, als wir wie verwöhnte Kinder aus dem Nightjet aussteigen. Ich warte ein paar Minuten, bis alle Passagiere ausgestiegen sind, und inspiziere noch schnell die Kabinen der oberen Etage. Sie sind wirklich wunderschön! Sie haben zwei von riesigen Glasfenstern erhellte Etagenbetten und ein Bad mit Dusche. Ein echter Luxuskokon, in dem man einen Film mit den Alpen in der Hauptrolle ansehen kann. Ich verspreche mir selbst, mir so ein Abteil eines Tages oder vielmehr eines Nachts zu gönnen …

## Und nun?

### *Barocke Stunde*

Schloss Belvedere, zehn Minuten zu Fuß vom Bahnhof entfernt, gilt als einer der Höhepunkte der Barockkunst. Hier wurde die Hochzeit von Marie-Antoinette, Tochter der Kaiserin von Österreich, und dem zukünftigen französischen König Ludwig XVI. gefeiert. Der Palast beherbergt Meisterwerke, darunter die größte Sammlung von Gustav Klimt. Seine französischen Gärten muss man ebenfalls gesehen haben. Wenn Sie direkt zum Mittagessen übergehen möchten: In der Nähe des Bahnhofs gibt es ein typisches Café, das »15 süße Minuten« *(siehe S. 178)*.

# Praktische Informationen

### FAHRPLAN

Abfahrt in Zürich um 21:40 Uhr, Ankunft Wien Hauptbahnhof um 7:58 Uhr. Fährt täglich. Details und Auskünfte über eventuelle Bauarbeiten unter www.oebb.at.

### PREISE UND KOMFORT

Sitzplatz ab 29 €, Liegeplatz ab 69 €, Bett in Doppelkabine mit Waschbecken ab 99 € (keine Gemeinschaftsdusche im Schlafwagen, Einzelreisende bekommen bei der Buchung automatisch eine Kabine für sich allein), Bett in Einzelkabine mit Dusche ab 129 €.
Fahrgäste mit einer Schlafwagenfahrkarte haben Zugang zur ÖBB-Lounge im Abfahrtsbahnhof, um sich auszuruhen, etwas zu arbeiten oder in der Wartezeit auf ihren Zug Snacks und Getränke zu genießen.
Achtung, die Preise variieren je nach Saison und Nachfrage.
Interrail- und Eurail-Pässe gelten mit Zuzahlung je nach Komfortklasse.

### WO KAUFT MAN TICKETS?

www.oebb.at oder www.raileurope.com

16

# Lust auf den Osten

*von Séverine Chave*

21:40 Zürich SCHWEIZ ---------- Budapest UNGARN 9:24

ghtjet

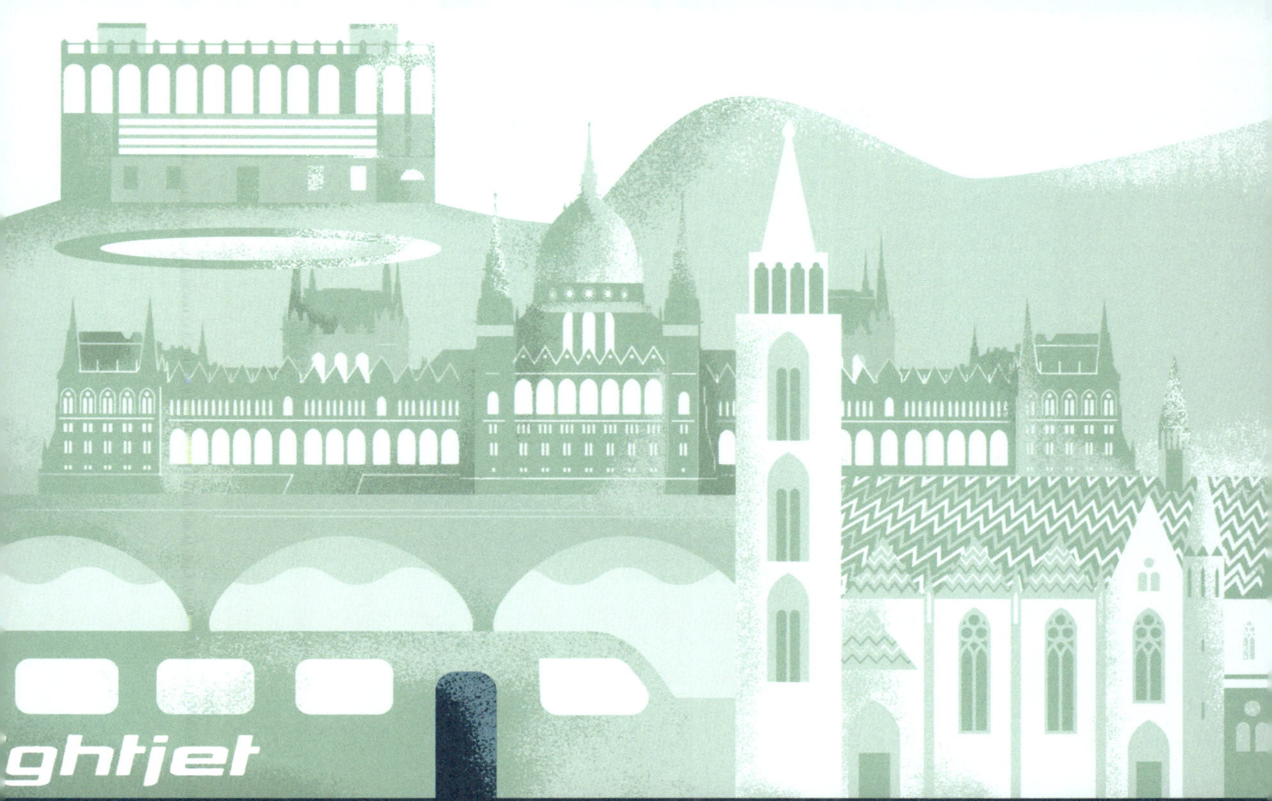

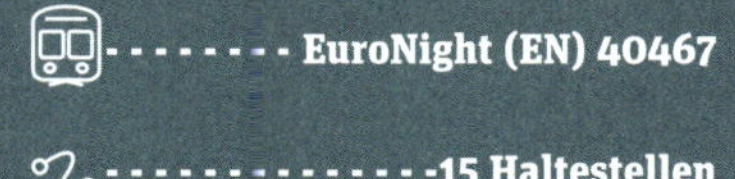

EuroNight (EN) 40467

15 Haltestellen

11 Std. 44 Min.

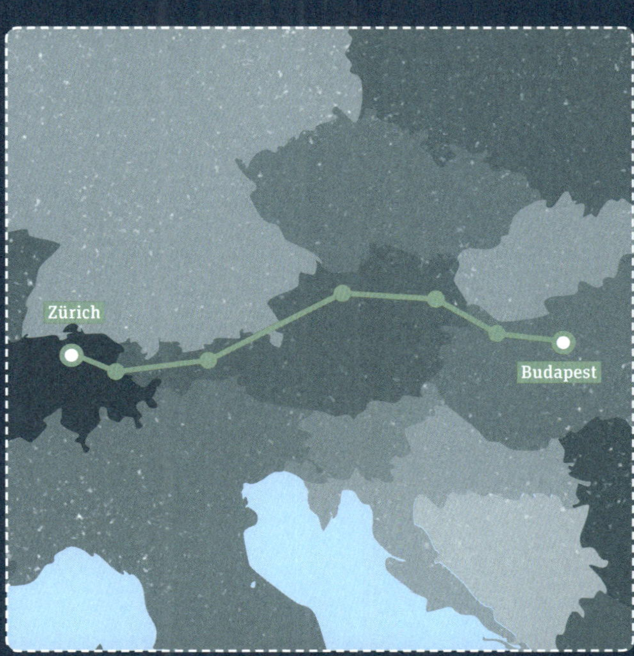

Zürich
Budapest

*Von Budapest kannte ich nichts als Wikipedia-Fotos: die St.-Stephans-Basilika, das ungarische Parlament direkt am Fluss und die Kettenbrücke. Die faszinierende Stadt gilt als »Perle« der Donau, die mitten durch die Metropole fließt. Die ehemalige Hauptstadt Österreich-Ungarns steckt voller großer und auch kleiner Geschichten. Sie erwachen zum Leben, während ich nach zwölf Stunden schlechten Schlafs auf den Schienen noch etwas benommen umherstreife.*

## Abfahrt 21:40 Uhr

### KEIN BAHNHOF, EIN *HUB*

Zürich, 21 Uhr. Ich betrete den Bahnsteig dieses ultramodernen Bahnhofs, den ich ebenso wenig kenne wie die Stadt, die ihn umgibt. Zu den Eigenheiten der Schweiz zählt es, dass ihre Bewohner sich beim Wechsel von einer Sprachregion in die andere immer fremd fühlen. Ich suche indessen in meiner Geldbörse automatisch nach Euro, um in einem kleinen Café in Bahnhofsnähe mein Bier zu zahlen, bis mir klar wird: Auch hier ist der Schweizer Franken die offizielle Währung. Ich verirre mich im Labyrinth der gleich aussehenden Ebenen, der Rolltreppen in alle Richtungen und der offenbar endlos übereinandergeschichteten Gleise. Wo ist denn jetzt bloß Gleis 33? Über oder unter 43/44? Überall blinken Leuchtanzeigen, grüne Pfeile, gelbe Kreise und rote Kreuze, unter meinen Füßen und an der Decke. Zwar hilft es mir nicht groß weiter, aber ich gebe zu, es sieht hübsch aus.

### BIS BALD »LITTLE BIG CITY«

Ich bedauere für einen Moment, nicht länger im Herzen der »Little Big City« verweilen zu können, die für ihren Charme, eine Underground-Szene wie in Berlin und das Baden in der Limmat berühmt, aber auch etwas versnobt ist. Mit meinem elektronischen Ticket in der Hand gehe ich an den Waggons entlang bis zu meinem. Das Abteil, das mich für die nächsten zwölf Stunden beherbergt, finde ich dann schnell. Für diesen Sommer habe ich mir vorgenommen, mit dem Nachtzug drei europäische Hauptstädte zu besuchen und dabei alle drei Komfortklassen der Bahnanbieter zu testen. Auf dieser Strecke ist die Billigvariante dran, und ich reise in einem Sechserabteil.

## MIT SEKTGLAS

Endlich finde ich das Gleis, wo der EuroNight wartet, der mich zum Tor Osteuropas bringt. Vor dem Zug geht es fröhlich zu. Kleine Gruppen unterhalten sich, die schweren Rucksäcke vor den Füßen abgestellt, wie vorübergehend erstarrte Schildkrötenpanzer, die den Hausstand für die kommenden Tage transportieren. Das Sektglas in der Hand, machen zwei junge Mädchen Selfies vor einem Waggon mit dem Logo der Bahngesellschaft. Was für ein tolles Gefühl von Urlaub und Freiheit!

*Rhapsodies hongroises*, Franz Liszt

*Mol Mangav*, Romano Drov

*Die Leute von Seldwyla*, Gottfried Keller

*MittelEuropa*, Olivier Barrot

*Bis ans Ende unserer Leben*, Ferenc Barnas

## ICH SITZE, ABER NUR FAST

Als der Zug losfährt, bin ich noch allein im Abteil. Ich habe Glück, denn was macht es schon, dass es kein richtiges Bett gibt, wenn ich drei Sitze für mich habe? Vor der Abfahrt hat mir ein erfahrener Freund den Tipp gegeben, dass sich die Rückenlehnen der Sitze so tief nach unten verstellen lassen, dass sie mit dem Sitz gegenüber eine Fläche bilden. Ich versuche es. Ein unheimliches Knacken hält mich davon ab, das Experiment fortzusetzen.
Langsam verlässt der Konvoi die Stadt Zürich und fährt am See entlang. In der Dämmerung verschmelzen Land und Wasser, bis auf die feine Trennlinie der funkelnden Lichterkette der Städte am Ufer des Zürichsees.

»In der Dämmerung verschmelzen Land und Wasser, bis auf die feine Trennlinie der funkelnden Lichterkette der Städte am Ufer des Zürichsees.«

## LIEBE NACHBARIN!

Kurz bevor ich die Schweiz verlasse, bekomme ich eine Abteilnachbarin. Eine etwas seltsame Frau, die sich vorsichtig die Schuhe auszieht. So sehe ich ihre fleischfarbenen Strümpfe, bevor sie ihre Beine auf dem Sitz gegenüber ausstreckt. Sie begrüßt mich in einer mir unbekannten Sprache und vertieft sich in ein Buch, was mir signalisiert, dass die Unterhaltung zu Ende ist. Ich kann nicht einschlafen und mache mich auf die Suche nach Gesprächspartnern, deren Sprache ich verstehe. Auf dem Flur ist alles ruhig und still. Stimmt es etwa, dass Deutschschweizer um 18 Uhr zu Abend essen und wenig später ins Bett gehen? Endlich höre ich Stimmen aus einem Nachbarabteil: Französisch mit südöstlichem Akzent. Ich stecke meinen Kopf zur Tür hinein und sehe drei junge Leute. Sie begrüßen mich herzlich, bieten mir Chips und Erdnüsse an und erzählen mir von sich. Die beiden Mädchen kommen aus Grenoble, wo sie als Lehrerinnen arbeiten. Unser Zug ist die erste Etappe ihrer Ferien und bislang das Einzige, was sie fest geplant haben. Sonst ist noch nichts gebucht, kein Hotel und kein weiterer Zug. Aber sie wollen nach Prag und Krakau weiterreisen. »Wenn alles so klappt!« Der Junge, der mit ihnen im Abteil sitzt und sie gerade kennengelernt hat, war schlauer als ich: Er ist schon einen Tag früher in Zürich angekommen, hatte also genug Zeit, sich in der Limmat abzukühlen, bevor er in den nächtlichen Konvoi stieg, um zu seiner Schwester zu fahren, die in Budapest wohnt. Alle drei fahren mit dem Nachtzug, weil sie so eine Hotelübernachtung sparen und zu einer zivileren Zeit abreisen können als im Morgengrauen. Noch ein Vorteil: Die Bahnhöfe liegen meist direkt im Stadtzentrum.

## RÄTSELHAFT

Es ist dunkel, als ich mich in Liechtenstein von meinen neuen Freunden verabschiede und in mein Abteil zurückkehre. Bis zum Morgen kann niemand mehr aussteigen, denn abends hält der Zug nur noch, damit neue Reisende zusteigen können. Trotzdem ist meine Nachbarin verschwunden. Ich lehne mich an den Vorhang, verschränke die Arme, schließe die Augen und schlafe sanft ein.

## ZU FRÖHLICHE GESELLSCHAFT

Während ich mich gerade noch gefreut habe, dass ich allein bin, werde ich gegen 2 Uhr unsanft geweckt. Mit verklebten Augen und noch etwas weggetreten, stelle ich fest: Mehrere junge Männer haben mein Abteil gestürmt. Sie unterhalten sich laut in einer Sprache, die ich kaum identifizieren kann, obwohl ich ab und zu ein paar Worte Deutsch aufschnappe. Sie müssen etwa 20 Jahre alt sein, werfen sich gegenseitig Süßigkeiten und andere Knabbereien zu und zeigen sich auf ihren Smartphones lustige Videos. Ich ziehe die Nase kraus und wage nicht einzuschreiten – eine leise Stimme in meinem Kopf erinnert mich daran: Ich bin im Urlaub und will keine Spielverderberin sein, nur weil ein paar Jugendliche sich amüsieren. Aber ich mache das unzufriedenste Gesicht der Welt, bis es einem von ihnen auffällt. Meine Strategie zeitigt Erfolg, denn der Typ, der mir gegenübersitzt, ermahnt seine Kumpel leiser zu sein und entschuldigt sich auf Deutsch bei mir. Ich lächle ihn an und schlafe weiter.

## UND ES GEHT IMMER WEITER

Gegen 7:30 Uhr wache ich wieder auf. Der Zug steht im Bahnhof von Hegyeshalom, und meine Mitfahrer sind ausgestiegen. Eine ältere Frau mit vier riesigen Koffern hat sie ersetzt. Sie verbringt die nächsten zwei Stunden am Telefon, und ich gebe jeden Versuch auf, wieder einzuschlafen. Zumal der Tag langsam anbricht und ich in diesem Licht des frühen Morgens, das ich sehr mag, unbekannte Landschaften entdecke. Gerade erst hat der Zug Österreich verlassen und rast nun durch Ungarn Richtung Mosonmagyaróvár, Győr, Tatabánya, Kelenföld… Namen mit für mich ganz neuem Klang. Aussprechen kann ich sie zwar nicht, aber sie erinnern mich an kaiserliche Geschichten.

**8:05 Uhr**

*Unterwegs aussteigen*

Tipp für Frühaufsteher: um 8:05 Uhr in Győr aussteigen! Die bunte barocke Stadt liegt auf halbem Weg zwischen Wien und Budapest nahe der slowakischen Grenze. Für ihr reiches Kulturerbe mit dem Europäischen Denkmalschutz-Preis ausgezeichnet, quillt sie geradezu vor historischen Kirchen, Stadtpalästen und Museen über. Ganzjährig veranstaltet sie zahlreiche Events, wie das Frühlingsfestival oder das Tavaszi Fesztivál.

**Augen nur für Győr**

## IRRFAHRT DURCH UNGARN

Gegen 8 Uhr taucht der erste Zugbegleiter auf. Ich weiß nicht so recht, in welcher Sprache ich ihn ansprechen soll. Aber der Mann lächelt und fragt mich auf Deutsch, ob ich gut geschlafen habe. Es fällt mir nicht schwer, ihn anzulügen.

Dann, kurz nach 9:30 Uhr, fährt der Konvoi in den Bahnhof Budapest-Keleti ein: ein majestätisches Gebäude mit einem beeindruckenden halbmondförmigen Glasdach und rosafarbenen Marmorsäulen, darüber goldene Kronen und klassische Gemälde. Man kommt sich vor wie in einer Kirche! Auf dem Bahnsteig treffe ich meine französischen Freunde wieder. Ihre Nacht scheint nicht viel erholsamer gewesen zu sein als meine. »Auf der Rückfahrt leisten wir uns wahrscheinlich Liegeplätze!«

# Ankunft 9:24

## IN ECHT VIEL BESSER!

Wir verabschieden uns, und dann gehe ich zu einem Geldautomaten in der Halle, um ein paar Scheine in Forint, der lokalen Währung (HUF oder kurz Ft) zu ziehen. Auf dem Baross-Platz vor dem Bahnhof suche ich die Schilder ab, ein Café ist für mich jetzt eine Frage des Überlebens. Starbucks, Burger King und McDonald's Seite an Seite zu meiner Rechten entlocken mir ein Grinsen. In den Gassen um den Bahnhof finde eine Bierbar, die perfekt für den Abend ist – das Guri Serház Keleti in der Bethlen Gábor 3 –, aber hier gibt es nichts, das zum Frühstücken einlädt.
Schließlich lasse ich mir von Google helfen und lande auf dem Rooftop des Hotels Rum, nur zehn Minuten mit der U-Bahn von Keleti entfernt. Eine *shakshuka* später und dank der atemberaubenden Aussicht wieder gestärkt, laufe ich an der Donau entlang und erreiche nach wenigen Minuten das Parlament. Spoiler: In Wirklichkeit sieht es viel besser aus als auf Wikipedia!

## Und nun?

### *Immer an der Donau entlang*

Mit dem Metro-Ticket lässt sich die Stadt auch mit dem Schiff auf der Donau erkunden. Eine Fähre pendelt täglich zwischen Római-part und dem Kunstpalast (Müpa). Einzelticket 750 Forint (ca. 2 €).

**Tickets und Fahrzeiten unter https://bkk.hu.**
**Weitere Tipps für Entdecker unter www.budapest.com.**

# Praktische Informationen

**FAHRPLAN**

Abfahrt Zürich Hauptbahnhof um 21:40 Uhr, Ankunft in Budapest-Keleti um 9:24 Uhr. Fährt täglich.

**PREISE UND KOMFORT**

Sitzplatz ab 29,90 €, Liegeplatz in einem Abteil für sechs Personen ab 49,90 €, Liegeplatz in einem Abteil für vier Personen ab 59,90 €, Schlafwagen (3 Liegeplätze) ab 69,90 €, Schlafwagen (2 Liegeplätze) ab 89,90 € und Schlafwagen (Einzelabteil) ab 129,90 €.

**WO KAUFT MAN TICKETS?**

www.nightjet.com

## Das kleine +

Das Frühstück ist im Fahrpreis für Liegeplätze oder Schlafwagen inbegriffen. Es wird am Morgen im Abteil serviert, etwas 30 bis 60 Minuten vcr Ankunft in Budapest.

# Vom Dogenpalast zur Wiener Hofburg

*von Thibault Constant*

**21:48** Venedig ITALIEN – Wien ÖSTERREICH **7:58**

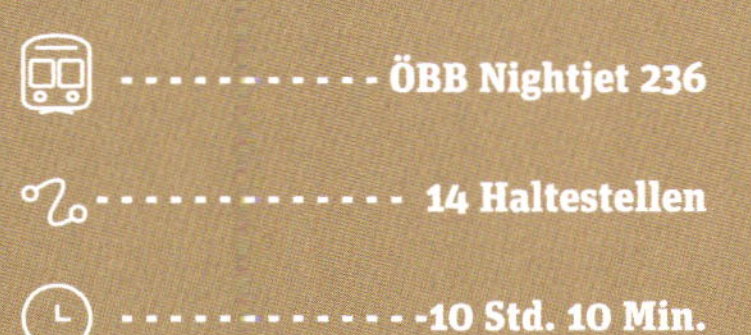
ÖBB Nightjet 236
14 Haltestellen
10 Std. 10 Min.

Wien
Venedig

*Von den Lagunen und Kanälen in die österreichische Hauptstadt, eine Metropole der Kunst, Kultur und Gastronomie. Auf nach Wien! Hier wetteifern alte kaiserliche Paläste miteinander, welcher am schönsten ist, und neben Jugendstil gibt es moderne Architektur zu entdecken, während die Donau und die Parks Besucher dazu einladen, zwischen zwei Kaffeehäusern zu entschleunigen.*

## WIR LASSEN DIE GONDELN IN VENEDIG

20 Uhr in Venedig: Ich habe mir Schuhe angezogen, in denen ich gut laufen kann, und bin den ganzen Tag durch die verwinkelten Gassen der Dogenstadt gestreift, über Brücken und Kanäle, ich habe Besucherströme gemieden und mich lieber zu verborgenen Gärten mit viel Charme und versteckten Plätzen treiben lassen. Gerade bin ich aus dem Vaporetto ausgestiegen und erreiche den Bahnhof Venezia Santa Lucia, den größten der Stadt. Er scheint nur wenige Meter vom Canal Grande auf dem Wasser zu schweben. Vom anderen Ufer grüßt die Bronzekuppel der prächtigen Kirche San Simeone Piccolo. Mit dem Zug ist eine Reise nach Venedig meiner Meinung immer noch am besten. Vom Bahnsteig sind es nur wenige Minuten mitten in die Stadt. Benannt ist der Bahnhof nach der Kirche Santa Lucia, die früher hier stand. Viele Touristen eilen durch die Halle. Sie verlängern ihre Reise und fahren mit den Zügen der nationalen Eisenbahngesellschaft FS. Ich jedoch bin auf den Weg in die österreichische Hauptstadt.

Um zu meinem Nachtzug zu gelangen, gehe ich Richtung Gleis 6. Zu meiner Überraschung ist auf diesem Gleis auch ein Zug nach Monaco angekündigt. Ich staune – von einer Nachtzugverbindung zwischen Venedig und Monaco habe ich noch nie gehört. Mithilfe meines Smartphones finde ich heraus: Monaco heißt auf Italienisch – München! Unser Zug hat demnach zwei Ziele: Österreich und Deutschland. Die letzten drei Wagen werden im österreichischen Villach abgekoppelt und an einen anderen Zug aus Wien oder Zürich angehängt, um in die bayerische Hauptstadt zu gelangen.

Auf dem Gleis lässt das Licht der untergehenden Sonne die Schienen und Oberleitungen erstrahlen. Solch magische Momente erlebt nur, wer mit einem Nachtzug fährt. Ich nutze die Gelegenheit und mache ein paar Fotos. In elegantem Nachtblau mit dezenten roten Streifen und dem modernen Logo der ÖBB fährt mein Zug 30 Minuten vor der Abfahrt auf dem Gleis ein.

Mein Waggon ist etwas altmodisch eingerichtet, aber zum Glück habe ich einen Liegeplatz oben. Ich verstaue mein Gepäck und inspiziere das Abteil: nichts Sensationelles und nur zwei Steckdosen unten in Fensternähe, nicht gerade praktisch zum Aufladen des Smartphones. Und mein Bett ist nicht gemacht. Die ÖBB stellt ein Kopfkissen und Bettwäsche zur Verfügung – der Rest bleibt jedem Fahrgast überlassen. Zehn Minuten vor Abfahrt kommen ein Junge und zwei Mädchen ins Abteil. Ihre Rucksäcke und müden Gesichter lassen vermuten, dass sie eine Wanderung gemacht haben … Sie bringen ihre Sachen unter und scheinen sofort einschlafen zu wollen.

nightjet

## Die Marke Nightjet

Die österreichische Staatsbahn ÖBB führte die Marke 2016 ein, als die deutsche Bahngesellschaft DB den Nachtzugdienst einstellte, den sie über ihre Tochtergesellschaft City Night Line angeboten hatte. Ein Großteil der Nightjet-Nachtzüge stammt daher aus der ehemaligen deutschen Flotte. Das österreichische Unternehmen hat zahlreiche Verbindungen durch ganz Europa wiederbelebt und ist seiner bewährten Strategie gefolgt: modernes Marketing, durchdachtes Angebot, intelligentes Kostenmanagement, attraktive Preise und ein dichtes Netz an Reisezielen mit Wien als Drehkreuz.

# Abfahrt 21:48 Uhr

## ÜBER DEN FLUTEN DER LAGUNE

Um 21:50 Uhr setzt sich der Zug in Bewegung und gleitet über die Lagunenbrücke, die Venedig mit dem Festland verbindet. Aus dem Fenster beobachte ich die Parade der Taxis, die parallel zu uns über den Ponte della Libertà fahren und ihre Passagiere zum Flughafen Marco Polo bringen. Schienen und Straßen bilden zusammen einen schmalen Landweg. Er führt fast vier Kilometer über das Meer. Es fühlt sich an, als würde man wie durch ein Wunder auf dem Wasser fahren. Wir teilen die Kulisse mit Sportbooten und Kreuzfahrtschiffen, die um Venedig herumschippern. Bald kommt der Schaffner und kontrolliert unsere Fahrkarten, 30 Sekunden später erscheint ein ÖBB-Beamter, der für den Service in unserem Waggon zuständig ist. Der junge Mann nimmt die Bestellungen für unser Frühstück am nächsten Tag auf.

## ZÄHNE PUTZEN UND INS BETT

Wir sind seit 20 Minuten unterwegs, und meine Mitreisenden fragen, ob sie das Licht ausschalten dürfen. Ich gehe in den Gang, den einzigen Ort, an dem es in Nachtzügen wirklich lebhaft zugeht. Einige Fahrgäste telefonieren, während andere miteinander Bekanntschaft machen. Durch das Fenster betrachte ich ein sich stets veränderndes Gemälde – Venedigs Vorstadt wird bald durch ein Industriegebiet mit Lagerhäusern und Fabriken ersetzt – eine Szenerie, die in Reiseführern selten vorkommt.

Um 22 Uhr kehre ich vom Zähneputzen in ein dunkles Abteil zurück und klettere die Leiter zu meiner Liege hinauf. Gut, dass ich mein Bett schon vorher gemacht habe. Der Zug wiegt mich, und ich genieße die Ruhe. Diese sehr leisen Liegewagen erinnern mich an die Corail-Wagen der SNCF. Ich schlafe ein. Den Wecker habe ich nicht gestellt. Ich verlasse mich darauf, dass der Steward mich vor der Ankunft aus meinen Träumen reißt. Gegen 1 Uhr wache ich auf, weil ich friere. Klar, meine Nachbarn haben die Klimaanlage auf die niedrigste Temperatur eingestellt… Ich drehe am Regler des Thermostats, und als ich merke, dass wir halten, öffne ich kurz den Vorhang: Wir sind in Villach, wo unser Zug Aufenthalt hat. Hier hängt die ÖBB Zugteile ab und kombiniert sie je nach Zielort neu.

## LECKERES FRÜHSTÜCK, MALERISCHE KULISSE

Um 6:30 Uhr weckt mich das Kommen und Gehen meiner Nachbarn. Trotz anhaltender Kühle habe ich gut geschlafen. Der einzige Wermutstropfen waren die zu weichen und unbequemen Kissen. 15 Minuten später bringt der Zugbegleiter jedem Fahrgast ein Tablett mit einem Kaffee und zwei Semmeln mit Butter und Aprikosenmarmelade. Das ist großzügig bemessen und lecker.

Gesättigt widme ich mich erneut meiner Lieblingsbeschäftigung auf so langen Fahrten: aus dem Fenster schauen und die Landschaft betrachten. Unser Zug rast mit 200 km/h durch das Donautal. Am Horizont zeichnet sich die Silhouette der Berge ab, während wir zum Greifen nah an malerischen Dörfern vorbeirauschen.

Jetzt durchqueren wir das Mostviertel, das wegen seiner vielen Skipisten gern von Wintersportlern besucht wird. Umgeben von Weinbergen und Feldern reiht sich eine Stadt an die andere: Linz, Amstetten, Sankt Pölten, das Tor zur wunderschönen Wachau. Dieses Tal mit alten Häusern, Zwiebeltürmen, Obstgärten und Weinterrassen zählt zum UNESCO-Weltkulturerbe.

# Sankt Pölten

## 7:09 Uhr

### *Unterwegs aussteigen*

Eine Dreiviertelstunde vor der Endstation steigen viele Fahrgäste in Sankt Pölten aus. Die Stadt gilt als Tor zur wunderschönen Wachau und fasziniert mit großen eleganten Plätzen, dem Dom, Barockbauten und Bürgerhäusern. Auch einige Gebäude der modernen Stadt – wie der Landtag und der Klangturm – sind sehenswert.

## Ankunft 7:58 Uhr

### WIEN, IM HERZEN EUROPAS

Um 7:30 Uhr ändert sich die Umgebung: Statt Feldern, Dörfern und Kirchtürmen tauchen nun die Wiener Vororte auf, in denen sich Züge aus aller Herren Länder zu kreuzen scheinen. Aufgrund ihrer zentralen Lage in Europa laufen in Österreichs Hauptstadt viele Bahnlinien zusammen. Für Zugliebhaber ein Fest! Unser Nightjet gleitet neben polnischen, tschechischen, rumänischen, ukrainischen und anderen Zügen dahin. Zehn Minuten zu früh kommen wir im brandneuen Bahnhof Wien Hauptbahnhof an. Er ist geräumig und präsentiert wenige Momente später seine große Einkaufspassage, die sich über mehrere Etagen erstreckt. Ich bin abgelenkt, weil ich die Menschenmassen auf dem Bahnsteig beobachte und mich freue, dass unser Zug bis auf den letzten Platz gefüllt war!

*Vienna*, Billy Joel
*Venice in My Veins*, Peter Von Poehl
*When The Lights Go Out All Over Europe*, The Divine Comedy
*Vienne*, Barbara
*Voyage en Italie*, Lilicub
*Leaving Venice to the Rain*, Lincoln Braney
*Das Mädchen, das den Himmel berührte*, Luca Di Fuvio
*Der Engel mit der Posaune*, Ernst Lothar
*Wiener Tod*, Frank Tallis

## Und nun?

### Frühstückstipp nach der Fahrt

Nur wenige Meter vom Bahnhof entfernt serviert das Café »15 süße Minuten« seinen Gästen ab 8 Uhr morgens ein Schlemmerfrühstück mit Waffeln, Gebäck, Eggs Benedict oder leckeren, mit Marmelade oder Creme gefüllten Krapfen.

**Favoritenstraße 45, 1040 Wien, www.15suesseminuten.at**

**IN BUDAPEST**
Banhof ***pályaudvar***
Zug ***vonat***
Bahnsteig ***pero***
Ausgang ***kijárat***
Fahrschein ***jegy***
Abfahrt ***indulás***

**IN PRAG**
Bahnhof ***nádraží***
Zug ***vlak***
Bahnsteig ***nástupiště***
Ausgang ***východ***
Fahrschein ***jízdenka***
Abfahrt ***odjezd***

**IN BRATISLAVA**
Bahnhof ***stanica***
Zug ***vlak***
Bahnsteig ***nástupište***
Ausgang ***východ***
Fahrschein ***lístok***
Abfahrt ***odchod***

## Und weiter ?

### *Auf in die Hauptstädte*

Zweieinhalb Zugstunden von Budapest, eine Stunde von Bratislava und weniger als fünf Stunden von Prag entfernt: Der Wiener Hauptbahnhof ist ein ideales Drehkreuz, um Mitteleuropa zu erkunden ohne zu fliegen.

Budapest

Prag

Bratislava

# Praktische Informationen

**FAHRPLAN**

Abfahrt täglich von Venedig (Venezia Santa Lucia) um 21:48 Uhr, Ankunft in Wien (Wien Hauptbahnhof) um 7:58 Uhr.
Achtung: Die Fahrzeiten weichen regelmäßig um einige Minuten vom Plan ab, je nach den Bauarbeiten auf den Strecken.

**PREISE UND KOMFORT**

Sitzplatz (Sitzwagen) ab 29 €, Liegewagen ab 69 €, Schlafwagen (2 Betten), ab 99 €, Schlafwagen (Privatabteil mit Dusche) ab 129 €.
Die Preise sind flexibel und unterliegen Veränderungen je nach Saison und Nachfrage.
Interrail- und Eurail-Pässe gelten mit Zuzahlung, je nach Komfortklasse.

**WO KAUFT MAN TICKETS?**

www.oebb.at oder www.raileurope.com

## Das kleine +

Vorteil der Nightjet-Züge: Das Frühstück, das es sonst meist nur im Schlafwagen gibt, ist für alle Fahrgäste im Fahrkartenpreis inbegriffen.

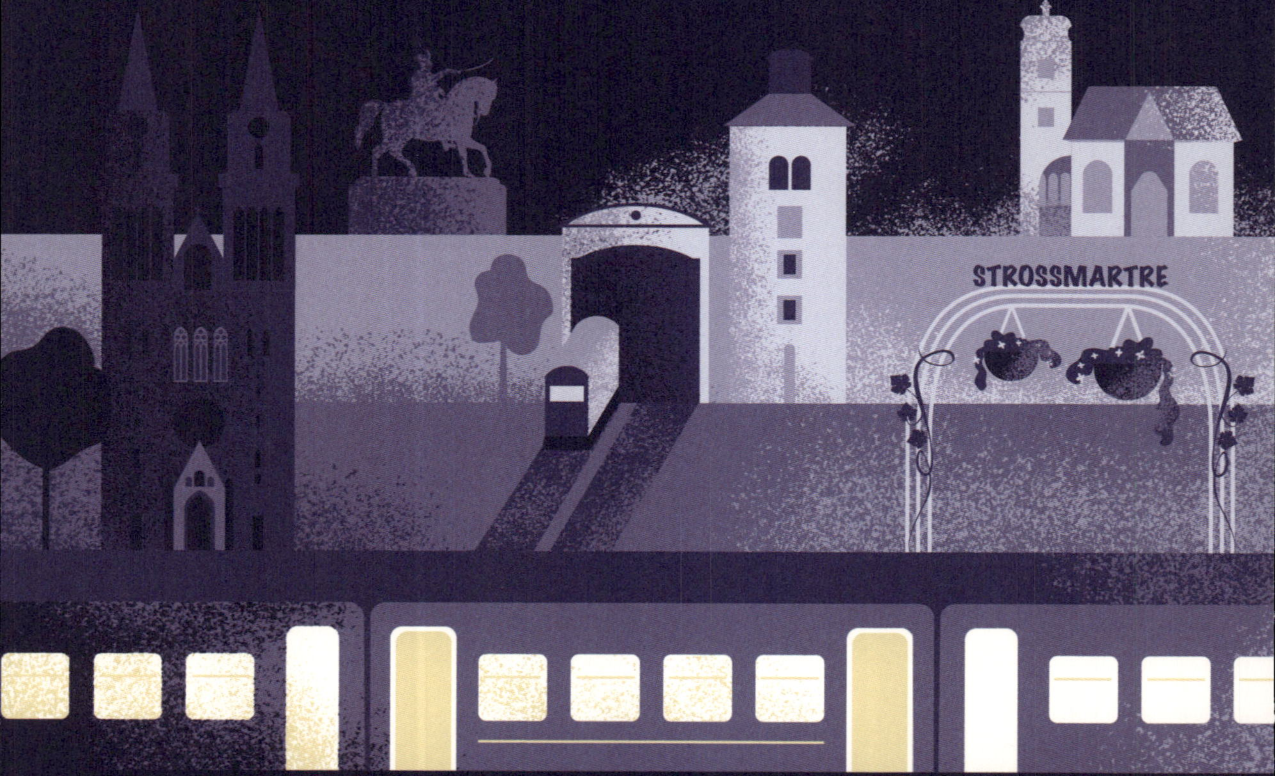


18

# Auf in die Länder des Balkans!

*von Thibault Constant*

23:48 Zagreb KROATIEN — Belgrad SERBIEN 6:05

Zug B411

14 Haltestellen

6 Std. 17 Min.

*Belgrad, das »Barcelona des Balkans«, hat eine bewegte Geschichte und ist heute eine feierlustige Stadt. In Tausenden Tavernen wird bis zum Morgengrauen gesungen und getanzt. Was könnte da besser sein, als sich nach einer viel zu kurzen Nacht in einem alten, klapprigen Zug ohne Liegeplätze und Klimaanlage in das verrückte Ambiente eines Kusturica-Films zu begeben?*

# Abfahrt 23:48 Uhr

## KEINE FAHRKARTE NACH DER GRENZE

Es ist ungefähr 23 Uhr, als sich der neoklassizistische Giebel des Bahnhofs Zagreb Glavni kolodvor mit seinen Säulen und Statuen von Vilim Marchenko vor mir erhebt. Ich bin aus Wien angereist und dort in einen Zug der ÖBB gestiegen, um nach Kroatien zu fahren. In 30 Minuten geht meine Reise weiter: Dieses Mal nehme ich einen Nachtzug nach Belgrad in Serbien. In der Bahnhofshalle ist es still. Ich blicke auf die Anzeigetafel und verstehe jetzt auch warum: Nach 23 Uhr verlassen an diesem Abend nur noch zwei Züge den Bahnhof.

Ich habe noch keine Fahrkarte, da ich mir sicher war, im Hauptbahnhof einer europäischen Hauptstadt zumindest einen geöffneten Schalter zu finden. Ein Irrtum! Der einzige Laden, der seinen eisernen Vorhang nicht zugezogen hat, ist eine antike Bäckerei in der Haupthalle. Auf dem Bahnsteig finde ich einen Automaten, an dem ich nach einer Fahrkarte nach Belgrad suche. Vergeblich. Ein paar junge Leute, die offenbar auf denselben Zug warten wie ich, erklären mir, der Automat gebe nur kroatische und keine internationalen Fahrkarten aus. Ich kann also nur eine Fahrkarte nach Tovarnik lösen, einen kleinen Bahnhof an der serbisch-kroatischen Grenze. Unglaublich, ich komme mit weniger als zehn Euro davon! Für die Weiterfahrt nach Belgrad muss ich mich an den Zugschaffner wenden. Ich finde mich damit ab, das Improvisieren macht doch den Charme des Reisens aus, oder nicht?

> **»Ich finde mich damit ab. Das Improvisieren macht doch den Charme des Reisens aus, oder nicht?«**

Bahnhof ***stanica***
Zug ***vlak***
Bahnsteig, Gleis ***peron***
Abfahrt ***odlazak***
Ankunft ***dolazak***
Reservierung ***rezervacija***
Kabine, Abteil
***kabina, kupe***
Liegeplatz ***ležaj/spavač***
Fahrkartenkontrolle
***kontrola karata***
Anschlusszug nach
***priključni vlak za***
nächster Halt
***sljedeća stanica***
Verspätung ***kašnjenje***
bitte ***nema na čemu***
danke ***hvala***

## ZURÜCK IN DIE ACHTZIGER

Um 23:30 Uhr fährt mein Zug in den Bahnhof ein: Es sind drei blau-weiße Waggons der slowenischen Eisenbahngesellschaft SZ (Slovenske železnice), die von einer alten orangefarbenen Lokomotive gezogen werden. Der Konvoi, der nostalgische Gefühle aufkommen lässt, versetzt seine Fahrgäste direkt in die 1980er Jahre. Nachtzüge in Osteuropa sind oft echte Zeitmaschinen! Unser Zug kommt aus Ljubljana in Slowenien und hat somit in einer Nacht drei Länder durchquert. Ich bedauere, dass ich diesen Teil der Reise verpasst habe, denn eine Abfahrt um 21 Uhr hätte mir gut gepasst.

## NA JA …

Ohne Reservierung steige ich also in den vorderen Teil des Zugs, in dem sich erst wenige Fahrgäste befinden. Ich wähle ein Abteil der zweiten Klasse mit sechs Sitzplätzen. Drei Kroaten und eine junge Interrail-Reisende sitzen dort bereits. Die junge Frau begrüßt mich mit einem mitfühlenden Blick. Ich verstehe, als ich feststelle, dass die Sitzbezüge wie blauer Teppichboden aussehen und es keine Steckdose gibt. »Na ja, ich habe eigentlich auch mehr erwartet, halt die Ohren steif«, scheint sie mir sagen zu wollen. Der Schaffner stellt sich vor und verlangt unsere Fahrscheine. Ich erkläre ihm meine Situation auf Englisch. Er nickt und antwortet mir, als Kroate könne auch er mir nur einen nationalen Fahrschein ausstellen und ich müsse nach der Grenze mit seinem serbischen Kollegen weitersehen.

## *DARK IS BEAUTIFUL*

Nach Mitternacht versuche ich zu schlafen, aber es fällt mir schwer. Wir sind zu fünft im Abteil, und mangels Klimaanlage müssen wir die Fenster offen lassen. Wie in alten Zeiten begleitet uns ein Soundtrack aus rauschender Luft und dem metallischen Rasseln des Zugs auf den Gleisen. Ich mache das Licht aus und ernte energischen Protest meiner Mitreisenden. Ich teile wirklich zum ersten Mal mein Abteil mit Leuten, die nachts das Licht anlassen wollen! Ich mache mich auf die Suche nach einem anderen Schlafplatz. Alle Abteile der zweiten Klasse sind voll – und das Licht ist aus! Manche haben echt Glück! Dann finde ich eine Kabine der ersten Klasse, in der zwei Reisende sind, die wohl wirklich schlafen wollen, und zwar im Dunkeln! Auch ohne gültigen Fahrschein gehe ich das Risiko ein und mache es mir dort bequem.

## IMPROVISIERTE LIEGE

Alle im Abteil haben den Sitz gegenüber in Beschlag genommen. Da fällt mir ein alter Trick meines Vaters ein, der ihm während des Militärdiensts oft gute Dienste geleistet hat. Der Trick, der in vielen Abteilwagen in Europa funktioniert, besteht darin, die beiden gegenüberliegenden Sitze so weit nach vorn zu ziehen, dass sie sich zu einer Liege zusammenfügen. Ich versuche es – heureka! Es hat geklappt. Mein Nachbar, der von dem Geräusch aufgewacht ist, fragt mich beim Anblick meines provisorischen Betts interessiert, wie ich das gemacht habe. Ich zeige ihm die drei Handgriffe; er imitiert sie und schläft sofort wieder ein. Meine Stimmung schwankt, aber dann gelingt es mir, mich davon zu überzeugen, was für ein Glück ich habe, in einem alten Zug auf dem Balkan zu sein. Endlich kann auch ich einschlafen.

# 3:45 Uhr

## GRENZSCHAUSPIEL

Um 3:45 Uhr hält der Zug in Tovarnik, dem letzten Bahnhof in Kroatien. Ich werde von den Zollbeamten geweckt; sie überprüfen die Ausweise der Fahrgäste und inspizieren den Zug – Abteil, Gang, Decken – mit Taschenlampen. Ich gehe in der Zwischenzeit zur Toilette. Draußen ist es stockdunkel, nur wenige Straßenlaternen werfen spärliches Licht auf den Bahnhof und seinen sogenannten Bahnsteig – einfach nur Lehmboden. Die seltsame Atmosphäre werde ich so schnell nicht vergessen.

Ich gehe zurück in mein Abteil. Da wir jetzt nur noch zu zweit sind, klappe ich alle Sitze herunter – ein Megasofa. Um 4 Uhr fährt der Zug erneut los. Das Reich des Schlafs hat mich für nur zehn Minuten wieder. Wir haben die Stadt Sid erreicht, und jetzt kontrollieren die serbischen Zollbeamten unsere Ausweise. Aber das Aufwachen hat sich gelohnt, wir bekommen einen schönen Stempel in unsere Pässe! Als ich versuche, wieder einzuschlafen, stört mich das Ruckeln des Zugs, an den eine serbische Lokomotive angekoppelt wurde, um uns nach Belgrad zu ziehen. Einige Minuten später kommt der Schaffner – auch er ein Serbe. Seine Kleidung erinnert eher an eine Militäruniform, und er vertreibt mich sofort aus meinem provisorischen Bett. Noch etwas betäubt, suche ich nach englischen Worten, um ihm zu erklären, warum ich keine Fahrkarte nach Belgrad habe. Er fordert mich auf, in serbischen Dinar zu bezahlen. Da ich keine habe, halte ich ihm meine Karte hin, die er ablehnt ... Dann öffne ich mein Portemonnaie und zeige ihm, was ich an Bargeld habe: zwei Euro und ein paar Cent. Zu meiner Überraschung nimmt er die Münzen, ohne mehr zu verlangen. Was sagt man dazu? Auf der Quittung sehe ich später: Inklusive Erster-Klasse-Zuschlag hat der Spaß nicht mehr gekostet.

## GEMEINSAMKEIT UND GALGENHUMOR

Die Sonne geht langsam auf, und ich bin nach den Strapazen der Nacht nun hellwach. Ich nutze die Gelegenheit, um die Landschaft zu betrachten, die sich endlich vor meinem Fenster offenbart: Im Licht der Morgendämmerung fügen sich die serbischen Felder, Dörfer und kleinen Bauernhöfe zu einem strahlenden Bild zusammen, was genügt, um mich die kurze Nacht vergessen zu lassen, die ich hinter mir habe. Mein Nachbar wacht ebenfalls auf und bedankt sich für den Tipp, die Sitze zueinanderzuziehen. Wir machen uns zusammen über die Nacht lustig, die wir gerade erlebt haben, über die fehlenden Liegen und Klimaanlagen, die Enge und die ständigen Kontrollen. Er heißt Mike, ist 25 Jahre alt und kommt aus Manchester. Nach einer Wette mit einer Freundin, der er beweisen wollte, dass er mit dem Zug bis Istanbul reisen kann, ist er per Interrail auf dem Weg in die Türkei.

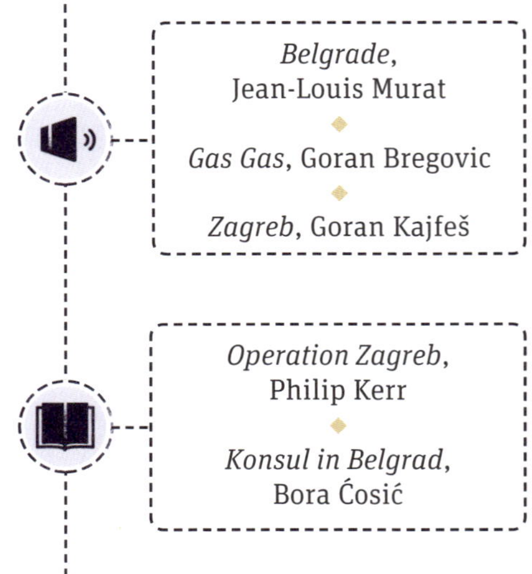

*Belgrade*,
Jean-Louis Murat

*Gas Gas*, Goran Bregovic

*Zagreb*, Goran Kajfeš

*Operation Zagreb*,
Philip Kerr

*Konsul in Belgrad*,
Bora Ćosić

## Ankunft 6:05

Gegen 6:05 Uhr kommen wir im Hauptbahnhof von Belgrad an, dessen Modernität sehr mit den alten, verlassenen Bahnhöfen kontrastiert, durch die wir in den Stunden zuvor gefahren sind. Ich gehe durch die noch schlafenden Straßen des Stadtviertels Skadarlija, müde, aber reich an Erlebnissen und Begegnungen. Übrigens habe ich bis heute Kontakt zu Mike. Das Souvenir aus Istanbul, das er seiner Freundin mitgebracht hat? Ein Fez!

## Und nun?

### *Ins nächste kafana*

Der Hauptbahnhof von Belgrad, manchmal Prokop genannt, liegt wenige Kilometer südlich des alten Bahnhofs. Es gibt dort ein Café, aber die Buslinie 36 fährt alle 20 Minuten ins Stadtzentrum mit weiteren Läden und *kafanas*. Diese traditionellen Tavernen sind das Pendant der serbischen Hauptstadt zu den Londoner Pubs und Wiener Cafés. Und weiter? Belgrad wurde viele Male zerstört und wieder aufgebaut und war abwechselnd römisch, keltisch, byzantinisch, ungarisch, bulgarisch, türkisch und österreichisch. Seine reiche Geschichte zeigt sich in seiner Gastronomie und in seiner Architektur. Von Belgrad aus führt eine wunderschöne Zugstrecke nach Bar in Montenegro *(siehe S. 198)*.

# Praktische Informationen

## FAHRPLAN

Abfahrt Zagreb Glavni kolodvor um 23:48 Uhr (oder um 21:05 Uhr aus Ljubljana), Ankunft am Hauptbahnhof Belgrad (Beograd Centar »Prokop«) um 6:05 Uhr. Von Juni bis September täglich, manchmal in den Weihnachtsferien zum Jahreswechsel. Jedes Jahr unterschiedlich und auch unregelmäßige Abfahrtszeiten.

## PREISE UND KOMFORT

Sitzplatz etwa 15 €. In manchen Jahren sind Liegewagen angekoppelt.
Interrail- und Eurail-Pässe gelten.

## WO KAUFT MAN TICKETS?

Am besten am internationalen Schalter des Bahnhofs Glavni kolodvor, allerdings sollte man dazu lange vor der Abfahrt eintreffen.

# Eine große und eine kleine Acht

*von Emmanuel Maisonneuve*

21:10 Belgrad
SERBIEN

Bar 9:02
MONTENEGRO

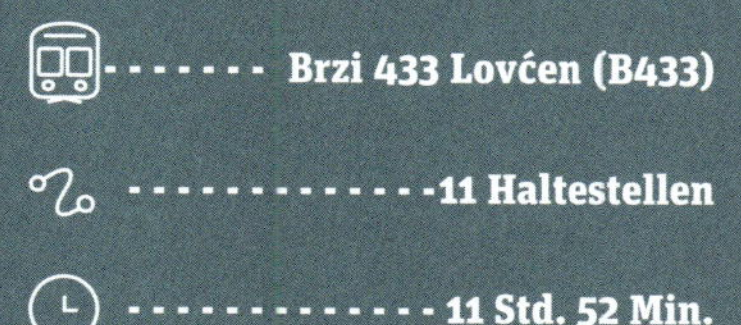
Brzi 433 Lovćen (B433)
11 Haltestellen
11 Std. 52 Min.

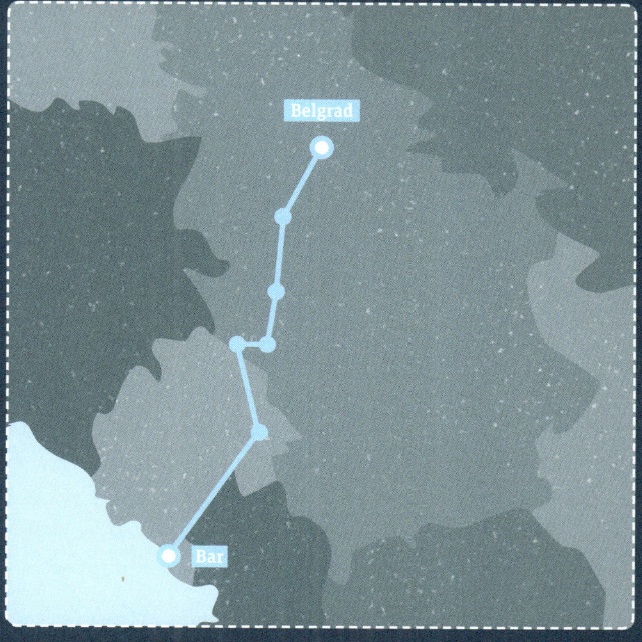
Belgrad
Bar

*Auf eine wahre Achterbahnfahrt folgt der große Balkan-Kick! Zu Titos Zeiten mussten sich die Erbauer dieser Bahnstrecke von Belgrad nach Bar für ihre lebensgroße Spielzeug-Modelleisenbahn à la Meccano® eine Menge einfallen lassen. Denn diese Bahnlinie durchtrennt die Ebenen Serbiens und führt durch jede Menge Tunnel und Brücken, um dann die Ausläufer Montenegros zu durchqueren, bis die Züge zum Skadar-See gleiten und endlich die Adria erreichen. Nach so viel Auf und Ab, Kurven und Schwindelgefühlen gibt es nichts Besseres, als nach dem Aufwachen die blaue Adria zu erblicken!*

## Abfahrt 21:10

### EIN KATZ-UND-MAUS-SPIEL

Beim Kauf meiner Fahrkarte stellte ich erstaunt fest: Der Zug fährt von dem kleinen Vorortbahnhof Železnička Stanica Topčider ab statt vom Hauptbahnhof Belgrad. Sollte er von den Renovierungsarbeiten ausgenommen worden sein, damit seine Authentizität gewahrt bleibt? Jedenfalls bietet der erst kürzlich etwas aufgemöbelte, winzige, zweistöckige Bahnhof nur minimalen Service. Ich frage mich, ob hier überhaupt ein Zug einfahren wird, obwohl etwas Gedränge herrscht.

### *ZDRAVO!*

Ich teile meine Kabine mit zwei Reisenden, eine Gelegenheit, meine rudimentären Sprachkenntnisse auszuprobieren, die ich unterwegs aufgeschnappt habe. Die südslawischen Sprachen sind eng miteinander verwandt: In allen ehemals jugoslawischen Ländern kann man sich mit dem gleichen Wort begrüßen: *Zdravo*. Da das Englisch meiner Mitreisenden so begrenzt ist wie mein Serbisch, lächeln wir uns nur verlegen zu. Der Liegewagen mit Abteilen für sechs Personen stammt aus zweiter Hand aus Deutschland und erfüllt noch immer würdevoll seine Aufgabe, schlafende Fahrgäste zu beherbergen. Entlang einer verkehrsreichen Straße verlässt der Zug Belgrad mit einem zum Einschlafen einladenden Ruckeln.

## UNTERBRECHUNGEN

Seit mehreren Minuten wechselt das Fahrttempo ständig. Ich schaue aus dem Fenster und stelle in der Dunkelheit fest: Der Zug verlangsamt seine Fahrt an jedem Bahnübergang. Diese Kleinigkeit soll durch die geplanten Modernisierungsarbeiten behoben werden. In der serbischen Landschaft stehen einige Heuwagen und Anhänger für Pferdefuhrwerke, die bis zum Morgengrauen geparkt sind. Das erinnert mich an meine erste Balkanreise, die ich sehr exotisch fand. Unglaublich, dass die Region heute noch genauso aussieht.

*Das Leben ist ein Wunder*, Emir Kusturica (2004)

*Das Pulverfass*, Goran Paskaljević (1998)

Goran Bregović

Riblja Čorba

Bojan Z

*Der Profi*, Dušan Kovačević (Hörspiel)

*Belgrader Trilogie*, Biljana Srbljanović

# Užice

## Eine große Gleis-Acht in den Bergen Serbiens

### 0:50 Uhr

#### *Unterwegs aussteigen*

Nur wenige Kilometer von der bosnischen Grenze liegt Užice, das wirtschaftliche und touristische Zentrum Westserbiens. Seine wunderschöne ländliche Umgebung steht unter dem Schutz der Naturparks der Berge Tara, Zlatibor und Mokra Gora. Zwischen Märchen, ethnologischer Rekonstruktion und Filmstudio bietet das Küstendorf (wörtlich übersetzt »Holzdorf«) spannende Einblicke in die Traditionen des Balkans. Filmregisseur Emir Kusturica kaufte die Häuser des Ethnodorfs Bauern aus der Gegend ab, ließ sie hierher bringen und Stück für Stück wieder aufbauen. Das Dorf diente als Kulisse für den Film *Das Leben ist ein Wunder*, in dem die Gleis-Acht von Šargan *(siehe rechts)* vorkommt. Weitere Einblicke in die Lebensweise auf dem Balkan bekommen Besucher des Ökomuseums Terzića Avlija auf halbem Weg zwischen Užice und Požega.

### 0:50 Uhr

#### *Von einem Zug in den nächsten*

Ab Užice kann man die Šargan-Acht entdecken, eine malerische Zugstrecke, die sich durch die serbischen Berge von Zlatibor schlängelt. Sie ist 15 Kilometer lang und verläuft in Form einer Acht (daher der Name), um die steilen Berge zu erklimmen. Sie wurde zwar ein wenig renoviert, doch die Fahrt bleibt nach wie vor ein Erlebnis, das einer Rückkehr ins frühe 20. Jahrhundert gleichkommt.

**www.serbianrailways.com**

## IHRE PAPIERE, BITTE!

Das Klopfen an der Kabinentür reißt mich aus dem Schlaf. Erst nach ein paar Sekunden begreife ich: Zwei energische Zollbeamte verlangen meinen Pass. Sie prüfen ihn und geben ihn zurück, ohne eine Miene zu verziehen. Seit Bijelo Polje, dem ersten Halt in Montenegro, bin ich allein im Abteil. Mehrere Stunden zuvor hat der Zug einen Schlenker durch Bosnien und Herzegowina gemacht, diesmal ohne Halt. Dann ging es wieder durch Serbien, wo die Lokomotive samt Personal ausgetauscht wurde. Trotz der dazu nötigen langen Unterbrechung, die sich wie eine Ewigkeit anfühlte, ist sicher: Nach Bijelo Polje besser nicht mehr einschlafen. Ab jetzt wird es spektakulär. Und schon geht die frühe Sonne des Ostens auf, das trifft sich gut!

## OH, EIN VIADUKT! OH, EIN TUNNEL!

Die technischen Anforderungen der zerklüfteten Dinarischen Alpen schreckten die Erbauer der 1976 vollständig fertiggestellten Bahnstrecke nicht ab. Im letzten Drittel der Strecke säumen etliche Tunnel und Viadukte den Weg. In einem wilden Ritt überquert der Zug Berge mit zerklüfteten Gipfeln, gesäumt von üppigen Tälern und schwindelerregenden Schluchten.

Ich habe das Gefühl, ein echtes Abenteuer zu erleben, während die Wagen wütend rattern und ich mein Gesicht gegen das Fenster presse und ins Leere blicke. Plötzlich kommt mir noch einmal in den Sinn, wie alt die Strecke ist … Der Zug erklimmt bis Kolašin 1032 Meter Höhe, um dann wieder Richtung Tiefebene abzutauchen. Auf einmal sehe ich das Mala-Rijeka-Viadukt. Es ist fast 500 Meter lang und damit das längste Europas. Es überspannt den Fluss in bemerkenswerten 200 Metern Höhe. Wie überall in Montenegro glitzert das Wasser unten in der Schlucht in 1000 smaragdgrünen Farben. Kein Wunder, dass Rafting hier zu den beliebtesten Aktivitäten zählt.

# Skadar-See

Größter See des Balkans

## 7:55 Uhr

### *Und noch ein Balkan-Juwel*

Nachdem wir durch Podgorica, die Hauptstadt Montenegros, gefahren sind, kann ich mich vielleicht etwas von der Flut an Eindrücken entspannen. Weit gefehlt: Der nächste Adrenalinkick lässt nicht lang auf sich warten. Der Zug steuert mit voller Geschwindigkeit auf seine Endstation zu, da taucht plötzlich der märchenhafte Skadar-See auf. Die Bahnlinie verläuft ab jetzt mehrere Kilometer parallel zu diesem See voller Inseln, den steile Hügel umgeben, die er sich mit dem nahen Albanien teilt. Aufgrund der vielfältigen Flora und Fauna wurde das Juwel zum Nationalpark erklärt. Die Häuser der Dörfer, die der Zug durchquert, stehen praktisch mit den Füßen im Wasser und fügen sich harmonisch in die Umgebung ein.

# Ankunft 9:02

## PÜNKTLICH IN MONTENEGRO

Nach einem weiteren Tunnel und einem letzten Halt fährt der Zug an der Adria entlang, wo es aussieht wie an der Riviera. Noch ein beeindruckender Szenenwechsel innerhalb kurzer Zeit! Auf den ersten Blick ist die Gegend deutlich dichter besiedelt, aber es ist gut nachvollziehbar, dass der Tourismus hier eine große wirtschaftliche Rolle spielt. Der Zug erreicht seine Endhaltestelle Bar mit Verspätung, was den Charme der Reise nur noch erhöht. Vom Bahnhof, einem großen, schlichten Gebäude, bin ich sofort mitten in dieser Kleinstadt. Ich hole mir schnell ein *ćevapi* (Kebab). Ich habe Hunger!

## Und nun?

### Osmanisches Erbe

In Bar, Montenegros wichtigstem Industriehafen, kehrt man der Küste am besten den Rücken zu, zumal es nur einen winzigen Kieselstrand gibt. In der Altstadt von Stari Bar auf einer Anhöhe im Hinterland bilden Holz- und Steinhäuser aus der osmanischen Zeit die passende Kulisse, um *baklava* und weitere Süßigkeiten zu probieren.

# Praktische Informationen

## FAHRPLAN

Zwei Züge täglich ab Belgrad: Abfahrt um 21:10 Uhr, Ankunft um 8:49 Uhr und Abfahrt um 21:10 Uhr, Ankunft um 9:02 Uhr. Da die Linie schon in die Jahre gekommen ist, sind die Fahrzeiten nur als Richtwerte zu verstehen, aber Verspätungen erhöhen den Charme der Reise.
Der historische Bahnhof von Belgrad, Glavna, ist seit 2018 außer Betrieb und soll in ein Museum umgewandelt werden. Die meisten nationalen und internationalen Züge fahren am neuen Bahnhof Beograd Centar Prokop ab, aber die Züge nach Bar starten in dem angeschlossenen historischen Bahnhof Železnička Stanica Topčider, den man mit der Tramlinie 3 erreicht.

## PREISE UND KOMFORT

Ein Sitzplatz zweiter Klasse kostet etwa 21 €. In der ersten Klasse bezahlt man circa 32 €, plus 3 € Reservierungsgebühr. Für 6 € Aufschlag fährt man im Liegewagen (Abteil mit 4 oder 6 Liegen). Es gibt auch Einzelabteile (45 €), Doppelabteile (20 €) oder Abteile für drei Personen (15 €) mit Waschbecken. Bettwäsche wird im Liege- und im Schlafwagen gestellt. WCs befinden sich in jedem Wagen. Am besten Verpflegung mitnehmen (der Bordservice ist minimal).

## WO KAUFT MAN TICKETS?

In den Bahnhöfen von Belgrad, Bar, Podgorica, Nikšić und Bijelo Polje.
www.zcg-prevoz.me

20

# Am Horizont die blaue Linie der Tatra

*von Thibault Constant*

21:57 Košice SLOWAKEI

Prag TSCHECHISCHE REPUBLIK 7:55

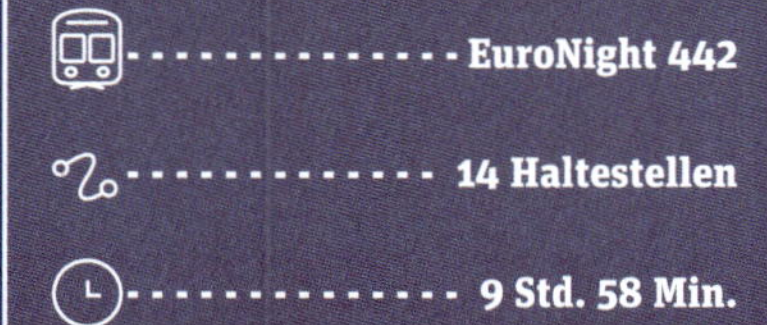
EuroNight 442
14 Haltestellen
9 Std. 58 Min.

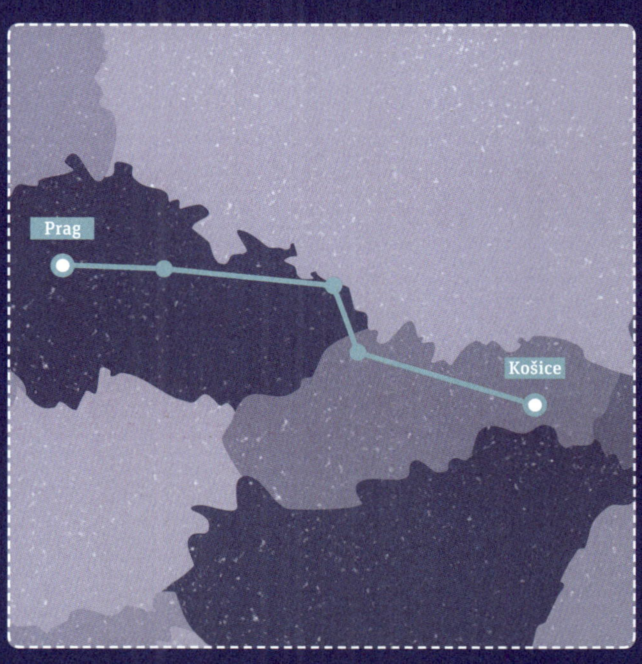
Prag
Košice

*In den slowakischen Bergen einschlafen und von abenteuerlichen Expeditionen träumen, zu Fuß, mit dem Mountainbike oder auf Skiern – und in den fruchtbaren Ebenen Tschechiens aufwachen, um die traumhafte Ankunft in Prag nicht zu verpassen. Jedenfalls wenn alles nach Plan läuft …*

## INTERMEZZO AUF DEM BAHNSTEIG

20 Uhr: Ich nehme bald den Nachtzug nach Prag. Trotz sengender Hitze war ich in Košice, der zweitgrößten Stadt der Slowakei, und bin ihrem Charme verfallen. Wie so oft treffe ich schon früh am Bahnhof ein, um mir im Supermarkt noch Proviant zu kaufen. Er ist ziemlich groß, und im Bahnhof findet man alles, was man braucht, auch mehrere Läden für Sandwiches und lokales Fast Food. Ich gehe zum Abfahrtsgleis. Meist warte ich lieber auf dem Bahnsteig, wo ich Ruhe finde, mich sicher fühle und das Geschehen beobachten kann. Eine knappe Stunde schaue ich mir das Kommen und Gehen der Züge und Bahnmitarbeiter an, die Waggons anhängen oder dem Lokführer ein Fahrtenblatt reichen. Ein Maschinist mit nacktem Oberkörper unter halb offener, orangefarbener Latzhose geht mit Flipflops rauchend auf einen Zug zu und sieht zufrieden aus. Um 21:03 Uhr sehe ich zwei Autotransportwag-

Auf dem Bahnsteig gegenüber steht der RegioJet 1040, der auch nach Prag fährt, aber eineinhalb Stunden vor meinem Zug. Seine Ankunft um 5:50 Uhr ist für mich zu früh. Das ist das Problem mit den privaten Anbietern: Ihre Fahrpläne sind nicht so angenehm wie die historischer Bahngesellschaften!

## Vor der Abfahrt

### Košice

Košice, die Metropole der Ostslowakei, lohnt einen Besuch. Als Königsstadt bekam sie 1369 als Erste ein Wappen. An ihre lange Tradition als Handelsknotenpunkt knüpft die Fußgängerzone mit ihrem Musikbrunnen, den mittelalterlichen Häusern, Adelspalästen im Barock- und Jugendstil und Kirchen an. Der Dom der Heiligen Elisabeth zählt zu den imposantesten des Landes. Als Universitätsstadt bietet das feierlustige Košice ein quirliges kulturelles Leben. Um die lokale Küche zu probieren, sind das Slávia (Hlavná 63) und das Med Malina (Hlavná 81) zu empfehlen. Craftbeer lässt sich in der touristischen, aber historischen Brauerei Hostinec (Hlavná 65) kosten. Säulen des Nachtlebens sind der Jazzclub (Kováčska 39) und das Colosseum (Vrátna 70), aber die besten Adressen werden stets auch von Mund zu Mund weitergegeben.

gons und eine Lokomotive, die zwei Schlafwagen für unseren Konvoi zieht. Wenig später kommt der EuroNight Slovakia aus Humenné an: mit drei Wagen der slowakischen Bahn ZSSK und einem Schlafwagen der tschechischen Bahn České dráhy. Während die Fahrgäste aussteigen, hängt die Lokomotive die Wagen an, die ich vorher gesehen habe. Ich fotografiere meinen Schlafwagen von außen. Da will der Zugbegleiter meine Fahrkarte sehen. Ich zeige sie ihm, und die Reise kann losgehen!

## EIN KUSCHELIGER KOKON

Jeder Schlafwagen der »Luxuskategorie«, die ich mir gegönnt habe, besteht aus nur zwei Abteilen mit Dusche und WC. Pavel, der slowakische Zugbegleiter, spricht ziemlich gut Englisch und ist sehr höflich.

Er erklärt mir alle Details in meiner Kabine und weist mich darauf hin, die Tür zu verriegeln. »Vergessen Sie Ihre Schlüsselkarten nicht, wenn Sie durch den Zug gehen, sonst kommen Sie nicht mehr in Ihr Abteil.« Er fragt mich, wann ich frühstücken möchte: »Um 6:45 Uhr, mit Kaffee, bitte.« Ich möchte vor der Ankunft in Prag noch duschen und mir die Slowakei anschauen. Als Pavel wieder weg ist, schaue ich mich um. Das Abteil ist recht schmal, hat aber eine sehr hohe Decke. Das Bett für die nächtliche Reise ist bereits gemacht. Auf dem Laken liegt ein Komfortpaket (Hausschuhe, Zahnbürste, Feuchtigkeitscreme etc.). Ein echter Palast auf Schienen! Ich inspiziere das Bad: rechts neben dem Spiegel das WC, links die Dusche, deren Duschkopf als Wasserhahn für das schwenkbare Waschbecken dient. Zufrieden dusche ich vor der Abfahrt und setze mich dann auf mein Bett, um das Geschehen draußen zu beobachten.

# Abfahrt 21:57 Uhr

## EINE STÜRMISCHE, ABER TROTZDEM STILLE NACHT

Um 21:57 Uhr setzt sich der Zug in Bewegung. Ich bin erstaunt über die relative Stille. Um 23:15 Uhr gehen die Lichter aus. Unwiderstehlich ruft das Bett. Morgen werde ich etwa 100 Kilometer vor Prag aufwachen. Als ich die Augen öffne, ist es 5:14 Uhr. Der Zug steht, und es regnet. Wir sind sicher schon in der Tschechischen Republik. Nachtzüge halten unterwegs, um den Zugführer zu wechseln oder Frachtzüge durchzulassen. Ich schlafe wieder ein. Um 6:40 Uhr wache ich erneut auf. Wir stehen – laut meinem Handy in Važec, nur 120 Kilometer von Košice entfernt. Ich traue meinen Augen nicht. Ich verlasse mein Abteil, um zu erfahren, was los ist. Da kommt Pavel auf mich zu: *»Big storms on the line, we are 9 hours late.«* Als ich wieder in meiner Kabine bin, fährt der Zug an. Wir haben die ganze Zeit gestanden; deshalb habe ich so gut geschlafen! Wenn ich mir vorstelle, wie unbequem die Sitzplätze und wie eng die Liegewagen sind, bin ich sehr froh, dass ich eine Einzelkabine gemietet habe.

*Mary*, Desmod

*Nazdar!!!*, Horkýže Slíže

*Krupinské Ohne*, Malokarpatan

*Bum, bum, bum*, Karel Gott

*Hvězda Na Vrbě*, Olympic

*Ej, Lásko, Lásko*, Jiří Pavlica

*Der Krieg mit den Molchen*, Karel Čapek

*Reise nach Sondervorschrift, Zuglauf überwacht*, Bohumil Hrabal

*Der Friedhof in Prag*, Umberto Eco

## WASSERSCHÄDEN

Wir sind mitten in der Niederen Tatra, einem gebirgigen Naturschutzgebiet in den Westkarpaten. Keine Chance, einen Bären, Wolf oder gar Luchs zu erspähen. Unser Zug fährt zwar durch einen riesigen grünen Nadelwald, aber bei Starkregen. Bald sehe ich am Rand der Gleise den Grund für unsere Verspätung: Umgestürzte Bäume haben die Masten einer Oberleitung zu Fall gebracht. Schon im frühen Morgengrauen haben Holzfäller die Schienen freigeschnitten. Die Züge fahren nur noch auf einem Gleis. Eine Herausforderung für den Weichenwärter, der den Verkehr regelt! Einer meiner tschechischen Instagram-Follower postet, mit neun Stunden Verspätung habe unser Zug gerade den Rekord der České dráhy gebrochen. Während der Fahrt durch die Berge sehe ich weitere abgerissene Oberleitungen. Der Sturm muss heftig gewesen sein. Weiter entfernt liegen Tannen wie Mikadostäbe übereinander. Beeindruckend! Das Unwetter holt uns in Kráľova Lehota ein. Wütend hämmert der Regen auf das Waggondach. Ich befürchte, wir sitzen wieder für mehrere Stunden fest. Aber der Zug fährt tapfer weiter gen Westen. Er hat einen Wettlauf gegen die Zeit begonnen.

## ZWEI REISEN IN EINER

Da wir Verspätung haben, könnte ich eigentlich frühstücken. Ich habe großen Hunger! Ich drücke auf den Knopf, um Pavel zu rufen. Zwei Minuten später bringt er mir ein Tablett mit zwei Kaisersemmeln mitsamt Körnern, Butter und Marmelade und eine Schokoladenwaffel. Frühstück im Trockenen, mitten in einer in geheimnisvollen Nebel gehüllten, wilden Berglandschaft … Was könnte es Schöneres geben? Die enorme Verspätung, die der Zug akkumuliert hat, hat auch etwas Gutes: Nach meiner Reise im Nachtzug kann ich nun die Landschaft lange Zeit bei Tag bewundern. Und all das von meiner privaten Kabine aus. *What else?* Zwischen Poprad und Žilina ist die Strecke am spektakulärsten. Verstreute Dörfer mit soliden Holzhäusern, der weiße Schleier der Wasserfälle vor den dunklen Wäldern, Almen mit reißenden Bächen … Das Highlight ist der Liptovská Mara, der größte Stausee der Slowakei, sonst ein ideales Ziel für viele sportliche Aktivitäten. Mit den zerklüfteten Gipfeln der Malá Fatra im Hintergrund sieht der riesige, menschenleere Stausee einfach überwältigend aus.

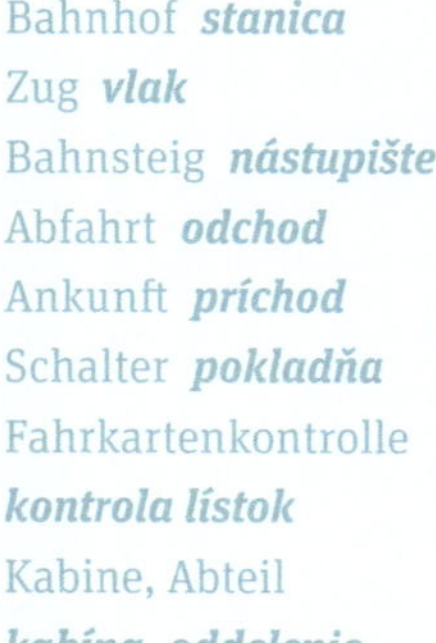

Bahnhof ***stanica***
Zug ***vlak***
Bahnsteig ***nástupište***
Abfahrt ***odchod***
Ankunft ***príchod***
Schalter ***pokladňa***
Fahrkartenkontrolle ***kontrola lístok***
Kabine, Abteil ***kabína, oddelenie***
Reservierung ***rezervácia***
Liegewagen ***lehátkový vůz***
Anschlusszug/Verbindung nach ***připojení pre***
nächster Halt ***ďalšia zástavka***
Verspätung ***meškanie***
bitte ***prosim***
danke ***ďakujem***

# 9:00 Uhr

## RICHTUNG TSCHECHISCHE GRENZE

Žilina, letzter Halt in der Slowakei. Aus Erfahrung weiß ich: Bevor der Zug in die Tschechische Republik fährt, wird die Lokomotive gewechselt. Auf der Anzeigetafel steht als Abfahrtszeit noch immer 1:44 Uhr. Wir haben 420 Minuten Verspätung. Ich gehe auf den Bahnsteig, wo sich viele Reisende eine Pause gönnen und eine Zigarette rauchen. Da ich der einzige ausländische Fahrgast bin, stellt Pavel mir jede Menge Fragen, bis die Trillerpfeife des Bahnhofsvorstehers unsere Unterhaltung unterbricht. Ich steige wieder ein und wandle meine Kabine in den Tagesmodus um. Ich klappe das Bett hoch und bekomme eine Bank mit drei Sitzplätzen. Einen Teil des Tages arbeite ich an meinem Laptop und nutze eine der Steckdosen im Abteil – es gibt welche unter den Sitzen und in der Toilette. Kleines, aber ganz wichtiges Plus: Das WLAN funktioniert perfekt. Sogar mitten in den Bergen kann ich Dateien herunterladen. Alle Achtung!

Nach Žilina mit seiner malerischen Altstadt geht es zur tschechischen Grenze. Nach dem Dorf Svrčinovec fährt der Zug Richtung Nordwesten aus einem Tal hinauf. Unten sehe ich den einstigen Grenzübergang an der Autobahn. Da beide Länder zum Schengenraum gehören, gibt es keine Zollkontrollen mehr. Die Stimmung an Bord ist nach allem überraschend entspannt. Niemand beschwert sich. Bei uns im Westen hingegen kommt es zu Schimpftiraden, sobald ein Zug auch nur 13 Minuten Verspätung hat.

## ... UND DAHINTER

Ich vertrete mir etwas die Beine und sehe dabei die Autotransportwagen am Ende des Konvois. Nicht schlecht, das Auto einfach auf einen Zug zu laden und nebenan zu schlafen! Unterwegs schaue ich mir das Gemeinschafts-WC in unserem Wagen an. Dieses Bad ist doppelt so groß wie meins und nach der langen Nacht vorbildlich sauber. Jetzt sind wir in der Tschechischen Republik, wo es weniger gebirgig und viel städtischer als in der Slowakei ist. Bis Ostrava fahren wir an der Grenze zu Polen entlang. Nach dieser ehemaligen Bergbauregion rast der Zug mit 160 km/h gen Westen. Bestimmt versucht der Zugführer, die Verspätung aufzuholen. Die Sonne scheint wieder, die Landschaft hat sich verändert – so weit das Auge reicht nur Felder für Weizen, Gerste und Mais.

# Ankunft 14:45 Uhr

## DIE KRÖNUNG

Wir erreichen die Vororte von Prag gegen 14:45 Uhr. Eilig packe ich meine Sachen; ich hatte nicht damit gerechnet, vor 16 Uhr anzukommen. Einen Teil der Verspätung hat der Zug also aufgeholt. Bei der Ankunft unbedingt aus dem Fenster schauen! Wie ein fliegender Teppich gleitet der Zug über die Gleise und sogar über die meisten Dächer der tschechischen Hauptstadt mit tollem Blick auf ihre gotischen Kirchtürme, Paläste aus der Renaissance und Barockbauten. Wir kommen mit 409 Minuten (6 Std. 49 Min.) Verspätung an, aber mein Ticket wird mir erstattet.

# Praktische Informationen

### FAHRPLAN

Abfahrt in Košice um 21:57 Uhr, Ankunft in Prag (Praha hlavní nádraží) um 7:55 Uhr.
Fährt täglich.
Weitere Infos und Auskünfte über eventuelle Bauarbeiten unter www.cd.cz.

### PREISE UND KOMFORT

Sitzplatz ab 18 €, Pritsche im Liegewagen ab 21 €, Liege im Dreierabteil ab 29 €, Einzelkabine mit Bad im Schlafwagen ab 45 €.
Achtung, die Preise variieren je nach Saison und Nachfrage.
Interrail- und Eurail-Pässe gelten mit Zuzahlung je nach Komfortklasse.

### WO KAUFT MAN TICKETS?

www.raileurope.com oder www.oebb.at

21

# Durch die Ebenen Transsilvaniens

*von Thibault Constant*

| 17:45 | Bukarest RUMÄNIEN | Budapest UNGARN | 9:20 |
|---|---|---|---|

NT 472 Ister
25 Haltestellen

15 Std. 35 Min.

Budapest
Bukarest

*Eine Nacht in den Karpaten, im Reich von Dracula? Im Zug ist das gar kein so furchterregender Plan. Die fast 16-stündige Fahrt in einem altmodisch eingerichteten Waggon durch die Berge und Hochebenen Siebenbürgens verbindet das ungestüm quirlige Bukarest mit der ungarischen »Perle der Donau«. Und es verspricht authentische Begegnungen, auf Teufel komm raus!*

# Abfahrt 17:45 Uhr

## MIT DEM ZUG ZURÜCK IN ALTE ZEITEN

Es ist 17 Uhr. Ich betrete den Vorplatz des Nordbahnhofs in Bukarest. Die für Osteuropa typische Hitzewelle lässt mich nicht vergessen, in welchen Breiten ich mich aufhalte. In der rumänischen Hauptstadt, die ich gleich verlasse, habe ich den Parlamentspalast – das zweitgrößte Gebäude der Welt – bewundert und bin durch den Cişmigiu-Park flaniert. Ich nehme den Nachtzug nach Budapest. Die Fahrt dauert lange, gibt mir aber die Gelegenheit, die Karpaten und das berühmte Transsilvanien zu durchqueren. Mit dem Zug ins Land von Dracula, ein Traum!

Ich war schon immer von rumänischen Zügen fasziniert, denen oft nachgesagt wird, dass sie den französischen ähneln. Schon als Junge habe ich Berichte über den Verkauf der SNCF-Züge an die rumänische Eisenbahn (CFR) gelesen. Im Bahnhof fühle ich mich wie in alten Zeiten – weder riesige Anzeigetafeln noch Werbung. Ich komme mir vor wie in den 1980ern. Es herrscht riesiger Andrang auf den großen Schalter im nordwestlichen Flügel des Gebäudes. Unglaublich, dass es in diesem Bahnhof fast keine Fahrkartenautomaten gibt! Zum Glück habe ich mein Ticket gestern bei einer Verkäuferin gekauft. Sie arbeitete an einem veralteten PC und mithilfe einiger Karten des CFR-Streckennetzes. Ein Tipp für Reisende, die das Land verlassen wollen, ohne umsonst anzustehen: Für internationale Fahrkarten gibt es einen separaten Schalter.

Mein Zug fährt um 17:45 Uhr auf Gleis 13. Ungewöhnlich für einen Nachtzug, oder? Dazu muss man wissen: Der Zug durchquert zwei Länder. Auf dem Weg zum Bahnsteig sehe ich einen Rangierer der CFR, der auf den Schienen hinter dem letzten Waggon sitzt und in aller Ruhe eine Zigarette raucht. Ganz klar nicht der sicherste Ort für eine Pause, aber wegen solcher Szenen fahre ich so gern durch den Osten Europas. Es sind Bilder aus einer anderen Zeit.

> »Ich sehe einen Rangierer, der auf den Schienen sitzt und in aller Ruhe raucht …«

## NOSTALGIE PUR

Mein Wagen, der letzte im Konvoi, ist gemischt: Er bietet Liegeplätze der ersten und zweiten Klasse. Die Anzahl der Liegen macht den Unterschied aus: vier in der ersten und sechs in der zweiten Klasse. Um in mein Abteil zu kommen, muss ich durch einen Eingangsbereich und einen Flur gehen, ausgelegt mit typischem Laminatboden der 1970er. Die Zeit ist hier tatsächlich stehen geblieben!
Im Abteil freue ich mich über die geräumigen und mit Bettwäsche, Kopfkissen, Steckdosen und Klimaanlage gut ausgestatteten Liegeplätze. Als Sahnehäubchen habe ich zwei Fenster, die ich nach unten aufschieben kann, ein Luxus, den klimatisierte Wagen nur selten bieten. Ich suche ein wenig auf meinem Smartphone und werde gewahr: Mein Wagen ist ein ehemaliger Liegewagen der DR, der nationalen Eisenbahngesellschaft der ehemaligen DDR. Die rumänische Eisenbahn hat diese Wagen vor einigen Jahren gekauft und renoviert.

## *BYE-BYE!* BUKAREST

Wir fahren pünktlich aus Bukarest ab. Ich sitze allein im Abteil und öffne das Fenster einen Spalt, um etwas frische Luft zu schnappen, während das Klack-Klack der Weichen wie eine Sinfonie beginnt. Der Zug beschleunigt und lässt mir kaum Zeit, die mit Unkraut überwucherten Abstellgleise zu betrachten, auf denen Dutzende alter Waggons stehen, darunter auch alte deutsche Schlafwagen. Die sind bestimmt schon viele Kilometer gefahren! Eine gute halbe Stunde nach der Abfahrt erreichen wir Ploiești, wegen seiner vielen Raffinerien als »rumänische Ölhauptstadt« bekannt.

Mit 140 km/h fahren wir direkt nach Norden. Bukarest ist bereits weiten Ebenen gewichen. Zwar fährt der Zug relativ schnell, aber meine Ungeduld wächst: In etwa einer Stunde erreichen wir hinter Campina die Karpaten. In der Zwischenzeit erkunde ich den Zug. Ich gehe durch den Schlafwagen, der mit drei Betten pro Abteil und einer Gemeinschaftsdusche etwas moderner ist. Auch er hat einen Boden aus Holz. Dann komme ich durch zwei Abteile mit Sitzplätzen. Alle Plätze sind besetzt, und viele Fahrgäste stehen im Gang. Das kommt mir sehr bekannt vor. In Höhe der Übergangstüren fällt mir das für die Corail-Wagen der SNCF typische Orange auf. Klar: Die rumänische Eisenbahn hat Alstom, dem Hersteller der Corail-Wagen der 1970er, und der SNCF die Pläne zum Nachbau eigener Wagen abgekauft. Daher der vertraute Anblick im tiefsten Rumänien! Der Bar-Bistro-Wagen an der Spitze des Zugs ist fast leer. Ich möchte seine kuriose Einrichtung filmen. Doch der Barkeeper gestikuliert und schreit zu mir herüber. Ich verstehe, dass es verboten ist. Er ist ziemlich unhöflich, aber ich gehorche.

## Unerwartete Skigebiete!

### 19:08 Uhr

#### *Unterwegs aussteigen*

König Carol I. machte Sinaia Ende des 19. Jahrhunderts zu seiner Sommerresidenz *(siehe S. 246)*. So begann der Tourismus im schönen Prahova-Tal. Zwischen Transsilvanien und der Walachei beherbergt es die Wintersportorte Bușteni (Halt 19:18 Uhr) und Predeal (Halt 19:32 Uhr). Im Sommer bringen die Seilbahnen von Sinaia und Bușteni Wanderer zu den ausgeschilderten Wanderwegen im Bucegi-Gebirge, einem Naturschutzgebiet mit geologischen Sehenswürdigkeiten wie der märchenhaften Lalomița-Höhle (Peştera Lalomiței), den Felsformationen der Sphinx (Sfinxul) und der Großmütter (Babele).

Endlich kommen wir in dem kleinen Ort Campina an, wo ich meinen Kopf aus dem Fenster strecke: Viele Fahrgäste steigen aus. Einige Minuten später wird die Umgebung gebirgiger: Unser Zug fährt jetzt durch das Prahova-Tal, und zwar langsam genug, dass ich das Fenster offen lassen kann, ein seltenes Vergnügen!

Berauscht von der belebenden frischen Bergluft sehe ich die winzigen Bergdörfer an mir vorbeiziehen. Welch ein seltsames Gefühl, im Herzen der Karpaten zu sein, im mythischen und legendären Transsilvanien, das durch Graf Dracula international bekannt ist. Zahlreiche Schlösser spuken auf den Gipfeln herum.

Eine gute halbe Stunde lang lasse ich mich verzaubern. Ich strecke meinen Kopf an der rechten Seite aus dem Zugfenster, denn sie bietet den spektakulärsten Blick. Ein junger Interrail-Reisender tut es mir gleich. Der Schaffner rührt sich nicht. In Rumänien scheint es völlig normal zu sein, den Kopf aus dem Zug zu strecken!

Bald halten wir im Dorf Sinaia. Der Bahnhof hat einen gewissen Charme, nicht ohne Grund! Begrüßt von Jubelschreien der Menge stieg hier früher die rumänische Königsfamilie aus, wenn sie zu ihrer prunkvollen Sommerresidenz unterwegs war, Schloss Peleș *(siehe S. 246)*… Ich muss es irgendwann einmal besichtigen. Ein zur damaligen Zeit noch völlig unbekannter junger Künstler namens Gustav Klimt, so habe ich mir sagen lassen, entwarf die Innendekoration!

*12:08 Uhr – East of Bucharest*, Corneliu Porumboiu (2006)

*4 Monate, 3 Wochen und 2 Tage*, Cristian Mungiu (2007)

*Dracula*, Francis Ford Coppola (1992)

*Das Karpatenschloss*, Jules Verne

*Die Glut*, Sándor Márai

# EINDRUCKSVOLLE BEGEGNUNG

Unser Zug fährt wieder ab und erreicht um 19:30 Uhr das Dorf Predeal, ebenfalls als Skiort bekannt. Bald weichen die mit Nadelwald bewachsenen Berge den Hügeln und weiten, grünen Ebenen der Hochebene Siebenbürgens. Wir halten 30 Minuten später in Brașov. Ich betrachte den Bahnhof. Die strenge Architektur zeugt davon, dass er 1962 während des Kalten Kriegs unter dem kommunistischen Regime erbaut wurde. Wer hier aussteigt, gelangt nur mit dem Bus ins Stadtzentrum. Brașov ist für Touristen, die Transsilvanien besuchen, ein Highlight. Am besten bleibt man gleich mehrere Tage, um die mittelalterliche Altstadt und die Festung sowie die Schlösser (Peleș, Bran …) und die Natur in der Umgebung zu entdecken.

Dieses Mal kommt keine Rucksacktouristin in mein Abteil, sondern eine ältere Frau in Begleitung des Schaffners. Er stellt ihr Gepäck ab und sagt etwas auf Rumänisch. Ich verstehe nur den Namen *»Arad«*. Ich schließe daraus, dass meine Mitreisende auf dem Weg in diese Stadt im Westen Rumäniens ist und kurz vor der ungarischen Grenze aussteigt.

Die Frau trägt ein langes traditionelles rumänisches Kleid. Sie sagt nichts, aber sie schenkt mir ein Lächeln, das mir immer in Erinnerung bleiben wird. Da wir nicht dieselbe Sprache sprechen, verständigen wir uns mit Blicken. Bald geht sie ins Bett und schläft ein, bestimmt signalisiert sie mir mit ihren Gesten, dass sie in der Morgendämmerung aufstehen und aussteigen muss. Noch heute denke ich oft an diese alte Frau. Ich kenne zwar weder ihren Namen noch ihre Geschichte, aber ihre sanfte Art rührt mich immer noch.

> **»Wir sprechen nicht dieselbe Sprache, verständigen uns aber mit Blicken.«**

Bahnhof ***gară***
Zug (Nachtzug) ***tren (de noapte)***
Bahnsteig ***chei***
Welcher Zug fährt nach …
***Care este trenul pentru …***
Abfahrt ***plecare***
Ankunft ***sosire***
Fahrkartenschalter ***ghișeu***
Zugfahrkarte ***bilet de tren***
Reservierung ***rezervare***
Abteil, Kabine ***compartiment, cabină***
Schlafwagen ***vagon de dormit***
Liegewagen ***cușetă***
Fahrkartenkontrolle ***controlul biletelor***
nächster Halt ***următoarea oprire***
Verspätung ***întârziere***

## IN EINER NACHT DURCH ZWEI LÄNDER

Um 21 Uhr betrachtete ich ein letztes Mal die von der untergehenden Sonne beschienene Ebene Transsilvaniens. Dann möchte ich mich auf meine Liege legen, aber das ist komplizierter als gedacht. Ich suche vergeblich die Kabine ab, bis mir klar wird, dass ich die Hängeleiter im Gang nehmen muss. Kaum zu glauben, oder?
Ich lese und mache dann mein Licht aus. Meinen Pass habe ich schon herausgekramt, um vorbereitet zu sein, wenn der Zöllner um 5 Uhr kommt. Um diese Zeit überquert der Zug die Grenze nach Ungarn. Da Rumänien und Ungarn nicht zum Schengenraum gehören, werden die Pässe kontrolliert. Was mich aber nicht daran hindert, einzuschlafen. Das erste Mal weckt mich eine Grenzkontrolle um 5:10 Uhr. Mit halb offenen Augen halte ich meinen Pass hin und schlafe sofort wieder ein.

## FRÜHSTÜCK FÜR MICH ALLEIN

Um 7:30 Uhr wache ich wieder auf. Was für eine fantastische Nacht: bemerkenswert ruhig, leicht vom Zug gewiegt und ideal klimatisiert. Ich öffne den Vorhang und sehe eine weite Ebene. Mit meinem Smartphone ermittle ich, wo wir sind. Unser Zug ist etwa 100 Kilometer von Budapest entfernt. Ich bin allein im Abteil, setze mich an den unteren Tisch und frühstücke, was ich am Vortag in Bukarest eingekauft habe, da ich schon wusste, dass der Speisewagen in Simeria vom Zug getrennt wird. Ich genieße es, allein zu sein, was sich wohl damit erklären lässt, dass ich eine Nacht in der ersten Klasse gebucht habe. Wie ich gestern gesehen habe, sind die Liegewagen der zweiten Klasse alle belegt. Da es keinen Kaffee gibt, öffne ich das Fenster und atme die frische Luft ein. Leider spüre ich schon jetzt: Es wird ein heißer und schwüler Tag. Die großen ungarischen Ebenen weichen den Vororten Budapests – dicht bebauten Wohngebieten und Vorortbahnhöfen. Mein Auto steht am Zugende, was ich nutze, um zuzusehen, wie die Schienen hinter dem Zug zurückweichen.

# Ankunft 9:20

## ENDSTATION BUDAPEST

Trotz der langen Fahrt fährt unser Zug pünktlich um 9:20 Uhr in den prächtigen Bahnhof Keleti ein. Durch das große Glasdach am Ende des Bahnsteigs begrüßt die strahlende Sonne die Reisenden. In der Halle begegnen sich zur Metro eilende Pendler auf dem Weg zur Arbeit und Touristen, die in andere europäische Großstädte unterwegs sind, nach Kiew, Belgrad, Wien oder auch nach Bratislava. Holzvertäfelungen, Säulen, Gold – die Innendeko nimmt es locker mit der majestätischen Fassade im eklektischen Stil auf, die man nach dem Verlassen des Bahnhofs entdeckt. Und was ist schöner, als nach einer nächtlichen Zugfahrt in einer Stadt anzukommen, die für ihre Thermalbäder (wie das Gellért oder Széchenyi) bekannt ist? Nach 16 Stunden auf Schienen sind solche Badefreuden sehr willkommen!

## Und nun?

### *Erst Krapfen, dann baden?*

Die ab 6 Uhr geöffnete große Markthalle am Rákóczi tér erreicht man in sieben Minuten mit der Metro (Linie M4) oder in 15 Minuten zu Fuß. Auf diesem beliebten Markt unter einer Metallkonstruktion sind neben lokalen Produkten auch kleine Cafés wie das Lángos zu finden. Stammgäste essen hier Krapfen mit dem cremigen ungarischen Käse *túró*.

# Praktische Informationen

## FAHRPLAN

Abfahrt in Bukarest (Bucuresti Nord Gara) um 17:45 Uhr, Ankunft in Budapest-Keleti um 9:20 Uhr.
Fährt täglich.
Achtung, aufgrund von Bauarbeiten auf der Strecke ändern sich die Abfahrtszeiten regelmäßig um einige Minuten.

## PREISE UND KOMFORT

Sitzplatz ab 29 €, Liegewagen zweiter Klasse ab 39 €, Liegewagen in der ersten Klasse ab 46 €, Schlafwagen für drei Personen ab 69 €, Schlafwagen für zwei Personen ab 84 €, Einzelkabine mit Dusche im Schlafwagen ab 162 €.
Interrail- und Eurail-Pässe gelten mit Zuzahlung je nach Komfortklasse.

## WO KAUFT MAN TICKETS?

www.cfrcalatori.ro/en/
Fahrkarten werden auch vor Ort im Bahnhof verkauft.

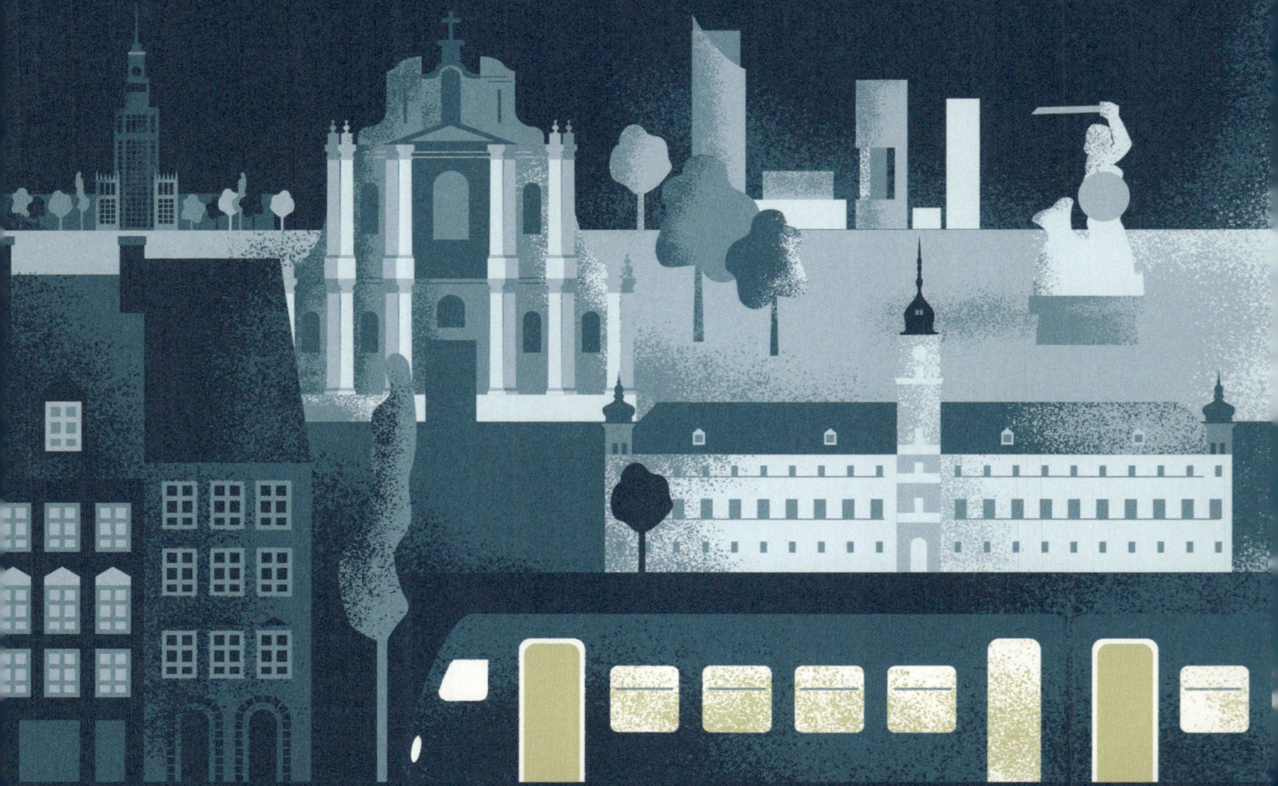

22

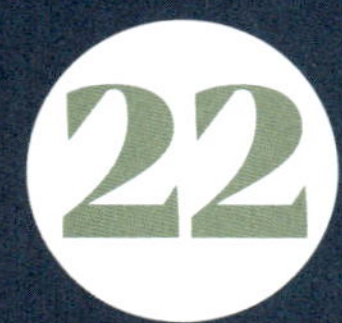

# Mazurka, Polka oder Walzer?

*von Thibault Constant*

19:29 Warschau POLEN — Wien ÖSTERREICH 7:00

EuroNight 407 »Chopin«

4 Haltestellen

11 Std. 31 Min.

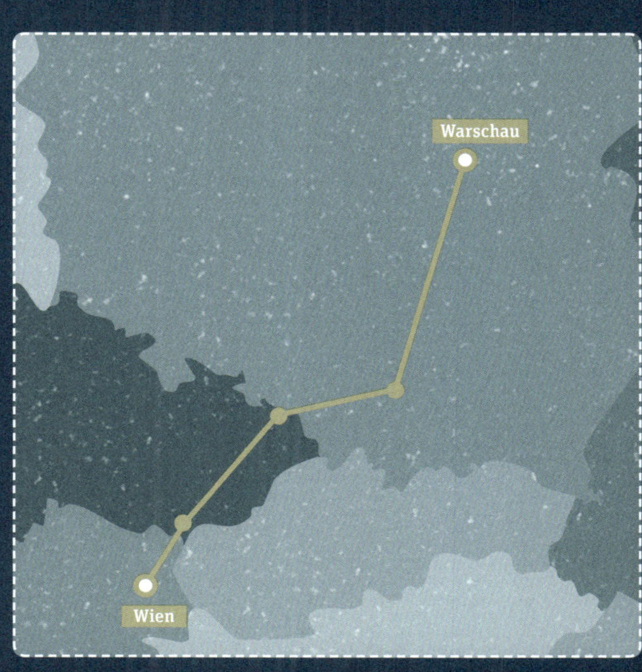

*Von den weiten landwirtschaftlichen Ebenen des polnischen Masowien, wo Frédéric Chopin geboren wurde, durchquert der Zug das tschechische Mähren, das Antonín Dvořák zu Volksliedern inspiriert hat. Die Fahrt endet am Donau-Ufer in der österreichischen Hauptstadt, die Johann Strauß so liebte. Eine Reiseroute wie das Konzert eines Orchesters – es sei denn, das Wetter spielt nicht mit!*

## Abfahrt 19:29 Uhr

### KLEINE UMLEITUNG

Es ist 18 Uhr, und ich warte auf einen Nachtzug nach Wien. Ich bin erstaunt, denn der EuroNight fährt in Warszawa Gdańska ab, einem kleinen Bahnhof am nördlichen Stadtrand Warschaus, ganz in der Nähe des ehemaligen jüdischen Ghettos. Ich habe mich mehrmals vergewissert, dass das kein Irrtum ist: Internationale Nachtzüge fahren normalerweise von einem Hauptbahnhof ab. Jetzt kündigt die Anzeigetafel meinen Zug auf Gleis 3 an, wo ansonsten nur Vorort-S-Bahnen fahren. Inmitten all der Polen, die nach ihrem Arbeitstag nach Hause unterwegs sind, fühle ich mich mit meinem Koffer ein wenig einsam.

Um Punkt 19 Uhr fährt mein Zug ein, gezogen von einer alten russischen Lokomotive, die sonst nur für Regionalzüge verwendet wird. Ich mache mir langsam Sorgen, da der Zug keinen Schlafwagen hat. Ich eile nach hinten, da ich Wagennummer 359 habe. Auf der Zieltafel steht zwar Wien, aber der letzte Wagen des Konvois hat die Nummer 357. Ich frage eine Mitarbeiterin der polnischen Staatsbahn PKP, die gerade ausgestiegen ist, wo sich der Wagen 359 befindet. *»This car okay, sleeping-car Katowice, take free seat«* – Schlafwagen nach Katowice, freie Platzwahl … Na gut, alles okay! In dem klassischen Erste-Klasse-Wagen mit Sitzplätzen finde ich umgehend ein leeres Abteil. Allerdings ist die Situation etwas ungewöhnlich. Die Unwetter der vergangenen Tage haben das Schienennetz in der gesamten Region beschädigt. Die durch den Starkregen der letzten Nacht ausgelösten Erdrutsche ließen sogar den Zug Wien – Warschau von heute Morgen entgleisen. Verletzt wurde niemand, aber die Strecke ist für längere Zeit nicht befahrbar. Daraus schließe ich, dass unser EuroNight nicht bis Warschau gekommen ist. Die Schaffnerin sagt mir, er warte in Katowice, wo wir gegen 23 Uhr ankommen sollen.

Wir fahren pünktlich los, und da der Wagen nicht klimatisiert ist, kann ich das Fenster öffnen. Mit der Nase im Wind verlasse ich Warschau und betrachte das Geflecht der Weichen und die Häuser der Vororte, während der Zug immer wieder beschleunigt und abbremst.

## Vor der Abfahrt

### *Wie ein Phönix …*

Vergessen Sie die Klischees vom grauen tristen Warschau. Polens Hauptstadt ist eine dynamische Metropole mit Bürohochhäusern, trendigen Bars und Restaurants sowie Kunstgalerien in den Hinterhöfen der Häuser aus kommunistischer Zeit. Besuchen Sie die Altstadt Stare Miasto, im Zweiten Weltkrieg dem Erdboden gleichgemacht und in einem nationalen Kraftakt wiederaufgebaut. Besichtigen Sie das Königsschloss, begegnen Sie der lokalen Avantgarde im ehemaligen Arbeiterviertel Praga, genießen Sie das dörfliche Flair in Mariensztat und schlendern Sie am Ufer der Weichsel entlang oder durch eine der vielen Grünanlagen dieser nicht allzu riesigen Hauptstadt. Gut zu wissen: An sonnigen Tagen gibt es im Łazienki-Park zu Füßen der Statue des Komponisten Chopin Musik (kostenlose Konzerte um 12 und 16 Uhr).

*Nocturnes*, Frédéric Chopin

*Slawische Tänze (Slovanské tance)*, Antonín Dvořák

*Volkstänze aus Mähren (Moravské tance)*, Leoš Janáček

# MAZURKA AUF DEN GLEISEN

Um 19:22 Uhr halten wir auf einem Abstellgleis – ich sehe durch das Fenster das rote Signal. Neben uns steht ein EIP (polnischer Hochgeschwindigkeitszug). Seltsam, die Vorortzüge scheinen normal zu fahren. Keine Durchsage. Ich verlasse meine Kabine, um mehr zu erfahren. Jemand aus dem Nachbarabteil hat gerade die PKP-App konsultiert und sagt, es gebe ein Problem mit der Oberleitung zwischen Mszczonów und Małoszyce. Es handelt sich um eine der wichtigsten Eisenbahnstrecken des Landes. Endlich eine Durchsage, aber nur auf Polnisch. Sichtlich nervös erklärt mir mein Nachbar, dass wir bis 22 Uhr festsitzen. Alle Fahrgäste steigen aus, während der Zug mitten auf dem Gleis steht. Die Szene ist surreal. Einige rauchen, andere »verlassen das gestrandete Schiff« und gehen zu dem nahen kleinen Bahnhof, um nach Warschau zurückzufahren. Ich springe aus dem Waggon, lande auf dem Schotter und geselle mich zu der Menschentraube um den Schaffner. Gute Gelegenheit, ein paar Fotos zu machen! Da die Türen des EIP neben uns zu sind, schauen uns die Fahrgäste so an, als würden sie auch gern aussteigen. Während ich mich zwischen den Schienen aufhalte, komme ich mit Aleksander ins Gespräch, der seine Kinder in Krakau treffen will, um die Reise dann mit dem Auto nach Kroatien fortzusetzen. Er fragt, warum ich nicht nach Wien geflogen bin, und ich gestehe ihm meine Liebe zu Nachtzügen, damit er es versteht. Nun verbreitet sich das Gerücht, dass wir bald wieder abfahren. »In 15 Minuten«, präzisiert Aleksander. Na toll! Wir brechen das Gespräch ab, denn plötzlich laufen alle zum Zug. Doch es ertönt kein Pfiff. Ich renne zu meinem Wagen und rufe einem verträumten Teenager zu, nicht die Abfahrt zu verpassen.

Bahnhof ***stacja kolejowa***
Zug ***pociąg***
Fahrkarte ***bilet***
Bahnsteig ***platforma, peron***
Abfahrt ***wyjazd, odjazd***
Ankunft ***przyjazd***
Reservierung ***rezerwacja***
Kabine, Abteil ***kabina, przedział***
Liegewagen ***sypialne***
Verbindung/Anschluss nach ***korespondencja dla***
nächster Halt ***następna stacja***
Verspätung ***opóźnienie***
Frühstück ***śniadanie***
bitte ***proszę***
danke ***dziękuję***

## LANDPARTIE

Wir setzen die Fahrt nach Süden fort, aber statt in Grodzisk Mazowiecki wieder auf die Hauptroute zu treffen, fahren wir weiter nach Skierniewice. Ein langer Umweg, wie mir die Website openrailwaymap.org verrät. Der Zug fährt schnell, und ich genieße das offene Fenster, bis es gegen 21 Uhr dunkel wird. Da ich die polnische Landschaft zum ersten Mal sehe, lasse ich mir kein Stückchen von ihr entgehen. Getreide- und Rübenfelder, Weiden und Wälder wechseln einander ab. Es ist wunderschön. Kurz nach Sonnenuntergang fahren wir auf einer kleinen einspurigen Strecke durch den Pilica-Wald (Puszcza Pilicka). Dieser riesige Wald strahlt willkommene Kühle aus, und harziger Nadelbaumgeruch steigt mir in die Nase. Kilometerweit kein Licht, außer an den wenigen Bahnübergängen ohne Schranken. Das rhythmische Ticken der Räder auf der Schiene lässt mich eindösen. Da ich das ganze Abteil für mich allein habe, lege ich mich hin und schlafe schnell ein. Gegen Mitternacht wache ich wieder auf. Der Zug fährt mit voller Geschwindigkeit wieder auf der Hauptstrecke und hält auch wieder an den vorgesehenen Bahnhöfen. Um 1 Uhr kommen wir in Krakau an. Der Bahnhof ist wie ausgestorben. Mehrere Bahnarbeiter koppeln die alte russische Lokomotive ab, da der vordere Zugteil in die andere Richtung weiterfährt. Nachdem eine andere Lokomotive an unseren Waggon angehängt wurde, stellt der für die Überprüfung der Bremsen zuständige Mitarbeiter fest, dass etwas nicht in Ordnung ist. Der Lokführer steigt aus, um die Reparatur selbst durchzuführen. Er hat nicht einmal Angst, sein weißes Hemd zu beschmutzen! Bald fährt der Zug mit hoher Geschwindigkeit weiter.

*»Kilometerweit kein Licht, außer an den wenigen Bahnübergängen ohne Schranken.«*

## CHOPINS *LA NOCTURNE*

Als ich meinen Kopf aus dem Fenster strecke, sehe ich endlich den »Chopin«, der schon in den Startlöchern steht und nur noch darauf wartet, dass unser Zug vorbeifährt. Alle steigen aus und gehen auf den Bahnsteig. Mich überrascht, wie viele Fahrgäste nach Wien oder Budapest wollen: Mehrere Wagen in die ungarische Hauptstadt sind an unseren Zug gekoppelt. Der »Chopin« fährt majestätisch vor, und jetzt sehe ich auch »meinen« Wagen, den ersten im Konvoi. Ich kann es kaum erwarten, ins Bett zu kommen! Ich habe ein Abteil mit WC und Dusche gebucht. Ein Zugbegleiter empfängt uns trotz der späten Stunde fröhlich lächelnd. Meine Kabine ist geräumig und kühl. Sie bietet Platz für zwei Personen und verfügt über einen TV-Bildschirm und einen DVD-Player – in der Zeit der Inbetriebnahme in den 1990ern der ultimative Luxus. Das Bad ist überdurchschnittlich groß. Schade, dass hier die einzige Steckdose zu finden ist, und ich nicht duschen kann, weil ich keine Seife und kein Handtuch habe, abgesehen davon, dass das Wasser abgestellt ist, obwohl die Wasserleitung funktioniert. Zweifellos ein logistisches Problem. Ich begnüge mich mit einer Katzenwäsche am Waschbecken. Nach ein paar Minuten kommt der Schaffner zur Fahrkartenkontrolle und stellt mir die klassische Frage *»Tea or coffee?«*. Er wird mir 45 Minuten vor der Ankunft in Wien mein Frühstück bringen. Es ist 3 Uhr, als ich ins Bett falle. *Dobranoc* (»Gute Nacht«), diese Vokabel habe ich von meiner – polnischen – Großmutter gelernt.

## FRÜHSTÜCK IN MÄHREN

Ich öffne meine Augen um 8:30 Uhr in der Nähe von Otrokovice, dem historischen Sitz der Schuhfabrik Bata in der Tschechischen Republik. Mein Rücken schmerzt – noch nie habe ich auf einer so harten Matratze geschlafen! Außerdem wurde ich im Lauf der Nacht zweimal geweckt. Zuerst durch den Wechsel der Lokomotive an der Grenze, bei dem ich jeden Stoß gespürt und jedes Geräusch gehört habe, da mein Wagen der erste ist. Und danach hat ein Hagelschauer den Waggon in eine Trommel verwandelt.

Immerhin habe ich das Glück, inmitten der grünen gewellten Weiden Mährens aufzuwachen, einer für Weinbau idealen Landschaft im Osten Tschechiens. In alter Gewohnheit erkunde ich den Zug – zuerst die Schlafwagen, dann die Sitzabteile.

Überraschung: In der Mitte des Zugs gibt es einen Speisewagen, ähnlich dem auf den Strecken Moskau – Nizza und Moskau – Paris der russischen Gesellschaft RZD. Der Koch, der gerade Kartoffeln schält, schaut mich seltsam an, wahrscheinlich ist es ihm nicht recht, dass ich fotografiere. Es sieht hier sehr einladend aus. Schade, dass das Frühstück im Abteil in meiner Fahrkarte inbegriffen ist.

Ich gehe zurück. Der Zugbegleiter hat mich gesehen und bringt mir bald darauf mein Frühstück. Ich bekomme drei Scheiben Roggenbrot, einen Orangensaft, einen Kaffee, Butter, Pfirsichmarmelade und eine Portion Streichkäse. Als wir am Bahnhof von Břeclav ankommen, dem letzten Halt in der Tschechischen Republik, habe ich alles aufgegessen. Hier werden die Waggons abgekoppelt, die über Bratislava nach Budapest fahren.

## Ankunft 7:00

### GROSSES FINALE

Ein paar Kilometer weiter fahren wir nach Österreich und etwa 20 Minuten später in die Vororte von Wien. Der »Chopin« überquert die majestätische Donau, den zweitlängsten Fluss Europas nach der Wolga, die nur durch Russland fließt. Ein Foto ist hier Pflicht!

Unser Konvoi erreicht den Wiener Hauptbahnhof mit mehr als dreieinhalb Stunden Verspätung, aber die Reise war unerwartet abenteuerlich und wird mir immer in Erinnerung bleiben.

# Praktische Informationen

## FAHRPLAN

Wenn alles glattläuft Abfahrt in Warschau (Warszawa Centralna) um 19:29 Uhr, Ankunft Wien Hauptbahnhof um 7 Uhr.
Fährt täglich.

## PREISE UND KOMFORT

Sitzplatz ab 19€, Schlafwagen für 3 Personen ab 89 €, Einzelkabine mit Dusche im Schlafwagen ab 129 €.
Interrail- und Eurail-Pässe gelten mit Zuzahlung je nach Komfortklasse.

## WO KAUFT MAN TICKETS?

Aus dem Ausland gestalten sich die Buchungen über die Website der polnischen Staatsbahn PKP etwas kompliziert. Am besten kauft man seine Fahrkarten online auf www.raileurope.com oder www.oebb.at oder vor Ort an einem Schalter der PKP.

23

# Denn die Sonne geht im Osten auf

*von Thibault Constant*

22:57 **Bratislava** SLOWAKEI

**Humenné** SLOWAKEI 6:33

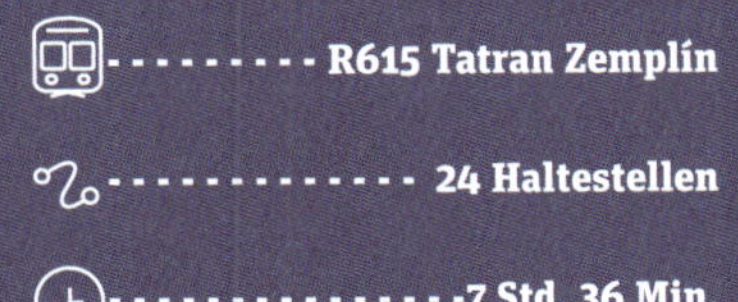
R615 Tatran Zemplín
24 Haltestellen
7 Std. 36 Min.

Humenné
Bratislava

*Eine Abenteuerreise durch die authentische Slowakei, von West nach Ost, weit abseits der ausgetretenen Pfade – diesen Traum lässt der Regionalzug von Bratislava nach Humenné in einer unvergesslichen Nacht wahr werden. In weniger als acht Stunden fährt er bis zum östlichen Rand Mitteleuropas und hält unterwegs an vielen kleinen vergessenen Bahnhöfen. Die Sonne geht in dieser Gegend der Welt sehr früh auf.*

## Abfahrt 22:57 Uhr

### LETZTE EINKÄUFE

Jetzt stehe ich vor dem Bahnhof Hlavná Stanica in Brastislava, nachdem ich den ganzen Tag durch die slowakische Hauptstadt geschlendert bin. Ich nehme einen Zug der slowakischen Staatsbahn ZSSK (Železničná spoločnosť Slovensko), der mich auf meiner Reise durch die Nacht in die tiefste Slowakei bringt, bis nach Humenné nahe der ukrainischen Grenze.

In Bratislava ist es erdrückend heiß. Auf dem Bahnhofsvorplatz, der als Endhaltestelle vieler Busse fungiert, verkaufen kleine Buden Snacks und Getränke – ein Segen, wenn die Läden im Bahnhof wie heute Abend geschlossen sind. Ich kaufe zwei große Flaschen Wasser, bevor ich direkt zu meinem Bahnsteig gehe (vom Wartesaal in der Halle, wo sich manchmal düstere Gestalten aufhalten, rate ich ab).

Vor der Abfahrt habe ich noch etwas Zeit, das Bahnhofsgeschehen zu beobachten. Wie ich sehe, sind um diese Uhrzeit größtenteils junge Leute mit Rucksäcken unterwegs. Die meisten reisen wahrscheinlich per Interrail. Ich habe das Glück, den berühmten RegioJet von Prag nach Split in Kroatien abfahren zu sehen. Seit seiner Inbetriebnahme 2021 war er stets ausgebucht. Der fast 400 Meter lange Zug mit 15 voll besetzten Waggons startet mit einigen Minuten Verspätung. Aus den Fenstern schauen erstaunlich viele Leute, darunter etliche Kinder.

# Vor der Abfahrt

## *Ein Juwel im Herzen Europas*

Mit unter 500 000 Einwohnern ist Bratislava die wichtigste Stadt der jungen Slowakei. In einer der kleinsten Hauptstädte Europas, geprägt von sanft gewellten Weinbergen, geht es gemütlich zu. Am westlichsten Rand des Landes am Fuß der Kleinen Karpaten und an der Donau gelegen, blickt sie wie eine jüngere Schwester nach Wien (60 km entfernt), Prag und Budapest. In ihrer Geschichte mal österreichisch, mal ungarisch wird Bratislava gern als »aufsteigender Stern« Mitteleuropas bezeichnet. Nach dem kommunistischen Erbe säumen all ihre Attraktionen das Kopfsteinpflaster der Altstadt – barocke Kirchtürme und Renaissancepaläste, Hausfassaden im Sezessionsstil, in Pastelltönen gestrichene Häuser, allen voran das zarte Blau der St.-Elisabeth-Kirche.

## HISTORISCHE WAGEN

Mein Zug ist für Gleis 10 angekündigt. Als ich auf dem Bahnsteig ankomme, sehe ich einen langen Konvoi ZSSK-Wagen, deren Farben mich an die der Deutschen Bahn erinnern, nur mit einem Hauch von Vintage! Unser Zug besteht aus etwa zehn Schlafwagen, zwei Sitz- und zwei Liegewagen. Ein kleiner Luxus, der jedoch alles andere als verrückt ist: Für 48 Euro habe ich mir im Schlafwagen ein Abteil für mich allein gegönnt. Der Zug scheint nicht besonders voll zu sein, was wahrscheinlich daran liegt, dass es sich um einen regulären Regionalzug handelt, der keine touristischen Ziele anfährt. Daher sind die meisten Fahrgäste Slowaken. Ich fühle mich etwas wie ein Außenseiter, aber während ich meine Umgebung beobachte, fällt mir jemand auf, der den Zug fotografiert. Ich nehme an, ein weiterer Tourist.

## DAS FLAIR ALTER ZEITEN!

Sobald ich den Schlafwagen betrete, werde ich in die Vergangenheit katapultiert. Erinnern Sie sich noch an den verstaubten Keller Ihrer Großeltern? Falls ja, können Sie sich vorstellen, wie es hier riecht. Kein Wunder, wenn man bedenkt, dass Wagen wie meiner aus den 1970ern stammen und nur einmal, vor etwa 20 Jahren, renoviert worden sind. Der spärlich beleuchtete Gang zu meinem Abteil ist mit Holz verkleidet. In meiner sehr großen Einzelkabine ist es mindestens 27 °C warm. Da es keine Klimaanlage gibt, öffne ich mein Fenster etwas, um Luft hereinzulassen. Das untere Bett ist bereits gemacht und das Laken für mich aufgeschlagen! Auf einem kleinen Tisch neben dem Fenster entdecke ich ein Schokocroissant der lokalen Marke 7 days, eine Flasche Wasser, ein Erfrischungstuch und einen kleinen Schwamm. Am Waschbecken darunter kann ich mich frisch machen. Ein Schrank mit Spiegel und Steckdose vervollständigt das Ganze.

Nun sind wir auf dem Weg nach Humenné. Durch das offene Fenster filme ich die Abfahrt des Zugs, der über die Weichen von Bratislava gleitet. Da ich wegen der Hitze das Fenster offen lassen muss und somit dem metallischen Geräusch der Räder auf der Schiene ausgesetzt bin, bezweifle ich, dass dies die ruhigste Nacht meines Lebens wird. Auf einer Fahrt im Nachtzug von Zagreb nach Belgrad hab ich Ähnliches erlebt. Seitdem reise ich nie mehr ohne Ohrstöpsel. Trotz allem freue ich mich, wieder diese einzigartige und charakteristische Atmosphäre osteuropäischer Züge zu spüren. Komfort ist vielleicht nicht immer gegeben, aber an lokalem Flair mangelt es nicht!

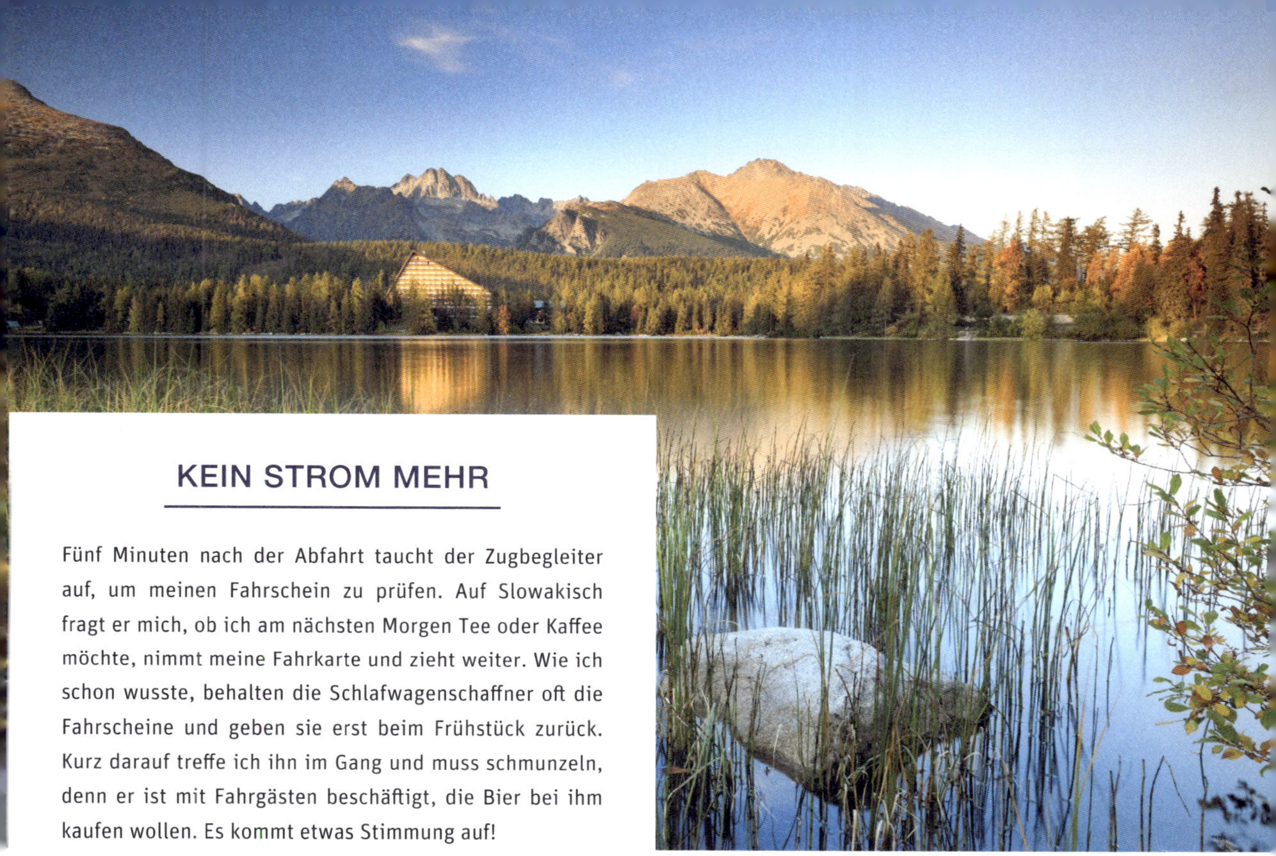

## KEIN STROM MEHR

Fünf Minuten nach der Abfahrt taucht der Zugbegleiter auf, um meinen Fahrschein zu prüfen. Auf Slowakisch fragt er mich, ob ich am nächsten Morgen Tee oder Kaffee möchte, nimmt meine Fahrkarte und zieht weiter. Wie ich schon wusste, behalten die Schlafwagenschaffner oft die Fahrscheine und geben sie erst beim Frühstück zurück. Kurz darauf treffe ich ihn im Gang und muss schmunzeln, denn er ist mit Fahrgästen beschäftigt, die Bier bei ihm kaufen wollen. Es kommt etwas Stimmung auf!

Bevor ich schlafen gehe, blicke ich noch einmal aus dem Fenster. Es ist dunkel, aber in der Ferne hinter uns ist die Silhouette der Hohen Tatra, die als »niedrigste hohe Bergkette« der Slowakei gilt, auszumachen.

Im Herzen des Landes hält der Zug nun an unglaublichen Bahnhöfen, deren Gleise von Gras überwuchert sind. Vor dem Schlafengehen wollte ich mein Handy aufladen. Problematisch, denn es kam kein Strom aus der Steckdose. Meinen Laptop, der ebenfalls leer ist, kann ich auch nicht aufladen… Echt blöd! Ich versuche es in einem anderen Abteil, dann auf dem Gang, vergeblich! Schließlich hilft mir der Zugbegleiter mit seiner Mehrfachsteckdose aus.

Nach einer Stunde ist meine Ausrüstung geladen; ich lege mich ins Bett und freue mich, endlich einzunicken. Aber eine anstrengende Nacht erwartet mich, immer wieder wache ich von den automatischen Durchsagen in den Bahnhöfen auf. Gegen 4 Uhr hat es sich endlich so sehr abgekühlt, dass ich das Fenster schließen und mir einen letzten Rest Tiefschlaf gönnen kann. Eine Stunde später wird der Zug erneut langsamer und ich sehe, dass er im Bahnhof von Košice hält, der zweitgrößten Stadt des Landes *(siehe S. 203)*.

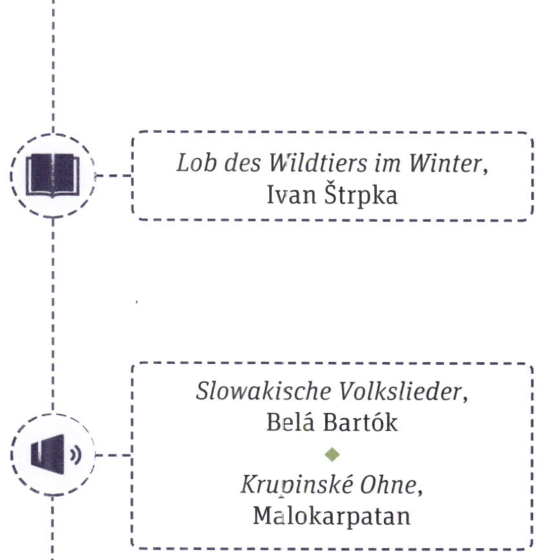

## 3:47 Uhr

### Unterwegs aussteigen

Dichte Wälder, Seen, Berge, Karstplateaus voller Höhlen, darunter eine Eishöhle… Gegenüber der Tatra, dem höchsten Teil der Karpaten, umfasst der Nationalpark Slowakisches Paradies (Slovenský Raj) nicht weniger als 19 Naturreservate. Die Gelegenheit, auf einem der vielen Wanderwege in die Landschaft einzutauchen oder in Dedinky einen Zwischenstopp am Wasser einzulegen. Das 300-Seelen-Dorf ist das Tor zum Park. Es ist etwa 30 Kilometer von Spišská Nová Ves entfernt, wo unser Nachtzug hält.

**www.slovenskyraj.sk/de.html**

# Spišská Nová Ves

Tor zum Paradies

## IM OSTEN NICHTS NEUES

Als ich um 5:45 Uhr aufwache, ist es schon ziemlich hell. Wir haben die östliche Grenze der europäischen Zeitzone erreicht. Der Zug hält in Trebišov, einem winzigen Bahnhof mit besonders schmalen Bahnsteigen. Es gibt weder Fußgängerbrücken noch Unterführungen. Hier müssen die Fahrgäste direkt über die Gleise steigen, ohne jeglichen Schutz! Einige Bahnangestellte nutzen den Halt, um sich eine Zigarette anzuzünden und sie auf dem Trittbrett zu Ende zu rauchen, während der Zug wieder anfährt.

Zwei Diesellokomotiven ziehen uns jetzt. Der Zug nimmt wieder Fahrt auf, und ich genieße die frische Luft zum Aufwachen. Wir erreichen die Region Zemplín, den östlichsten Teil der Slowakei mitten in den Karpaten, die sich hier in sanften Hügeln wellen. Die Zeit scheint stehen geblieben zu sein zwischen den vielen kleinen Dörfern, die sich aneinanderreihen, und den schmalen Feldwegen, auf denen kein einziges Auto fährt, dessen Baujahr oder Modell ich benennen könnte. Der Zug ist ein Regionalzug und hält in jeder Stadt an der Strecke. Überall dasselbe Ritual: Der Bahnhofsvorsteher steht aufrecht vor dem Hauptgebäude, als würde er strammstehen. Er ist der Herr des Hauses und stolz darauf. Meistens wohnt er sogar am Bahnhof, in einem Nebengebäude oder im Obergeschoss. Für mich hat dieses alltägliche Schauspiel in diesem Mini-Western – besser gesagt im slowakischen Far East – sehr viel Charme!

## IN RUHE FRÜHSTÜCKEN

Gegen 6 Uhr bringt mir der Zugbegleiter ein reichhaltiges Frühstück mit Kaffee, Orangensaft, drei Scheiben Brot, Butter, Aprikosenmarmelade, einem Keks mit roten Fruchtstückchen und mysteriösem Májka Zlaté dedičstvo, das sich als Pastete herausstellt. Bis zur Endstation bleibt mir noch eine halbe Stunde, und ich drehe eine kleine Runde durch den Zug. Alle Schlafwagen sind gleich, haben aber leider keine Gemeinschaftsdusche. Kurz vor der Kabine des Zugbegleiters entlockt mir die kleine Bar, die nicht viel mehr als ein Schaufenster ist, ein Schmunzeln, denn ich sehe dort nur Starkbier, Wodka und Wein. Jetzt sind es noch zehn Minuten bis zur Ankunft, und ich kann nicht widerstehen. Ich hänge den Kopf aus dem Fenster und lasse mir den Wind ins Gesicht peitschen. Jedoch Vorsicht: Ich kann es nicht empfehlen, denn manchmal fliegen Blätter oder Äste von Bäumen vom Boden zu den Waggons hoch, was eine Gefahr darstellt. Dann erreichen wir Humenné, wo der Zug abrupt bremst. Wer eine sanftere Ankunft erleben will, hat einen Grund zum Wiederkommen! Alle Fahrgäste werden aufgefordert, auszusteigen. Da die spartanischen Bahnsteige dazu zwingen, im Gänsemarsch hintereinander herzulaufen, gehe ich zuletzt wie die Einheimischen quer über die Gleise. Bevor ich die Bahnhofshalle betrete, sehe ich am Zugende einen Autotransportwagen, was es heutzutage kaum noch gibt. Meine Zeitreise ist komplett!

## Und nun?

### *Eine Tserkva aus Holz in den Karpaten*

*Tserkva* ist das ukrainische Wort für Kirche. In der Region Zemplín an der Grenze zur Slowakei bezeichnet es insbesondere die kleine Holzkirche St. Nikolaus, die in den 1720er Jahren in der Nähe von Ruská Bystrá erbaut wurde und heute zu den acht »Holzkirchen im slowakischen Teil der Karpaten« gehört, die von der UNESCO zum Weltkulturerbe erklärt wurden. Von einer griechisch-katholischen Gemeinde errichtet, weist sie eine wertvolle Ikonografie und eine typische Holzkirchenarchitektur mit Kuppel auf, die die östliche Liturgie mit den Bergtraditionen der Karpaten verbindet.

**47 km von Michalovce und ca. 60 km von Humenné**

## Ankunft 6:33

### UNIVERSALSPRACHE

Da mein Handy-Akku fast leer ist, mache ich mich auf die Suche nach einem Bistro. Ich lande schließlich in einem kleinen Restaurant am Bahnhof, das eine alte slowakische Frau führt. Was ist ihre Spezialität? Gulasch natürlich! Aber man kann hier auch einen einfachen Kaffee trinken. Die Frau spricht kein Englisch, lächelt aber sehr kommunikativ.

# Praktische Informationen

### FAHRPLAN

Abfahrt in Bratislava um 22:57 Uhr, Ankunft in Humenné um 6:33 Uhr. Fährt täglich. Detaillierte Infos und Auskunft zu eventuellen Bauarbeiten auf der Strecke unter www.zssk.sk.

### PREISE UND KOMFORT

Sitzplatz ab 21 €, Liegewagen ab 26 €, Schlafwagen (für 3 Pers.) ab 30 €, Schlafwagen (Einzelkabine) ab 48 €.
Interrail- und Eurail-Pässe gelten mit Zuzahlung je nach Komfort-Klasse.

### WO KAUFT MAN TICKETS?

Am besten kauft man die Fahrkarte in einem slowakischen Bahnhof am Schalter. Die Website ist einfach aufgebaut, aber weder auf Deutsch noch auf Englisch verfügbar.

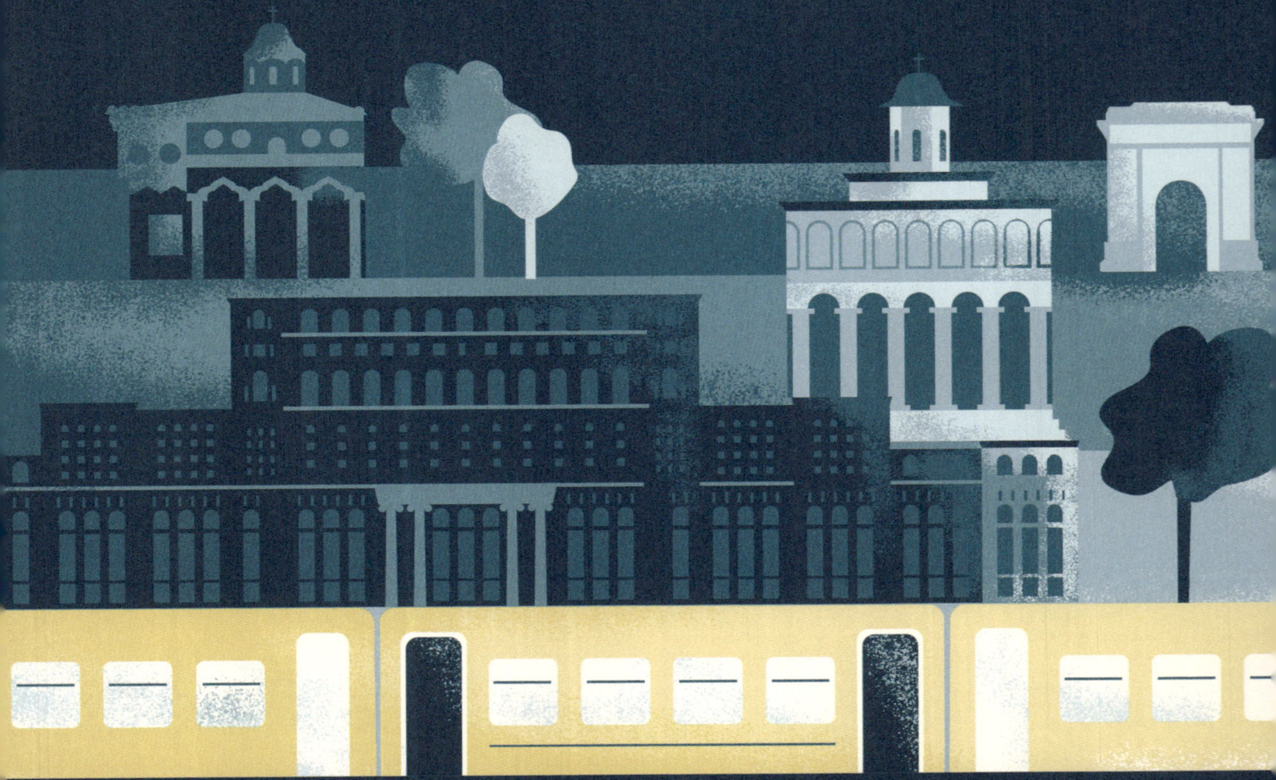

24

# Jenseits der Wälder

*von Lucie Ogé*

21:05 Bukarest RUMÄNIEN

Cluj-Napoca RUMÄNIEN 7:50

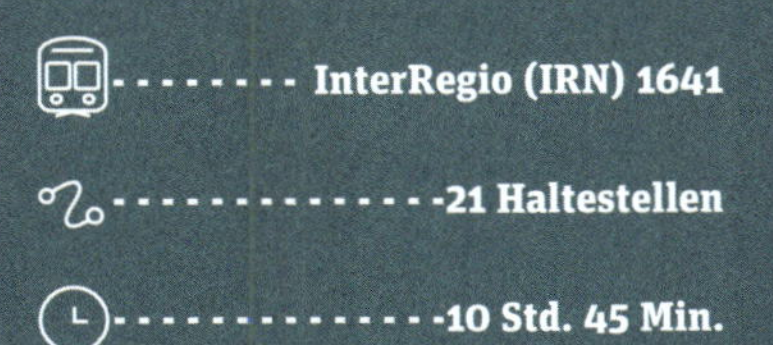
InterRegio (IRN) 1641
21 Haltestellen
10 Std. 45 Min.

Cluj-Napoca
Bukarest

*Willkommen in Siebenbürgen, in einer von Bergen umgebenen, wald- und seenreichen Hochebene. Besucher können hier viele gotische Kirchen und Paläste im Barock- und Sezessionsstil sowie die regionale Kapitale und zweitgrößte Stadt Rumäniens, Cluj-Napoca, besichtigen. Wanderer sollten sich vorsehen, denn in dieser Region »jenseits der Wälder« gibt es auch Tausende Wölfe und eine große Bärenpopulation.*

## ABGEMACHT: WIR TREFFEN UNS IN ZEHN JAHREN WIEDER

Es Mitte Juli. Ich bin wieder in Rumänien, wo ich vor etwa zehn Jahren im Rahmen eines Uni-Austauschs eine Zeit lang gelebt habe. Mit einem Freund von früher, der mit mir aus Frankreich angereist ist, treffen wir in Bukarest den dritten Franzosen im Bunde. Er hat eine Rumänin geheiratet und ist dort geblieben. Wir sind an der Gara de Nord verabredet, von wo wir mit dem Nachtzug nach Cluj-Napoca pilgern, die Stadt, in der wir uns damals kennengelernt haben.

Hinter der geometrischen Fassade aus den 1930ern ist dieser Bahnhof nördlich des Zentrums in Bukarests Sektor 1 recht gut ausgestattet: Bankautomaten, Wechselstuben, Drogerie, Zeitungskiosk, Apotheke und Fast-Food-Restaurants, ergänzt um viele nahe Minisupermärkte, in denen man gut Reiseproviant kaufen kann. In Zeiten des Online-Fahrkartenverkaufs sind die Warteschlangen vor den Schaltern und Automaten erstaunlich lang. Allerdings reisen wir auch in der Sommersaison.

*Disco Romancing*, Elena Gheorghe

*Ghita*, Cleopatra Stratan

*Hot*, Inna

*Suie Paparude*, Pentru inimi

*Gedichte*, Mihai Eminescu

*Der verbotene Wald*, Mircea Eliade

# Vor der Abfahrt

## *Erkundungstour in Bukarest*

Haben Sie in Bukarest noch etwas Zeit? Die grüne und luftige Stadt hat viel zu bieten, etwa eine bunt gemischte Architektur mit reich verzierten Fassaden österreichisch-ungarischen Stils, Überreste aus kommunistischer Zeit sowie schöne katholische und orthodoxe Kirchen. Wer sich einfach treiben lässt, spürt die Atmosphäre des »Paris des Balkans« vom Anfang des 20. Jahrhunderts. Sehenswert sind das gigantische Parlamentsgebäude, nach dem Pentagon das größte Verwaltungsgebäude der Welt (Führung zu empfehlen), der Herăstrău-Park mit dem großen See, das Kloster Stavropoleos, das Nationale Kunstmuseum, die Ceaușescu-Villa und die Altstadt (Centrul Vechi) mit ihren vielen Cafés und Eisdielen. Eine willkommene Erfrischung im heißen Bukarester Juli!

## LAGESONDIERUNG

Wir kommen auf dem Gleis an und finden mühelos unseren Wagen und unser Abteil für sechs Personen. Zwischen den beiden Liegeplatzreihen ist nicht viel Platz. Beim Bettenmachen und Taschenverstauen müssen wir uns abwechseln. Im selben Moment merken wir: Es ist keine Bettwäsche da! Erst nach der Abfahrt verteilt der Zugbegleiter, was wir benötigen: in Plastikhüllen verpackte Bettlaken und Decken. Nachdem wir das Gepäck untergebracht und die Betten gemacht haben, steht uns etwas mehr Platz zur Verfügung. Zum Glück sind zwei Liegen frei geblieben. Wir teilen unsere Kabine nur mit einer italienischen Studentin, die das Land in ihren Ferien erkundet – wie wir vor zehn Jahren! Ein Pluspunkt: Die Betten sind groß genug, um sich leicht umzudrehen, selbst wenn man ein so großer Hecht ist wie ich. Und in Höhe der oberen Liegen gibt es genug Stauraum für das Gepäck. Allerdings hat nicht jeder eine Steckdose für sich – wir werden wohl die Steckdosen im Gang nutzen müssen. Der Zug ist nicht mehr der jüngste und erinnert sehr an die französischen Corail-Züge aus den 1980ern. Aber die Abteile sind recht sauber und gut beleuchtet.

# Abfahrt 21:05

## *MERGEM!* LOS GEHT'S!

Der Zug fährt pünktlich ab, und es ist noch etwas früh, um schlafen zu gehen. Wir verlassen unsere Kabine und unterhalten uns an einem Fenster im Gang über die guten alten Zeiten. Während der Zug den Bahnhof verlässt, ziehen vor unseren Augen Bauten voller Graffiti vorbei. Schnell liegt die Hauptstadt hinter uns. Im Juli geht die Sonne gegen 21 Uhr unter, und so bleibt uns nicht viel Zeit, um die Landschaft zu genießen. Schon sind in der Ferne die Hügel und das diffuse Licht zu erkennen, das aus den Städten in den Tälern himmelwärts strahlt. Es folgen Felder mit vereinzelten Bauernhöfen, und der Zug hält ab und zu in einem der Dörfer. Je mehr wir uns den Karpaten nähern, desto höher werden die Berge. Dichte Wälder ersetzen die Bäume entlang der Bahnstrecke.

## PARLEZ-VOUS FRANÇAIS?

Der Gang ist nicht sehr breit, und wir drücken uns regelmäßig gegen das Fenster, wenn Leute auf dem Weg zwischen ihrer Kabine und dem Bad (ein einfaches Waschbecken und ein WC) am Ende des Wagens vorbeikommen. Viele Fahrgäste, die uns Französisch sprechen hören, bleiben stehen und unterhalten sich mit uns. Die Rumänen sind oft frankophil – und neugierig! »Woher kommen Sie?«, »Was machen Sie hier?«, »Wie finden Sie unser Land?« Die Fragen sprudeln nur so aus ihnen heraus, immer freundlich, nie aufdringlich. Man spürt, dass sie sich freuen, ihr Schulfranzösisch an Muttersprachlern ausprobieren zu können. Bald gehen weniger Leute im Gang hin und her, und im Wagen herrscht große Ruhe. Als es dunkel ist, gehen wir auch ins Bett. Die Liegen sind bequem, und nur das Rollen des Zugs ist zu hören. Ich schlafe bis zu unserer Ankunft durch, ohne an den vielen Haltestellen aufzuwachen.

> »Während wir uns den Karpaten nähern, werden die Berge höher. Dichte Wälder ersetzen die Bäume entlang der Bahnstrecke.«

# Sinaia

Schlösser und Zitadellen

## 22:31 Uhr

### *Unterwegs aussteigen*

Der Bukarest – Cluj hält in etwa 20 Städten, etwa in Sinaia mit dem extravaganten Schloss Peleș, dem ersten europäischen Schloss mit Stromanschluss! Und auch in Brașov, einer Großstadt, deren malerische Altstadt auf einem Plateau über den Vierteln der Sowjetzeit thront. In der Nähe liegen spektakuläre Festungskirchen und das berühmte »Draculaschloss« Bran. Der blutrünstige Graf Vlad III., der Pfähler, der Bram Stoker zu seiner Figur Dracula inspiriert haben soll, hat nie wirklich dort gelebt, doch die liebevoll restaurierte mittelalterliche Törzburg ist ein beliebtes Sommerziel. Oder man besucht die Zitadelle Râșnov. Wie Burg Bran aus derselben Zeit hat sie eine rekonstruierte Folterkammer. Sie liegt mitten in den Bergen und bietet einen Panoramablick. Von Brașov ist sie per Taxi oder Minibus in etwa 20 Minuten zu erreichen.

## Ankunft 7:50 Uhr

### CLUJ

Pünktlich und ausgeruht, aber hungrig kommen wir an! Da wir in Cluj gelebt haben, wissen wir, wo es ein leckeres Frühstück auf einer sonnigen Terrasse gibt! Dazu geht es Richtung Zentrum zum majestätischen, teils autofreien Hauptplatz Piața Unirii. Vom Bahnhof ist er in etwa 20 Minuten zu Fuß (und 10 Min. mit dem Bus) erreichbar. Die Cafés öffnen bald, insbesondere unserer früherer Morgen-Treffpunkt, die große Terrasse des Toulouse (https://toulouse.ro).

**Brauchen Sie Hilfe?**

Die Türen der rumänischen Züge sind manchmal schwer zu öffnen. Zögern Sie nicht, andere Fahrgäste oder den Zugbegleiter um Hilfe zu bitten, wenn Sie Schwierigkeiten haben sollten!

# Und nun?

## *Carpe diem*

Es gehört zum süßen Leben in Cluj, umherzuschlendern, die dank des österreichisch-ungarischen Einflusses farbenfrohen Fassaden zu bewundern, am Ufer des Someșul Mic zu flanieren, die lokale Küche zu probieren – nicht zuletzt *cozonac* (Zimt- und Walnussbrioche, manchmal mit Schokolade marmoriert) oder *papanași* (Quarkkrapfen mit Kirschmarmelade). Bei gutem Wetter lädt der Botanische Garten (Grădina Botanică Alexandru Borza) zu Spaziergängen ein, und die Terrassencafés im Central Park Simion Bărnuțiu bieten sich für eine Pause in der Sonne an. Wer spätnachmittags Lust hat, einen Hügel zu erklimmen, kann sich im Pergola einen Drink gönnen – mit tollem Blick über die Stadt.

# Praktische Informationen

## FAHRPLAN

Abfahrt in București Nord 21:05 Uhr, Ankunft in Cluj-Napoca um 7:50 Uhr. Fährt täglich. Detaillierte Infos und Auskünfte über eventuelle Bauarbeiten an der Strecke unter https://bilete.cfrcalatori.ro/en-GB/Train/1641

## PREISE UND KOMFORT

Ein Sitzplatz in der zweiten Klasse kostet etwa 17 €, eine Liege im Liegewagen (Abteil für 6 Pers.) 23 € (der Preis richtet sich danach, ob man die untere, mittlere oder obere Liege bucht). Für ein Bett in einer Doppelkabine zahlt man 41 € (der Preis hängt davon ab, ob Sie bereit sind, die Kabine mit einer Person anderen Geschlechts zu teilen oder nicht), eine Einzelkabine kostet 56 €. Von Cluj nach Bukarest gibt es nur Abteile für vier Personen (27 €/Pers.) statt Abteile für sechs Personen. Der Nachtzug hat im Gegensatz zu den Tagzügen keinen Speisewagen.
Weitere Infos unter www.cfrcalatori.ro/en/travelling-sleeping-berth-car/

## WO KAUFT MAN TICKETS?

https://bilete.cfrcalatori.ro

25

# Kulturelle Highlights in Basel

*von Séverine Chave*

20:54 Berlin DEUTSCHLAND - - - - - Basel SCHWEIZ 7:20

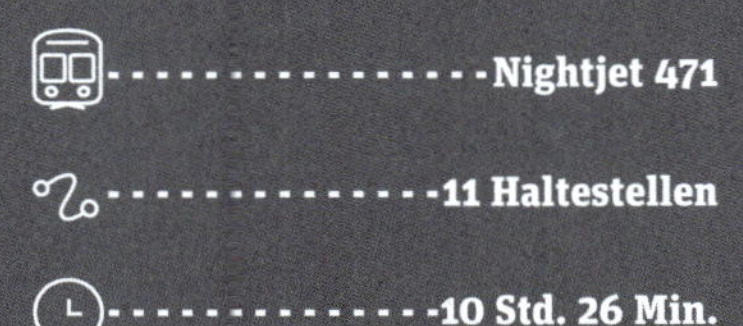
Nightjet 471
11 Haltestellen
10 Std. 26 Min.

Berlin
Basel

*Am Anfang der Strecke eine Megalopolis mit einer neunmal so großen Fläche wie Paris und der größten Stadtbevölkerung Europas, die für den Wandel zur Globalisierung steht, und am Ende eine Stadt überschaubarer Größe mit diskretem Charme an den ruhigen Ufern des Rheins. Welche Verbindung gibt es zwischen Berlin und Basel, außer einer Schlange aus Stahl auf Schienen? Mehrere, angefangen mit den alternativen Orten im bekanntlich zur »Hauptstadt der Coolness« erkorenen Basel, die es ohne Weiteres mit der Underground-Kultur von Berlin aufnehmen können.*

## Abfahrt 20:54 Uhr

### BITTE EINSTEIGEN

Der Berliner Hauptbahnhof ist viel mehr als nur ein Bahnhof. Er imponiert nicht nur seiner Größe wegen, sondern auch mit seiner Architektur. Ich eile zu Gleis 3, und das riesige Glasdach fasziniert mich noch immer, obwohl ich nicht zum ersten Mal hier bin. Der Nightjet steht schon dort. Die Aufschrift Sleeping Car an seiner blauen Seite mit rotem Streifen lädt zum Einsteigen ein, um sich sofort zwischen die Laken zu kuscheln und die Landschaft an sich vorbeiziehen zu lassen. Gut, dass ich mir eine Einzelkabine mit allem erdenklichen Komfort gegönnt habe. Alles entspricht meinen Erwartungen. Ich gehe den Gang entlang, ein wenig verloren zwischen den vielen Doppelstockkabinen. Alle fünf Meter bieten im Schlafwagen kleine Wendeltreppen Zugang zu den oberen Abteilen. Meines liegt am Ende des Gangs. Ich muss ein paar Minuten suchen, und als ich den Lichtschalter gefunden habe, erblicke ich die kleine, aber gemütliche Kabine.

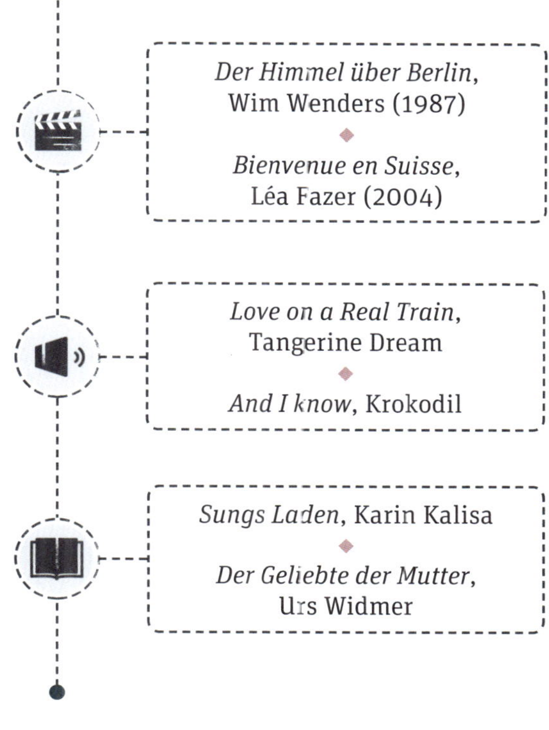


## LUXUS PUR!

Das Bett ist fast so lang wie ich, und es gibt zwei frisch duftende, gute Kopfkissen und eine hochwertige Bettdecke. Daneben sehe ich einen Wandschrank mit aufklappbarem Nachttisch und gegenüber ein kleines Waschbecken und einen Wandspiegel. Ein echtes Miniaturhotelzimmer!

> »Ich habe mir eine Einzelkabine mit allem erdenklichen Komfort gegönnt.«

Ein lächelnder Schaffner kommt vorbei, begrüßt mich und teilt mir mit, dass er das Frühstück am Morgen gegen 6:30 Uhr serviert. Er fragt mich, was ich essen und trinken möchte. Er kontrolliert meine Fahrkarte, steckt sie an die vorgesehene Stelle und verabschiedet sich. Gute Nacht! Das einzige Manko: Zu meiner Überraschung gibt es keinen Speisewagen. Ich habe schon zu Abend gegessen, habe aber einen solchen Ort erwartet, um neue Leute kennenzulernen. Erst jetzt sehe ich die Tasche voller kleiner Geschenke auf dem Bett. Sie enthält ein Handtuch, eine Seife, eine Tüte Kekse, Apfelmus, Ohrstöpsel, ein Erfrischungstuch und sogar Frottee-Schuhe – fehlt nur noch der Bademantel! Auf dem Tisch steht eine Miniflasche Sekt. Ich öffne sie schnell, um den Sekt zu probieren, während ich versonnen die Landschaft betrachte und von meinem Apfelmus nasche. Wolfsburg, Braunschweig, Göttingen … Langsam hüllt die Dunkelheit Deutschland ein, während die metallene Schlange die Kilometer verschlingt.

## WIE HYPNOTISIERT

Als die Flasche leer ist, mache ich einen Ausflug. Auf dem Flur kein Mensch und kein Geräusch. Ich gehe durch mehrere Waggons bis zum Liegewagen, wo vielleicht mehr los ist. Aber es ist nach 23 Uhr, und alle schlafen schon. Die nächtliche Party mit Fremden wird wohl bis zum nächsten Mal warten müssen. Vielleicht ist das der Preis für den Wunsch nach Luxus! Etwas enttäuscht durchstreife ich noch ein wenig den Zug. Draußen ist es stockdunkel, und in den Fenstern spiegelt sich mein Gesicht, sonst ist nichts zu sehen. Trotzdem lasse ich mich von der kinetischen Kraft der ständigen Bewegung auf der anderen Fensterseite hypnotisieren, geprägt vom Rhythmus unermüdlich vorbeiziehender Strommasten, deren Takt sich wie ein visuelles Schlagzeug in mein Hirn hämmert.

## FLUG VERSUS ZUG

Ich stelle mir vor, wie es wäre, die Strecke zu fliegen. Den Weg zum Flughafen finden, einchecken, die Sicherheitskontrollen passieren, lange vor Abflug da sein und stundenlang in steriler Umgebung warten… Dann seltsamerweise viel zu schnell am Ziel ankommen, das Gefühl, kurz nach dem Start schon wieder zu landen… Weder Körper noch Geist verstehen, dass sie in die Schweiz katapultiert wurden, da sie sich noch so fühlen wie in Deutschland.

Wieder zu Hause – so gut habe ich mich in meiner Kabine schon eingelebt – lese ich unter der Bettdecke mehrere Seiten des Romans, den ich vor Kurzem angefangen habe: Georges Simenons *Die schwarze Kugel*, eine Geschichte über soziale Codes und Klassen, die mir seltsam aktuell vorkommt. Ich mache das Licht aus und lasse mich von den Bewegungen des Zugs in den Schlaf wiegen. Ich werde bestimmt wie ein Stein schlafen.

## BEI TAGESANBRUCH

Am nächsten Morgen klopft der Schaffner dreimal klar und deutlich an meine Tür, was mich aus meinen Träumen reißt. Guten Morgen! Ich ziehe schnell meine Hose an und öffne die Tür einen Spalt breit. Er schaut erneut kurz auf meinen Fahrschein, öffnet die Tür dann ganz und setzt ein Tablett auf meinem Tisch ab. Ein Lächeln, auf Wiedersehen, danke, danke, auf Wiedersehen, guten Tag, danke – ein Schweizer Schaffner hat den Deutschen vom Vortag ersetzt. Wie allgemein bekannt ist, lässt jeder, der im Service arbeitet, jede Menge Höflichkeitsvokabeln in seine Sätze einfließen, um ja nicht ungehobelt zu erscheinen.
Ich setze mich ans Fenster und verzehre vergnügt das klassische Hotelfrühstück, das ich serviert bekommen habe – mit Joghurt, Kaffee, Müsli, Saft und Brötchen. Draußen zieht die ländliche, von Ballungsräumen durchzogene Landschaft Baden-Württembergs vorbei. Bald zeichnet sich die Silhouette von Basel ab. Der Zug fährt am Museum Tinguely vorbei, dem Dreh- und Angelpunkt der Stadt am Rhein, gleitet über den Fluss und hält im Bahnhof.

# Ankunft 7:20

## EIN TAG DER KULTUR

Ich springe aus dem Zug und freue mich auf meinen Kultur-Tag. Es gibt reichlich Auswahl: die Fondation Beyeler mit ihrer Sammlung mit Werken von Monet, Cézanne, Picasso, Warhol etc., das Kunstmuseum, das 1661 eröffnete und als erstes öffentliches Kunstmuseum der Welt gilt, das Basler Münster, das romanische und gotische Stilelemente miteinander verbindet, und die Kunsthalle, die für ihre Vorreiterrolle in der zeitgenössischen Kunst bekannt ist – ich kann mich kaum entscheiden. Zuerst kühle ich mich im Rhein ab und schlendere dann durch die Fußgängerzonen der dörflich wirkenden Altstadt. Zu Basels Stärken zählen die Lebendigkeit und die alternativen Orte. Darin steht es Berlin in nichts nach! Das Hafenareal am Klybeckquai ist ideal für den Aperitif zum Tagesabschluss. Im Landestelle kann man auf der Terrasse essen und dabei einem der vielen Open-Air-Konzerte lauschen.

## Und dann?

### Baseler Veranstaltungsprogramm

Fans von Alternativkultur sind im Sommercasino richtig. Das ehemalige Casino im Stil des 19. Jahrhunderts ist Schauplatz für Ausstellungen und Veranstaltungen. Fans zeitgenössischer Kunst zieht es im September auf die Art Basel, eine internationale Kunstmesse, die in den 1970ern in Basel ins Leben gerufen wurde und heute Ableger in Miami und Hongkong hat. Und die Basler Fasnacht zählt seit 2017 zum UNESCO-Weltkulturerbe. Genau 72 Stunden defilieren in der Woche nach Aschermittwoch Kostümierte und Karnevalswagen durch die Straßen. Eine Institution!

# Praktische Informationen

### FAHRPLAN

Fährt täglich. Abfahrt Berlin-Hauptbahnhof um 20:54 Uhr, Ankunft in Basel SBB um 7:20 Uhr. Detaillierte Infos und Auskünfte über eventuelle Bauarbeiten auf der Strecke unter www.nightjet.com.

### PREISE UND KOMFORT

Sitzplatz im Abteil für sechs Personen ab 29,90 €. Liegewagen (mit Frühstück, Gemeinschafts-WC) ab 49,90 € im Abteil für sechs Personen und ab 59,90 € in einem Viererabteil. Bett/Liege in einer Kabine für drei Personen 69,90 €, ab 88,90 € in einer Doppelkabine und ab 139,90 € in einer Einzelkabine. Die Liegewagen deluxe sind mit einem Bad mit Waschbecken, Dusche und WC ausgestattet (Duschgel und Handtuch werden gestellt). Die Standard-Liegewagen verfügen über ein einfaches Waschbecken.

### WO KAUFT MAN TICKETS?

www.nightjet.com

26

# Ab in den Norden!

*von Thibault Constant*

| 23:59 | Hamburg<br>DEUTSCHLAND | Stockholm<br>SCHWEDEN | 14:15 |
|---|---|---|---|

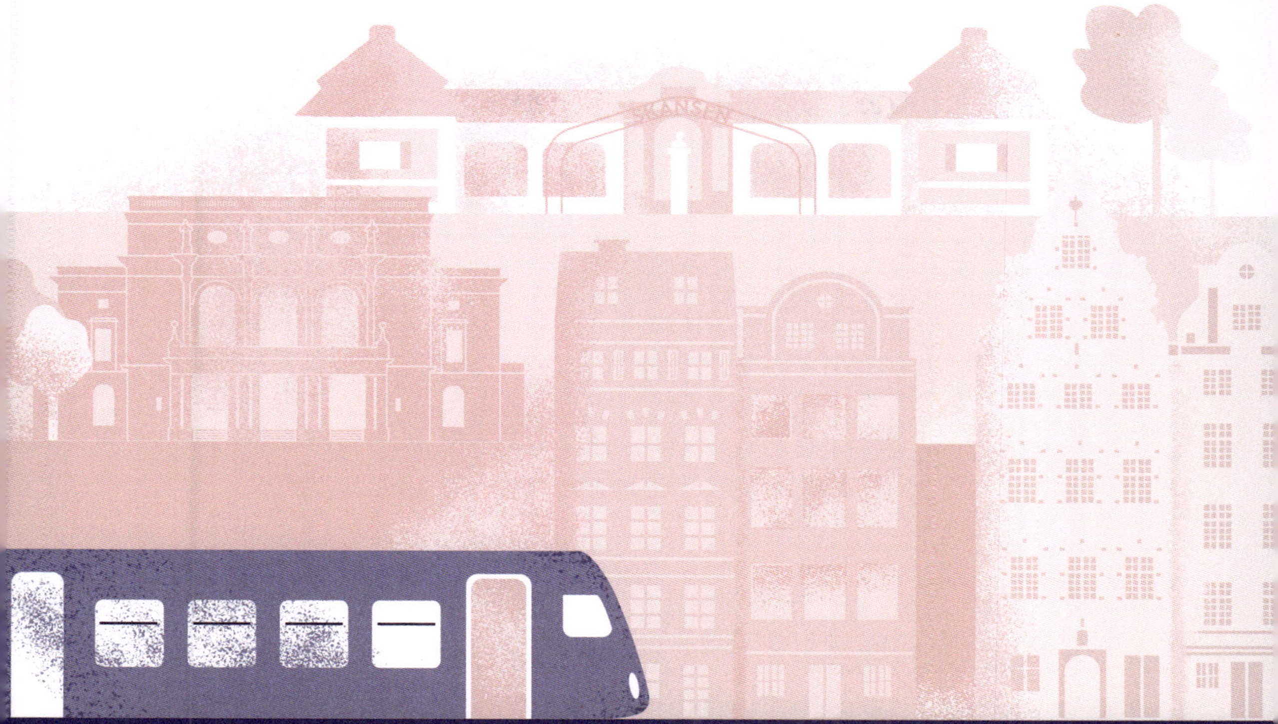
SKANSEN

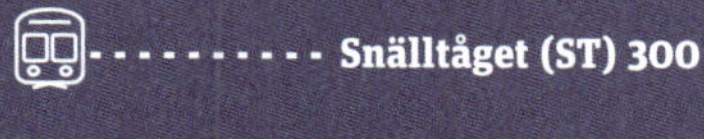

Snälltåget (ST) 300

11 Haltestellen

14 Std. 16 Min.

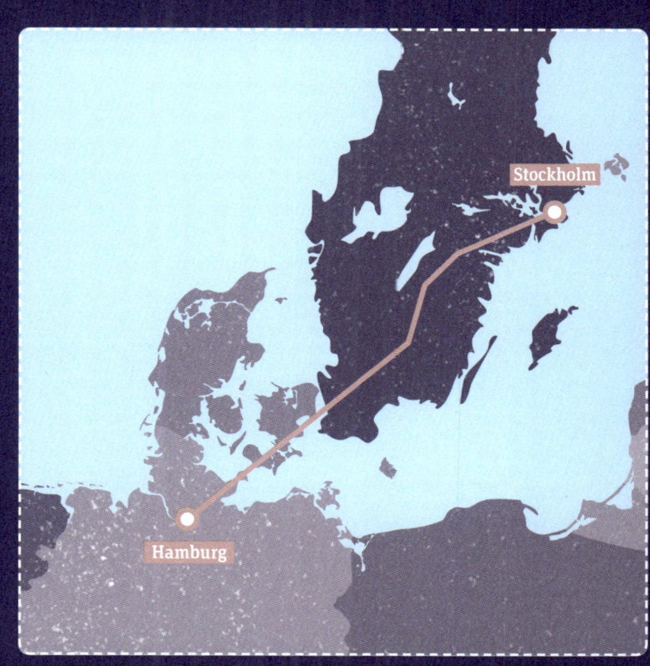

Stockholm
Hamburg

*Unendliche Wälder, sanfte Landschaften und glänzende Seen mit der roten* stuga, *dem Gartenhäuschen am Bootssteg: Mit einem »netten Zug« durch Schwedens Natur zu zockeln ist ein wirksames Heilmittel gegen Stress und* flygskam, *die berühmte, wörtlich aus der Landessprache übersetzte Flugscham. Eine Fahrt mit einem ungewöhnlichen Zug, der die gleiche Sprache wie Greta Thunberg spricht, ist also angesagt. Ab in den Norden, immer geradeaus!*

# Abfahrt 23:59 Uhr

## HAMBURGS GROSSER HAFEN

Ich hatte einen langen Tag Zeit, um ein kleines Stück des Hamburger Hafens zu erkunden, der Europas drittgrößter ist. Die Speicherstadt öffnet sich wie ein Geschichtsbuch mit historischer 3-D-Architektur. Attraktion Nr. 1 ist hier natürlich das Miniatur Wunderland (www.miniatur-wunderland.com): eine Modelleisenbahn-Welt mit fahrenden Zügen und fliegenden Flugzeugen. Faszinierend!

Ich komme gegen 22 Uhr am Hauptbahnhof an. Der tagsüber verkehrsreichste deutsche Bahnhof ist um diese Stunde ein Zufluchtsort für Obdachlose, wie es in Großstädten oft der Fall ist. Ich mache einen obligatorischen Abstecher in einen sehr vollen Mini-Supermarkt im malerischen Zwischengeschoss. Vielleicht kaufen hier alle Fahrgäste des Snälltåget wie ich ihren Nachtproviant ein. Während mein Zug auf Gleis 5 angekündigt wird, nehme ich mir noch die Zeit, um vom Balkon oberhalb der Bahnsteige die große Halle mit dem Stahlrahmen von 1906 zu bewundern. Am Ende von Gleis 5 setze ich mich auf eine Bank, um meinen Zug einfahren zu sehen. Und schon ist er da, um 22:54 Uhr, eine Stunde vor Abfahrt, was nicht selbstverständlich ist! Auch außergewöhnlich: Er besteht aus nur vier Wagen und der Diesellokomotive an seinem

Ende, die ihn nach Dänemark ziehen wird. Ich erkenne die deutschen Liegewagen der 1960er Jahre. Sie haben sicher schon viele Kilometer hinter sich, sehen aber immer noch gut aus in ihrem strahlendem Weiß-Rot mit der Aufschrift »Åre, Stockholm, Malmö, Berlin«. Der gepflegte Vintage-Look wird durch die Typografie des Reiselogos im »Cargo«-Stil noch betont. Åre, für alle, die es nicht wissen, ist der Skiort, in dem die Schweden ihren Winterurlaub verbringen.

> »Sie haben sicher schon viele Kilometer hinter sich, sehen aber immer noch gut aus in ihrem strahlenden Weiß-Rot.«

## Vor der Abfahrt

### Hamburg

Hamburg, grüne Stadt am Wasser! Die Meeresbrise weht durch die schöne Hansestadt mit ihren 2300 Brücken. Vom Alsterhafen durch die Kanäle schippernd entdeckt man einen ihrer Schätze nach dem anderen. Die Speicherstadt ist ein Labyrinth aus Kanälen, an deren Ufern sich Backstein-Lagerhäuser aus dem 19. Jahrhundert reihen. Sie ist UNESCO-Weltkulturerbe und beherbergt hinter gotischen Mauern Museen, Cafés und Restaurants, aber man kann sie auch einfach im Sonnenuntergang betrachten oder wenn ihre prächtigen, beleuchteten Fassaden die Nacht erhellen. Noch kurz vorher sind wir mit der Fähre an den Elbstrand gefahren und haben das Stadt- und Strandleben genossen …

## PYJAMA-ABEND

Es ist leer auf dem Bahnsteig, und ich gehöre zu den ersten Reisenden, die in Hamburg einsteigen. Meine Kabine für sechs Personen habe ich wegen der Pandemie ganz für mich allein. Sie ist zwar altmodisch, aber sauber. USB-Steckdosen hat Snälltåget nur in Höhe des Tischs am Fenster angebracht. Zwei Tetra Paks mit Wasser stehen bereit: Schließlich ist das gleichnamige Unternehmen, das diese Verpackung erfunden hat, ein schwedisches Aushängeschild! Auf den oberen Pritschen liegen Bettlaken und Kissen, aber mein Bett mache ich später. Jetzt begebe ich mich lieber auf einen Rundgang. Ich bin angenehm überrascht: Auf dem Gang begegne ich hauptsächlich jungen Leuten, und es herrscht alternatives Ambiente. Hier zählt umweltbewusstes Reisen mehr als Geschwindigkeit. Schon auf dem Bahnsteig trugen einige Schlafanzüge. Ich habe selten eine so entspannte Atmosphäre in einem Nachtzug erlebt. Slow travel pur! Wenige Minuten vor der Abfahrt fragt mich der Zugbegleiter nach meinem Reisepass und meiner Fahrkarte. Er wirkt sehr sympathisch. Ich frage ihn, wann der Zug den Øresund überquert, denn die Schrägseilbrücke zwischen Dänemark und Schweden möchte ich unbedingt sehen. Der Name Øresundsbron verbindet die dänische Schreibweise von Øresund und das schwedische *bron* statt des dänischen *broen* für Brücke. Um 23:59 Uhr verlassen wir Hamburg. Der Zug fährt an der majestätischen Binnenalster entlang, einer der beiden großen Wasserflächen im Herzen der Stadt, die von der Alster gebildet werden. Die Fontänen der Springbrunnen vor der beleuchteten Gebäudekulisse sehen Sie gleich nach der Abfahrt auf der linken Seite des Zugs. Absolut Instagram-tauglich!

# Snälltåget

## »Der nette Zug«

Wer den Namen Snälltåget (wörtlich: »der nette Zug«) in Gesellschaft von Schweden erwähnt, hört daraufhin gerade von Älteren eine ganze Saga! Der Zug mit dem sympathischen Namen gehört einer schwedischen Tochtergesellschaft der französischen Transdev. Er wurde 2006 im Zuge der Privatisierung der schwedischen Eisenbahnen in Betrieb genommen und erhielt seinen heutigen Namen 2013. Es handelt sich gewissermaßen um einen Alias, denn Snälltågets gab es in Schweden schon lange vor dem Zweiten Weltkrieg. Es waren damals die ersten schwedischen Schnellzüge, die von ihrem deutschen Konstrukteur so getauft wurden als Wortspiel mit dem Deutschen »schnell« und dem Schwedischen *snäll* für »nett«. Wie dem auch sei, für den heutigen Betreiber steht »netter Zug« für ein ganz bestimmtes Angebot: niedrige Preise und Geselligkeit, mit der Attraktion eines echten Speisewagens, in dem man einen Tisch reservieren kann (und dies beim Fahrkartenkauf direkt zu tun, ist empfehlenswert).

### Das kleine +

Das Plus des Snälltåget? Das Krogen, ein rollendes Restaurant, in dem man seinen Tisch für ein echtes Essen reserviert, das mit echtem Geschirr und perfekter Deko serviert wird. So nett, dass es sich rar macht? Der Speisewagen ist nämlich erst ab Malmö verfügbar; von dort bis nach Stockholm bietet er Restaurantservice.

## 5:20 Uhr

### SCHON AUF DER BRÜCKE – ICH ATME FRISCHE MEERESLUFT

Im Snälltåget bekommt man Bettwäsche »wie zu Hause«: Betttuch, Bettdecke mit Bezug, Kopfkissen mit Bezug. Eine Premiere für mich und ein echtes Plus in einem Nachtzug. Ich mache mein Bett, lege mich hinein und kuschle mich in die Bettdecke. Welch ein Glücksgefühl!

Um 5:20 Uhr weckt mich das Tageslicht, das der altmodische Vorhang durchlässt. Laut meinem Smartphone sind wir nur noch einen Kilometer vom Großen Belt entfernt, dem Meeresarm vor dem Øresund. Während ich mich anziehe, fährt der Zug bereits auf der Brücke. Ich öffne das Fenster und genieße den Blick. Ich habe das Gefühl, mehrere Meter über dem Wasser zu schweben, und jodhaltige Luft strömt in meine Nase. Ich bin am Meer aufgewachsen, und dieser Geruch öffnet mein Herz! Die frische Luft belebt mich. Auf der linken Seite geht die Sonne über Fünen, der drittgrößten Insel Dänemarks, auf. Wunderschön. Wie schade, dass es nur ein paar Minuten dauert. Den zweiten Teil der Überfahrt absolvieren Züge nämlich unter der Erde. Für mich die Gelegenheit, für eine knappe Stunde wieder einzuschlafen.

## *BRON*, DIE BRÜCKE

Es ist 7:10 Uhr. Der Zug rast durch den Bahnhof des Kopenhagener Flughafens, als bereite er sich auf einen Sprung ins Wasser vor. Um den Øresund, die Meerenge zwischen Dänemark und Schweden, zu überqueren, muss er tatsächlich zunächst durch einen Tunnel unter Wasser fahren, um dann auf der künstlichen Insel Peberholm wieder aufzutauchen. Die Øresundsbron ist eine spektakuläre Meisterleistung der Ingenieurskunst und skandinavischer Zusammenarbeit sowie die längste Schrägseilbrücke der Welt. Die untere Etage ist einer zweispurigen Eisenbahnstrecke vorbehalten, die obere für Autos. Zwischen den Schrägseilen vor meinen weit aufgerissenen, staunenden Augen sehe ich das blaue Meer. Ich fühle mich dem Himmel nah, und 60 Meter unter mir kräuseln sich die Wellen. Durch das Bullauge ist bereits die schwedische Küste zu sehen. Zugbegleiter im Snälltåget kündigen eine eventuelle Ausweiskontrolle in Persborg kurz vor Malmö an.

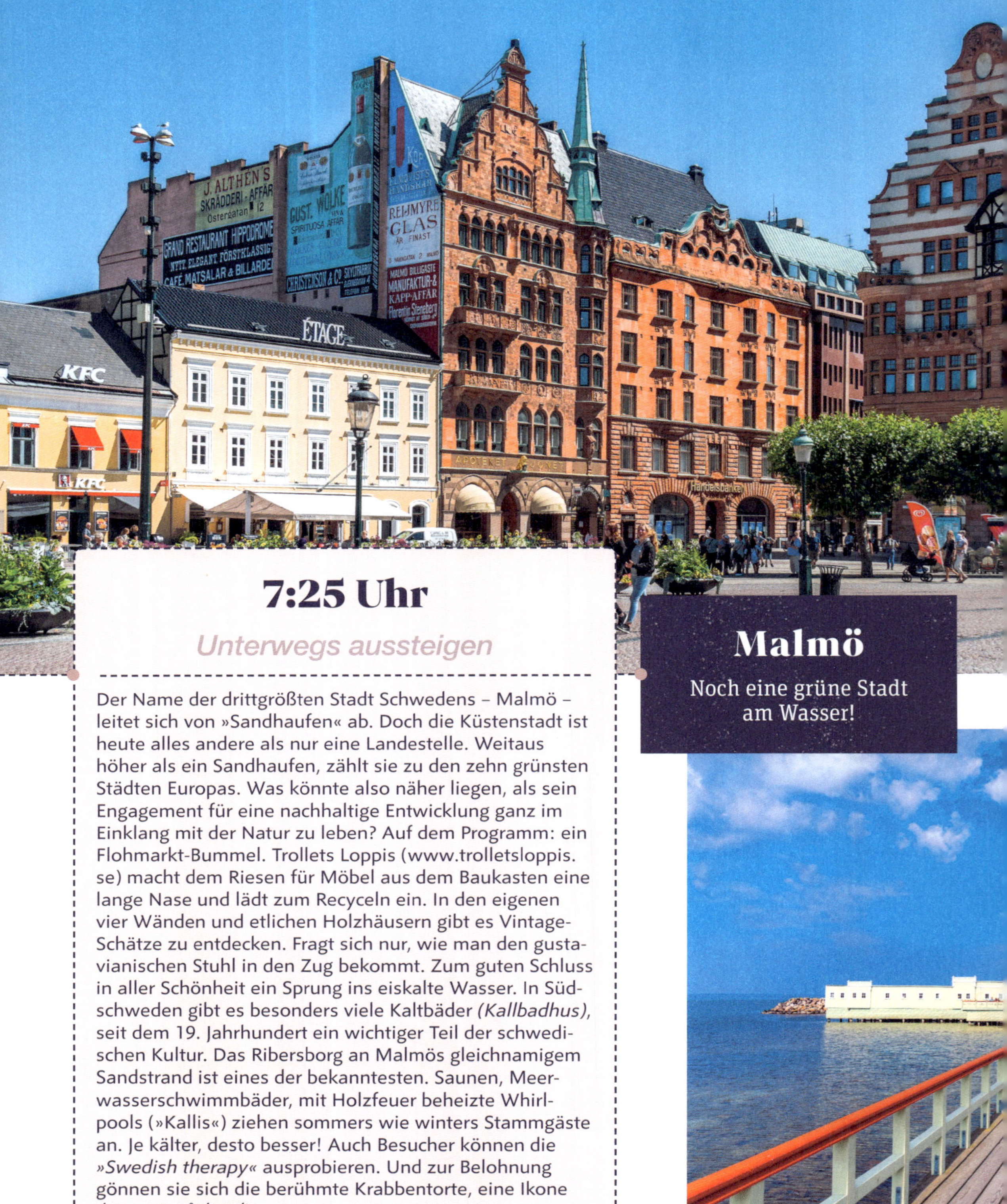


# 7:25 Uhr

## Unterwegs aussteigen

Der Name der drittgrößten Stadt Schwedens – Malmö – leitet sich von »Sandhaufen« ab. Doch die Küstenstadt ist heute alles andere als nur eine Landestelle. Weitaus höher als ein Sandhaufen, zählt sie zu den zehn grünsten Städten Europas. Was könnte also näher liegen, als sein Engagement für eine nachhaltige Entwicklung ganz im Einklang mit der Natur zu leben? Auf dem Programm: ein Flohmarkt-Bummel. Trollets Loppis (www.trolletsloppis.se) macht dem Riesen für Möbel aus dem Baukasten eine lange Nase und lädt zum Recyceln ein. In den eigenen vier Wänden und etlichen Holzhäusern gibt es Vintage-Schätze zu entdecken. Fragt sich nur, wie man den gustavianischen Stuhl in den Zug bekommt. Zum guten Schluss in aller Schönheit ein Sprung ins eiskalte Wasser. In Südschweden gibt es besonders viele Kaltbäder *(Kallbadhus)*, seit dem 19. Jahrhundert ein wichtiger Teil der schwedischen Kultur. Das Ribersborg an Malmös gleichnamigem Sandstrand ist eines der bekanntesten. Saunen, Meerwasserschwimmbäder, mit Holzfeuer beheizte Whirlpools (»Kallis«) ziehen sommers wie winters Stammgäste an. Je kälter, desto besser! Auch Besucher können die *»Swedish therapy«* ausprobieren. Und zur Belohnung gönnen sie sich die berühmte Krabbentorte, eine Ikone des *smörgåsbord*!

## Malmö

Noch eine grüne Stadt am Wasser!

## IM SPEISEWAGEN

Um 9:04 Uhr, nach etwa eineinhalb Stunden Aufenthalt im Bahnhof von Malmö, fährt der Zug weiter. Draußen sieht es fantastisch aus, wie an einem nordischen Sommertag, und dieses Panorama begleitet uns bis Stockholm – endlose Wälder, viele Seen, rote Bauernhöfe und Felder. Was für eine Weite! Da ich in den USA gelebt habe, fallen mir erstaunliche Ähnlichkeiten der beiden Länder auf. Gegen 10 Uhr kann ich es nicht mehr abwarten, den Krogen ausprobieren, das rollende »Restaurant«, das mit anderen Waggons in Malmö an den Zug gehängt wurde. Es ist wunderschön, komplett mit Holz verkleidet, die grünen Sitze und die Retro-Lampen im selben Farbton. Das Restaurant öffnet um 11 Uhr, aber man muss online reservieren. Ich greife zu meinem Handy, aber Pech, es ist nichts mehr frei. Also nehme ich Kaffee, ein Käse-Paprika-Sandwich, etwas Braten, einen Apfel und eine *kanelbullar* (Zimtschnecke). Da es noch vor 11 Uhr ist, kann ich an einem der Tische die Landschaft genießen.

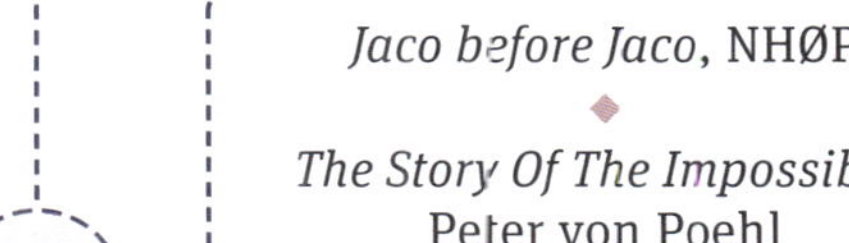

*Jaco before Jaco*, NHØP

*The Story Of The Impossible*, Peter von Poehl

*Young Folks*, Peter, Björn & John

*Wake me up*, Avicii

*Die Brücke – Transit in den Tod*, Hans Rosenfeldt (2011)

# Ankunft 14:15

## VENEDIG MAL ANDERS

14 Uhr, verrät mir ein Blick aufs Handy. Wir nähern uns Schwedens Hauptstadt. Nach und nach enthüllt sie sich entlang der Gleise. So habe ich Zeit, sie kennenzulernen und mich zu orientieren. Rechter Hand sehe ich ockerfarbene und rote hanseatische Fassaden und den Reichstag (Riksdagshuset) in der Altstadt Gamla stan. Linker Hand erhebt sich über dem Mälarsee das Rathaus (Stadshuset), das venezianisch wirkt. Kein Wunder in einer zwischen zwei Gewässern erbauten Stadt!

## Und nun?

### *Eine sehr naturverbundene Stadt*

Dank des *Allemansrätten*, eines Gewohnheitsrechts, das jedem das »Recht auf Zugang zur Natur« gewährt, kann man die Schären *(siehe S. 290)* frei vom Land wie vom Wasser aus genießen. Wandern, Kanu fahren, baden, biwakieren, querfeldein gehen, Feuer machen, angeln, Blumen, Blau- und Preiselbeeren pflücken – das Leben im Freien bietet in Schweden unendliche Möglichkeiten! Dieses Recht muss man sich jedoch verdienen. Es beinhaltet die ethische Pflicht, sich umweltverantwortlich zu verhalten und die Privatsphäre jener zu achten, deren Eigentum man betritt. Gefragt sind gesunder Menschenverstand und Eigenverantwortung. Lassen Sie keinen Müll liegen, beschädigen Sie nichts, fahren Sie nicht motorisiert durch die Natur, bleiben Sie zu Pferd oder mit dem Rad auf den Wegen, angeln Sie nur mit Genehmigung, beschädigen Sie keine Zäune etc. Kurzum: Hinterlassen Sie nur die Spuren Ihrer Schritte, nehmen Sie außer guten Erinnerungen nichts mit!

# Praktische Informationen

## FAHRPLAN

Abfahrt Hamburg Hauptbahnhof um 23:59 Uhr, Ankunft Stockholm Central um 14:15 Uhr. Fährt im Sommer täglich (außer am Wochenende), außerhalb der Saison unregelmäßiger. Detaillierte Infos und Auskünfte über eventuelle Bauarbeiten an der Strecke unter www.snalltaget.se.

## PREISE UND KOMFORT

Sitzplatz ab 159 €, Liegewagen ab 390 € (Einzelabteil), Frühstück zum Mitnehmen (69 SEK) auf Reservierung vor 7:40 Uhr und nach 9:30 Uhr. Interrail-Pässe gelten an Bord mit einer Zuzahlung je nach Komfortklasse.

## WO KAUFT MAN TICKETS?

www.snalltaget.se

27

# Der Zug zum Polarkreis

*von Thibault Constant*

| | | | |
|---|---|---|---|
| 23:13 | Helsinki<br>FINNLAND | Kemi<br>FINNLAND | 9:34 |

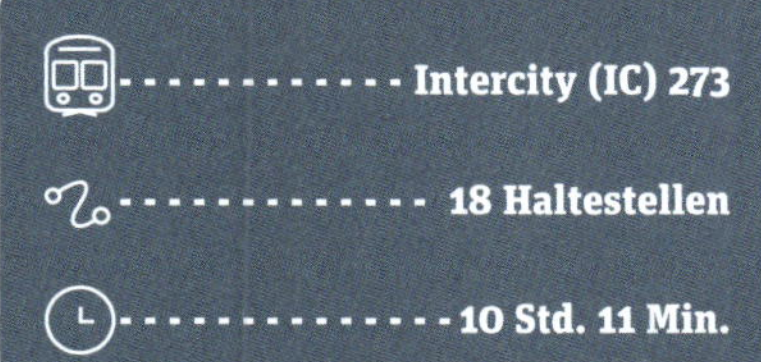
Intercity (IC) 273
18 Haltestellen
10 Std. 11 Min.

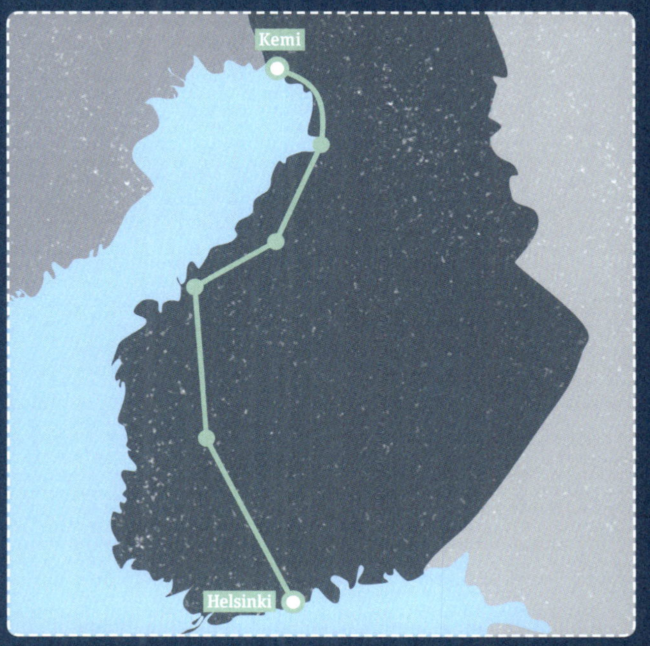
Kemi
Helsinki

*Auf nach Finnisch-Lappland, dem* Ultima Thule, *dem nördlichsten Landpunkt der Erde, dessen weite Einsamkeit sich bis in den äußersten Norden erstreckt. Drei Viertel von Finnland, dem »Land der tausend Seen« und unermesslichen Wälder, liegen jenseits des Polarkreises. Hinter dieser Grenze bleibt Ihr Ticket gültig! Es lässt Sie in die Magie des Extremen eintauchen und die Mythen eines Rentierzüchtervolks entdecken, das in den zauberhaften Nordlichtern noch immer den »flammenden Geist des Fuchses« sieht… Hier ist die Natur souverän. Ihre Anziehungskraft lässt Sie* lappinhullut *werden, wörtlich übersetzt »verrückt nach Lappland«. Das ist mehr als der Ruf des Nordens – eine Sucht!*

# Abfahrt 23:13 Uhr

## SANTA-CLAUS-EXPRESS

Ich steige gleich in den Lappland Express, den Nachtzug von Helsinki nach Rovaniemi, Hauptstadt von Finnisch-Lappland, in der Nähe des Polarkreises und des »echten« Dorfs des Weihnachtsmanns, was auch den Spitznamen Santa-Claus-Express erklärt – »Schnellzug des Weihnachtsmanns«. Helsinkis Hauptbahnhof (Helsingin päärautatieasema, wie auch immer man das ausspricht) ist ein Juwel mit Jugendstilelementen und kantigem Uhrturm. Den Eingang flankieren steinerne Wächter mit Leuchtgloben. In der Halle befindet sich der effiziente Fahrkartenschalter der Staatsbahn VR. Als ich mein Ticket vor einer Woche telefonisch aus Bulgarien gebucht habe, stellte mir ein Mitarbeiter in perfektem Englisch in fünf Minuten einen Fahrschein mit der richtigen Ermäßigung aus! Laut Anzeigetafel ist mein Zug der letzte, der heute vom Hauptbahnhof abfährt.

## BESONDERE ZÜGE – UND MENSCHEN

Ich habe mich gerade von Eero verabschiedet, einem meiner lokalen Follower, der mir geholfen hat, meine Brieftasche mit meinen Papieren zurückzubekommen, die ich vor drei Stunden in einem Stadtbus liegen gelassen habe. Wir hatten uns um 19 Uhr in einem Pub in Bahnhofsnähe verabredet. Zum Dank habe ich ihm ein paar Bier ausgegeben. Wir haben uns unter dem riesigen Glasdach, das die Bahnsteige schützt, verabschiedet, und dann konnte ich nicht widerstehen: Ich bin für kurze Zeit in einen Pendolino eingestiegen, einen Hochgeschwindigkeitszug der Gesellschaft Allegro, der ins russische Sankt Petersburg fährt.

30 Minuten vor Abfahrt fährt nun mein grün-weißer Zug ein. Der erste Waggon ist eher unspektakulär, aber die Schlafwagen sind echt beeindruckend. Ich hatte bereits Fotos im Internet gesehen und habe mich nicht zuletzt für diese Reise entschieden, um meine Neugier zu befriedigen.

Die außergewöhnliche Größe dieser Duplexzüge geht auf die Spurweite der finnischen Eisenbahn (1524 mm) zurück, die im 19. Jahrhundert nach den Regeln des kaiserlichen Russlands erbaut wurde, zu dem das Großherzogtum Finnland damals gehörte. Auch die Tunnel bieten in Finnland genügend Platz für Konvois in der Größe mancher US-amerikanischer Züge. Tatsächlich erinnerten mich diese Wagen sofort an die Superliner der amerikanischen Eisenbahngesellschaft Amtrak.

## ROLLENDES HOCHHAUS

Ich gehe zum vorderen Teil des Konvois. In jedem Schlafwagen liegen zwei Abteile übereinander. Die der oberen Etage verfügen über sanitäre Einrichtungen, die der unteren, also auch meins, teilen sich ein Bad mit WC. Meine Doppelkabine, Nr. 109, ist recht geräumig und gut ausgestattet: Klimaanlage, WLAN, ein Waschbecken in einem Schrank … Auf meiner Liege (der unteren) finde ich ein Handtuch und den Schlüssel zum Abteil und zur Gemeinschaftsdusche. Der Wecker ist in den Rahmen der Liege integriert, und darunter steht eine kleine Flasche Wasser. Als der Zug abfährt, beschließe ich, das rollende Ungetüm zu erkunden. Ein paar Stufen führen zu einem ersten Zwischengeschoss (nur für Reisende mit Haustier) hinauf, und nach ein paar weiteren Stufen bin ich im Gang des Oberdecks mit den Abteilen mit Privatbad. Ich schaue sie mir an und bereue direkt, dass ich keins gebucht habe. Ich gehe zurück in mein Quartier und frage den Schaffner, ob ich noch in ein anderes Abteil buchen kann. Er antwortet mir in perfektem Englisch: *»No problem, take 209.«*

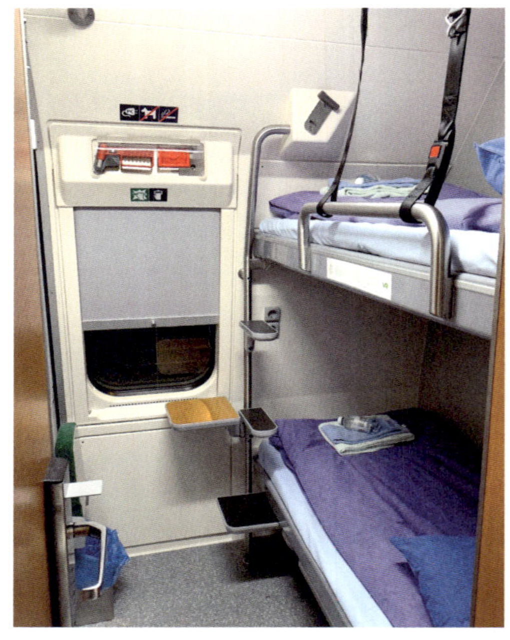

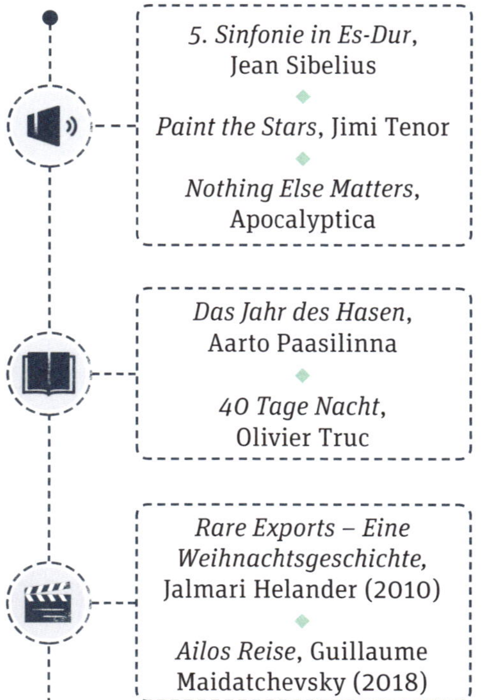


## GEDIEGENE STILLE

Diese Kabine ist so ähnlich, aber besser als Nr. 109: Handtuch und Waschlappen mit dem VR-Logo liegen auf dem Bett, zum Schlafen ist viel Platz, in Höhe jeder Liege gibt es ein Gepäcknetz – und natürlich eine Toilette. Ich lege mich gegen Mitternacht schlafen und freue mich darauf, morgen schon nah am Polarkreis zu sein. Ich stelle den Wecker. Vor dem Einschlafen lausche ich, ob die Achse oder irgendetwas Geräusche macht, aber es ist völlig still. Acht Meter über den Gleisen hört man nichts. Um 8 Uhr weckt mich der Wecker sanft. Ich ziehe das Rollo hoch. Die Taiga breitet ihren dicken Mantel aus Nadelbäumen aus, ab und zu von rot-weißen Holzhäusern – und Sägewerken – unterbrochen. Finnland ist zu 71 Prozent bewaldet. Mein erstes Vorhaben: Duschen und die kleine Kabine testen. Auch hier begeistert mich der nordische Erfindungsgeist: Dreht man die Plastikwand des Waschbeckens um die eigene Achse, kommt die Dusche zum Vorschein, und das WC ist nicht mehr zu sehen.

## LOKALER SNACK

Endlich, da ist der Speisewagen: eine Bar mit Selbstbedienung und ein Restaurant mit quadratischen Sitzbänken. Auf der Speisekarte stehen skandinavisches Frühstück (Müsli und Brot), französisches (Gebäck) und Brunch (Schwarzbrot, Käse, Joghurt, Müsli), aber es gibt auch Sandwiches, Salate und warme Gerichte, darunter lokale Spezialitäten wie Suppe mit Lachs, Kartoffeln und Dill oder Fleischbällchen, Preiselbeergelee und Kartoffelpüree. Man kann die Speisen vor Ort essen, mitnehmen oder sich in die Kabine liefern lassen. Ich nehme einen Kaffee, einen Schokoriegel und – sehr zu empfehlen – ein *korvapuusti* (Zimtbrötchen). Da kein Platz ist, gehe ich zurück in mein »Zimmer« und esse mit Blick auf die vorbeiziehende Landschaft. Welch ein Glück! Nördlich von Oulu, der letzten großen Stadt vor Lapplands Wildnis, geht es am Bottnischen Meerbusen entlang mit tollem Blick auf blaues Meer und bewaldete Inselchen.

guten Morgen ***hei***
gute Nacht ***hyvää yötä***
danke ***kiitos***
Entschuldigung ***anteeksi***
Bahnhof ***asemalle***
Zug ***juna***
Nachtzug ***yöjuna***
Gleis ***laituri***
Kabine, Abteil ***hytti***
Liegewagen ***makuupaikka***
Touristeninformation ***matkailutoimisto***
Frohe Weihnachten ***hyvää joulua***
Sauna ***sauna***

WELCOME

# Ankunft 9:34

## SCHON IN KEMI!

Die Ankündigung des nächsten Halts reißt mich aus meinen Träumen: Kemi. Von dort will ich nach Schweden weiterreisen. Offenbar bin ich bei Weitem nicht der Einzige, der diese Küstenstadt besucht. Kemi ist im Winter sehr touristisch, denn dann kann man das größte Eisschloss der Welt besichtigen und mit dem Eisbrecher *Sampo* eine Fahrt auf der zugefrorenen Ostsee machen. Die Kühle auf dem Bahnsteig tut mir sehr gut. Bevor der Zug weiter nach Rovaniemi fährt, mache ich noch ein paar Fotos. Am Ende des Konvois sehe ich Autotransportwaggons. VR transportiert für einen Preisaufschlag Ihr Auto. Im hohen Norden ist das eine großartige Möglichkeit der Fortbewegung.

# Praktische Informationen

### FAHRPLAN

Fährt täglich. Abfahrt in Helsinki um 23:13 Uhr, Ankunft in Kemi um 9:34 Uhr (und um 11:05 Uhr in Rovaniemi).
Je nach Saison können die Fahrzeiten etwa zehn Minuten abweichen.

### PREISE UND KOMFORT

Sitzplatz ab 19 €. Einzel- oder Doppelkabine im Liegewagen mit Waschbecken ab 69 €. Einzel- oder Doppelkabine im Schlafwagen mit Dusche und WC ab 89 €.
Interrail- und Eurail-Pässe sind gültig.

### WO KAUFT MAN TICKETS?

www.vr.fi oder www.bahn.de
Achtung: Im Winter ist der Zug oft ausgebucht. Die Fahrscheine deshalb so früh wie möglich buchen.

# Und nun?

## Der Polarkreis

Der Polarkreis liegt auf 66° 33′ 45.9″ nördlicher Breite. Jenseits dieser imaginären Linie scheint die Sonne zur Zeit der Sommersonnenwende (um den 20./21. Juni) 24 Stunden lang. Und zur Wintersonnenwende (22./23. Dezember) ist es 24 Stunden lang völlig dunkel. Das Nordlicht, Aurora borealis, ist ein Lichtspektakel, das besonders bei großer Kälte zwischen November und März am Himmel zu sehen ist. Auf My Aurora Forecast können Sie sich dieses Phänomen ansehen. Der Lappland Express bringt Sie zur Endstation Rovaniemi mitten in Finnisch-Lappland, dem »Land der acht Jahreszeiten«.

# Und im Winter?

## Kaamos, *die dunkle Jahreszeit*

Der Winter wird hier *kaamos* genannt, die »dunkle Jahreszeit«. Die Tage sind zwar kurz, aber der Anblick der weiten schneebedeckten Landschaft ist selbst für Finnen ein Erlebnis. Besuchen Sie die aus Eis oder Schnee gebauten Bars, Restaurants und Hotels und verbringen Sie die Abende am Kamin mit einem Lapin-Kulta-Bier in der Hand. Sie können auch langlaufen oder Ski fahren, die Schneeschuhe anziehen, eine Hundeschlitten- oder Rentierschlittenfahrt machen oder auf einem See eisangeln gehen. Vielleicht haben Sie auch das Glück, das Nordlicht zu sehen. Gönnen Sie sich zu jeder Jahreszeit einen Saunabesuch. Besuchen Sie das Arktikum in Rovaniemi, um mehr über die Kultur der Sami zu erfahren, und natürlich das acht Kilometer entfernte Dorf des Weihnachtsmanns. Es ist zwar sehr touristisch, aber Sie können dort Ihren Pass abstempeln lassen – als Beweis, dass Sie den Polarkreis überquert haben.

28

# Baden am Polarkreis

*von Thibault Constant*

21:14 Luleå SCHWEDEN — Stockholm SCHWEDEN 9:22

VY Norrtåg 3962

17 Haltestellen

12 Std. 8 Min.

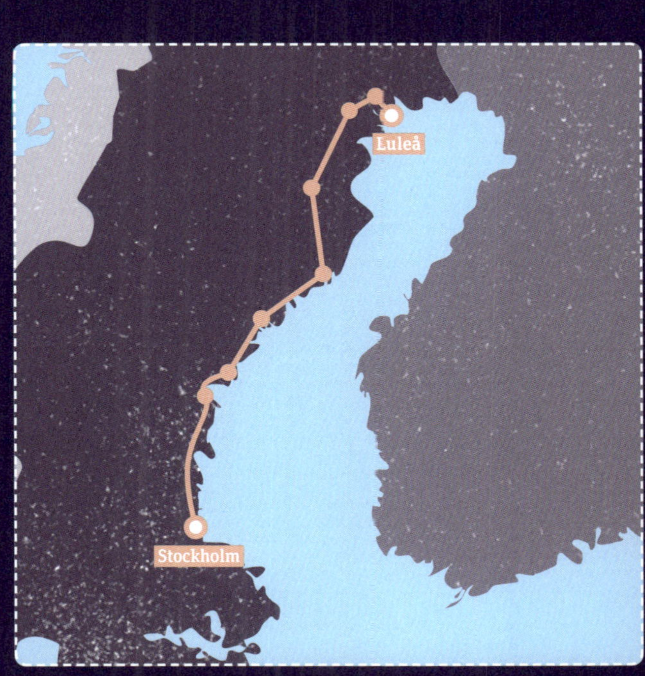

*Bringt Mitternachtssonne aus dem Rhythmus? In der Ostsee vor Luleå tauchen die Sommernächte die Küste und ihre 1000 Inseln in hypnotisches, fast irreales Licht. Nach dem Abendessen wandern gehen, mitten in der Nacht im diffusen Licht picknicken, an endlosen Tagen dem Vogelgezwitscher lauschen. Einmal abgehoben, fällt die Rückkehr (zur Erde) schwer. Gehen Sie es langsam an! Nutzen Sie die Endhaltestelle Stockholm, um sich noch länger verzaubern zu lassen: Ganz nah vor der schwedischen Hauptstadt liegt ein Archipel, das nach wilden Erdbeeren schmeckt …*

## Vor der Abfahrt

### Skärgårdsliv

Luleå liegt nur wenige Kilometer vom Polarkreis entfernt im Bottnischen Meerbusen und besteht aus 1312 Inseln. Hier kann man die Seele mal baumeln lassen: in einem Holzhaus auf Stelzen übernachten, schwedischen Kaviar (Kalix Löjrom g. U.) und geräucherten *Sik*, echte Delikatessen aus dem Wasser, probieren, authentisch saunen und dann in der Mitternachtssonne baden … Auch Kälte macht glücklich! Diese Lebenskunst der nordischen Inselgruppen heißt auf Schwedisch *skärgårdsliv*.

# Abfahrt 21:14 Uhr

## HOLZ, EISEN UND GUT GEKÜHLTE DATEN

Ich bin in Luleå (45 000 Einwohner), der Hauptstadt der nördlichsten Provinz des schwedischen Königreichs, nur etwa zehn Kilometer vom Polarkreis entfernt. Ich habe einen herrlichen Tag verbracht und zur Krönung im Lule älv gebadet (in der Annahme, es sei das Meer). Das Wasser des Flusses war mit 12 °C recht kühl, aber für die vielen Schweden, die hineingetaucht sind, ist das wohl normal. Das Thermometer zeigte gerade mal knappe 20 °C an, was in diesen Breiten offenbar schon für eine Hitzewelle gehalten wird. Das muss wohl daran liegen, dass die durchschnittliche Jahrestemperatur nur knapp über 1 °C liegt. Nicht umsonst hat Facebook gerade hier riesige Rechenzentren eingerichtet, die unsere Posts und Likes speichern: Der Polarwind kühlt die Server auf ganz natürliche Weise.

Die Stadt, ein großer Exporthafen für Holz und Mineralien, darunter das von den Nazis im Zweiten Weltkrieg so sehr begehrte Eisen, hat touristisch zwar nicht viel zu bieten, aber einen gewissen Charme hat Luleå doch – wie am Ende der Welt, irgendwie höchst nordisch.

## WINZIGER BAHNHOF

21 Uhr: Ich stehe vor dem winzigen Bahnhof. Morgen früh werde ich in Stockholm sein, 1000 Kilometer weiter südlich: Schweden ist das drittgrößte Land Westeuropas und zieht sich wie ein langes, sehr breites Band über 1500 Kilometer von Norden nach Süden. Ein Nachtzug wird mich in den Schlaf wiegen, und anschließend wache ich mitten in der Hauptstadt auf. Im Moment sehe ich in diesem Bahnhof nur das Allernötigste: zwei Bänke, eine digitale Anzeigetafel – und das war's. Die Halle ist nicht größer als ein Speisesaal. Sie ist leer und verlassen, niemand zu sehen, einzig eine Snackbar in einer Art Nebengebäude sorgt für etwas Leben. Einige Familien essen dort eine warme Mahlzeit. Als Höhepunkt der Isolation gibt es nur einen einzigen Schalter, und der ist nicht jeden Tag geöffnet. Pech gehabt! Normalerweise kaufe ich meine Tickets am Schalter, um sicher zu gehen, dass ich meine Ermäßigung bekomme. Das klappt hier wohl nicht!

## SCHWEDISCHER STAHL

50 Minuten vor Abfahrt gehe ich auf den Bahnsteig. Ich bin absolut allein und muss wohl einer der ersten Fahrgäste sein, die einsteigen. Mein Zug besteht nur aus fünf Waggons: dem Speisewagen an der Spitze, dem Sitzwagen, einem Liegewagen und erstaunlicherweise doppelt so vielen Schlafwagen. Vor dem Einsteigen nehme ich mir die Zeit, die Sonne in der Dämmerung zu bewundern, die hartnäckig den Himmel über Luleå erhellt. Unglaublich, dieser Polarkreis … Das goldene Licht lässt den geriffelten Stahl der Waggons glitzern. Die Lackierung der schwedischen Waggons erinnert mich an die von Budd, einer amerikanischen Firma, die ihre gewellten Stahlbleche für Metroliner-Züge patentieren ließ. Das sieht man zwar selten, aber da Schweden und die USA im Eisenbahnbereich schon oft zusammengearbeitet haben (z. B. um Züge auch im härtesten Winter fahren zu lassen), überrascht es mich nicht, dass diese Wagen das Logo der Firma tragen!

## WILLKOMMEN IM HOTEL IKEA …

Während ich durch den Gang gehe, habe ich den ungewöhnlichen Eindruck, dass dieser Zug außerordentlich viel Platz bietet. Es ist jedenfalls sehr angenehm, sich trotz Gepäck ungehindert bewegen zu können. Auch das Abteil ist geräumig und einladend, bis auf ein Detail: Ich muss mich selbst um die Einrichtung der Liegeplätze kümmern. Dazu gibt es praktische Hinweise an der Wand, die mich an die Gebrauchsanleitungen eines gewissen Herstellers von Möbeln nach dem Baukastenprinzip erinnern … Es ist eigentlich ganz einfach: Mit zwei, drei Handgriffen ist die Pritsche bereit. Ich beziehe das Bett mit dem gelieferten Laken, stecke mein Kopfkissen in den Bezug und schnappe mir für den Fall der Fälle die Wolldecke. Nach getaner Arbeit kann ich aufatmen. Die Kabine, die Platz für sechs Passagiere bietet, ist wirklich komfortabel. Ich fühle mich wohl, sogar auf der mittleren Liege, meiner Meinung nach dem schlechtesten Platz. Weitere Pluspunkte sind die vielen cleveren Ablagen für persönliche Gegenstände und die ausreichende Anzahl an Steckdosen. Gar nicht schlecht!

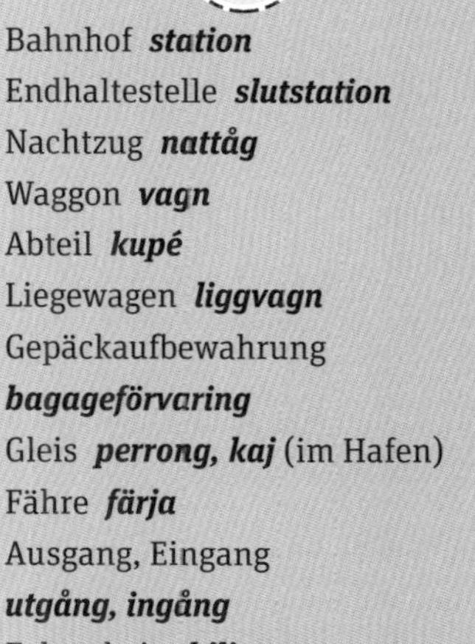

Bahnhof ***station***
Endhaltestelle ***slutstation***
Nachtzug ***nattåg***
Waggon ***vagn***
Abteil ***kupé***
Liegewagen ***liggvagn***
Gepäckaufbewahrung ***bagageförvaring***
Gleis ***perrong, kaj*** (im Hafen)
Fähre ***färja***
Ausgang, Eingang ***utgång, ingång***
Fahrschein ***biljett***
Frühstück ***frukost***
Mitternachtssonne ***midnattssol***

## NACHTGEFLÜSTER

Zehn Minuten vor Abfahrt kommen vier Personen zu mir ins Abteil. Ich versuche ein *»Hej«* – keine Antwort, aber breites Grinsen. Wir verlassen Luleå gerade noch rechtzeitig, da es in der Kabine trotz offenen Fensters schon recht heiß ist. Bevor ich es zumache, strecke ich kurz den Kopf nach draußen. Mir weht kühle Luft ins Gesicht, die frisch nach Tannen riecht. Es ist noch hell. Um uns herum so weit das Auge reicht Wald, ein paar Gleise weisen in Richtung Horizont, aber wohin nur? Bestimmt bedienen dieses Strecken Sägewerke und Papierfabriken oder Ähnliches. Der allgegenwärtige grüne Vorhang lässt an nichts anderes denken. Normal, in einem Land, das zu 70 Prozent von Bäumen bedeckt ist. Mein Zug wird zwar an der Ostsee entlangfahren, aber ich werde das Meer nicht sehen: Die Strecke wurde im 19. Jahrhundert aus militärischen Gründen mit großem Abstand zur Küste gebaut. 21:45 Uhr: Alle schlafen, dabei haben wir noch viele Stunden Fahrt vor uns. Stille. Mehr brauche ich nicht, um eine Nacht auf Schienen zu beginnen, die ich als eine meiner besten in Erinnerung habe.

»Um uns herum so weit das Auge reicht Wald, ein paar Gleise weisen Richtung Horizont, aber wohin nur?«

# 7:40 Uhr

## IMMER WIEDER WÄLDER UND SEEN!

Ich hebe ein Augenlid. Der Vorhang ist offen. Ich schaue auf mein Handy, wir sind hinter Gävle – nur noch etwa 150 Kilometer bis zum Ziel. »Wir« ist gut, ein kurzer Blick durch das Abteil zeigt mir, dass ich wieder allein bin. Daran habe ich mich in diesem Land bereits gewöhnt. Meine Mitreisenden waren so unauffällig, dass ich sie nicht einmal gehört habe, als sie ausgestiegen sind. Ich wandle mein Abteil wieder in den Tagesmodus um und kann jetzt noch zwei Stunden vor mich hinträumen. Eine Zugfahrt mitten durch den Wald ist wunderschön, geradezu magisch, wenn die Seen, von denen es sehr viele gibt, ihr spiegelndes Wasser in das Landschaftsbild mischen. Ich staune immer wieder über diese unfassbare Weite! Ab und zu setzen Bauernhöfe und Häuser mit ihren roten Fassaden fröhliche Akzente.

# KAFFEE!

Noch etwas verschlafen stehe ich auf und gehe zum Speisewagen. Ich brauche einen Kaffee. Im Gang des Schlafwagens sehe ich mich um, stelle aber keine großen Unterschiede zu unseren Liegewagen fest, außer dass in den Kabinen nur drei Etagenbetten sind und sie eigene Waschbecken und auch eine Gemeinschaftsdusche haben. Das ist immerhin besser als die Toiletten, mit denen man sich meistens in Liegewagen begnügen muss. Dann komme ich in den Wagen mit den Sitzplätzen. Er ist überfüllt wie eine Heringsdose! Ich wette, diese Reisenden kommen nicht alle aus Luleå oder Boden, wo wir in der Nacht gehalten haben. Bestimmt nutzen Pendler, die frühmorgens zur Arbeit müssen, den Zug. Auch der Speisewagen ist bis auf den letzten Platz besetzt. Das skandinavische Design mit durchbrochenen Rattanstühlen ist ziemlich vintage und sorgt für Gemütlichkeit. Toll, dass man die Stühle umstellen kann. Wie im Selbstbedienungsrestaurant nimmt man ein Tablett und wählt aus: Joghurt mit Preiselbeeren, Brötchen … Das Angebot ist verlockend. Lokale Spezialitäten aus einheimischen Produkten gibt es allerdings eher zum Mittag- oder Abendessen: Räucherlachs, Elchwurst, Rentierragout mit Pfifferlingen und Kartoffelpüree …

*Lead Me Into The Night*, The Cardigans

*When the Water Gets Cold*, Herman Düne

*Så Skimrande Var Aldrig Havet*, Evert Taube

*Ein Traumspiel*, August Strindberg

*Populärmusik aus Vittula*, Mikael Niemi

*Wenn das Eis bricht*, Camilla Grebe

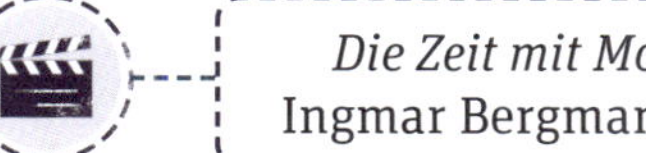

*Die Zeit mit Monika*, Ingmar Bergman (1953)

# Ankunft 9:22 Uhr

Gegen 8:45 Uhr nähern wir uns dem Bahnhof Arlanda am Stockholmer Flughafen, einem futuristisch anmutenden unterirdischen Bahnhof, in dem die Felswände des Tunnels unbearbeitet geblieben sind. Um 9:15 Uhr schließt sich die Betondecke des Stockholmer Bahnhofs über uns. Beim Aussteigen sehe ich vom Gleis aus: Unser Zug wurde an einen anderen Zug (aus Narvik) angehängt und ist jetzt viel länger. Und die Waggons aus Norwegen sind überfüllt! Wie schön zu sehen, dass die Schweden immer noch an ihren Nachtzügen hängen. Für mich ist es Zeit, die nordische Hauptstadt zu erkunden. Der Bahnhof liegt mitten im Zentrum, und so ist Gamla stan, die Altstadt, leicht zu erreichen, ein herrliches Labyrinth aus gepflasterten Gassen und Giebelhäusern in leuchtenden Ockertönen.

# Praktische Informationen

## FAHRPLAN

Abfahrt Luleå Central um 21:14 Uhr, Ankunft Stockholm Central um 9:22 Uhr. Fährt nicht täglich. Detaillierte Infos und Auskünfte über eventuelle Bauarbeiten an der Strecke unter www.vy.se.

## PREISE UND KOMFORT

Sitzplatz um 39 €, Liege im Liegewagen ab 46 €, Schlafwagen ab 76 €.
Achtung: Die Preise ändern sich ständig und die Plätze sind begrenzt, der Zug ist deshalb häufig ausgebucht!
Interrail- und Eurail-Pässe gelten mit Zuzahlung je nach Komfortklasse.

## WO KAUFT MAN TICKETS?

Seit Winter 2020 betreibt nicht mehr die Staatsbahn SJ die Zugverbindung Luleå – Narvik – Stockholm, sondern die norwegische Gesellschaft VY. Informationen auf der Website www.vy.se oder über die Smartphone-App, die genauso gut konzipiert ist wie die des früheren schwedischen Betreibers SJ.

## Und nun?

# Stockholm

## *Der Schärengarten*

Wo die Ostsee mit dem Mälarsee verschmilzt, wurde die skandinavische Perle zwischen zwei Gewässern geboren und wuchs auf 14 Inseln heran. Von einer zur anderen fährt man heute per Boot (fast) wie mit der U-Bahn. Überall Natur: Selbst mitten im Zentrum kann man von einer Brücke Lachse angeln, unter den Bäumen herrlicher Obstgärten oder auf blühenden Wiesen picknicken, im kühlen klaren Wasser baden und sich dann auf flachen, von der Sonne erwärmten Felsen trocknen lassen. Und dabei sind die Inseln der Hauptstadt nur die Spitze des Eisbergs! Sie gehören zu einem riesigen Archipel aus etwa 25 000 Inseln, Inselchen und Klippen! Hier kann man endlose Schären an der Reling lehnend durchqueren, um dann »cool« zu stranden und in einer *stuga* (»Sommerhaus«) glückliche Tage zu verbringen. Ein kleines Paradies? Ja. Eine Stunde von der Hauptstadt entfernt.

**www.visitsweden.de; Fähren ab Nybrokajen und Strömkajen, Waxholmsbolaget, waxholmsbolaget.se; Strömma Kanalbolaget, www.stromma.se**

## Im Winter?

### Schneevergnügen

Wenn das Wasser des Bottnischen Meerbusens, der nicht salzhaltig genug ist, im Winter zugefroren ist, umgibt Luleå eine 14 Kilometer lange Eisbahn, *isbana*, auf der die Stadtbewohner gern Schlittschuh laufen, *spark* (Schlitten-Roller) oder Fatbike fahren oder einfach nur genussvoll über das Meer spazieren. Wie ganz Lappland ist Luleå eine märchenhafte Traumkulisse für Schneevergnügen, Eisangeln, Hundeschlittenfahrten, Skifahren etc. Als Pendant zur Mitternachtssonne im Sommer gibt es im dunklen eisigen Winter ebenso magische Nordlichter (Aurora borealis).

## Mitternachtssonne

### Gebrauchsanweisung

Im Hochsommer sinkt die Sonne in den Polarregionen nie unter den Horizont: Der längste Tag des Jahres, »Mitternachtssonne« oder »Polartag« genannt, erreicht zur Sonnenwende (zwischen 20. und 24. Juni) seinen Zenit. Von der Dämmerung bis zum Morgengrauen geht die Sonne nicht unter; ihre über dem Horizont schwebende Scheibe hüllt die Polarregion rund um die Uhr in ein mattes Leuchten. Je nördlicher, desto länger dauert das Phänomen. Wie man es am besten sieht? In Lappland auf einen Felsvorsprung klettern und es von oben betrachten…

# Im hohen Norden am Rand des Kontinents

*von Emmanuel Maisonneuve*

18:11 Stockholm SCHWEDEN – Narvik NORWEGEN 12:48

Vy Nattåg (NT) 94
19 Haltestellen
18 Std. 37 Min.

Narvik
Stockholm

*Auf geht's in den hohen Norden! Die Strecke nach Narvik steht ganz oben auf der Hitliste der Nachtzugreisen. Ihre Anziehungskraft verdankt sie dem Himmel. Aurora borealis? Ist hier eine häufige Erscheinung. Mitternachtssonne? Sie scheint im Sommer pausenlos. Betörend ist zudem die Weite Lapplands. Hier erstreckt sich am Rand des Kontinents Europas letzte Wildnis. Sie ist wie ein Magnet! Um bis ans Ende der langen Fahrt zu gelangen, hat Ihr Zug mehr als einen Berg, einen Fjord und das dazugehörige Meer zu überwinden. Und die Nordlichter werden Sie auch schon beeindrucken, bevor Sie am Rand der Welt ankommen.*

## DER RUF DER NATUR

Freitag, 1. Juli. Gleich steige ich in den mythischen Zug in den hohen Norden, der schon lange meine Fantasie beflügelt. Eine Woche nach der Sommersonnenwende scheint die Sonne 24 Stunden am Tag und ihr Licht wird mich die ganze Fahrt lang begleiten. Endstation ist Narvik jenseits des Polarkreises. Die Fahrt dauert 19 Stunden.

> **»Was meinst du? Gibt es im Padjelanta zu dieser Jahreszeit noch viele Mücken?«**

# Abfahrt 18:11 Uhr

## HEJ ...?

Ich komme an Stockholms Centralstation, dem Hauptbahnhof, an. Durch die Drehtüren des eleganten Gebäudes gelangt man in eine einladende Halle. Hier drängen sich viele Schweden, die eilig ihre Fahrt ins Wochenende beginnen möchten. In meinem Abteil sitzen schon meine Mitreisenden. Sie sind sehr höflich und zuvorkommend. Ich wage kaum, das Eis zu brechen, dabei wüsste ich so gern, was sie machen, wohin sie fahren und vieles mehr. Es gelingt mir nicht, meine Neugier zu stillen. Das Wander-Outfit der jungen Schwedin vor mir und die Angelausrüstung der beiden Männer in der Nähe der Tür geben mir immerhin Anhaltspunkte. Aber es dauert noch, bis der junge Mann zu meiner Linken zu etwas Konversation bereit ist. Wir erörtern, wie viele Mücken uns wohl in Lappland erwarten – eine im Sommer in diesen Breiten existenzielle Frage!

## EIN WALD, EIN ROTES HAUS, EIN FELD, EINE STRASSE, EIN WALD ...

Allmählich vertiefe ich mich in die Betrachtung der schwedischen Landschaft. Wälder, Straßen und Felder werden hier und da von einem typischen roten Haus unterbrochen. Das Ziegelrot, das aus den Kupferminen von Falun in Dalarna stammt, setzt unentbehrliche Glanzlichter in der Landschaft. Verständlich, dass es zum Wahrzeichen des Landes geworden ist. Die Farbe der Häuser, das Ruckeln der Schienen, die Kurven und Haltestellen lassen meine Mitreisenden unbeeindruckt.

## ZWEITER KAFFEE FÜR UNTERWEGS

Ich erkunde den Zug. Die Wagen sind schon in die Jahre gekommen, aber voll funktionsfähig. Es gibt Toiletten, ein Bad und Schränke für persönliche Sachen. Am Ende des Zugs erreiche ich den Speisewagen, der gastfreundlich aussieht. Das gilt auch für den Hinweis *»free refill«* an der Theke, der zum traditionellen *påtår* einlädt. Dieser nette, in ganz Schweden übliche Brauch bedeutet: Man darf sich nach Belieben Kaffee nachschenken. Perfekt für alle, die das Spektakel der Mitternachtssonne voll auskosten wollen!

## SCHWEBEZUSTAND

Zum Glück bleibt der Himmel während der Fahrt ungetrübt blau. Je weiter der Zug nach Norden gelangt, desto mehr scheint er die Nacht zu verdrängen. Uns umgibt ein seltsam schimmerndes oranges Licht, das die hypnotisierende Monotonie der Landschaft verblassen lässt. Wie betäubt verliere ich das Zeitgefühl. Bis Lappland ist es noch weit, wir scheinen schon Stunden unterwegs zu sein, aber ich bin entspannt, als schwebte ich wie die nächtliche Sonne am Horizont. Der Wald dehnt sich weiter aus, die Felder existieren nur noch in der Erinnerung.

**22:33 Uhr**

## WEISSE NACHT

Die Ankunft in Sundsvall ist eine gute Gelegenheit, sich die Beine zu vertreten. Neue Kandidaten für den hohen Norden gesellen sich zu den Fahrgästen, ganze Gruppen von Naturliebhabern, die Lapplands Haltestellen für herrliche Trekkingtouren durch die schwedischen Nationalparks nutzen.

Bisher haben wir in der Kabine gesessen, aber jetzt ist es an der Zeit, die Sitzbänke in Liegen zu verwandeln und uns für die Nacht einzurichten. Als ich liege, warte ich, dass die Nacht endlich kommt. Doch so sehr sie es auch versucht, es gelingt ihr nicht. Das Dämmerlicht von vorhin ist zu einem blaugrauen Licht geworden. Es scheint zwar keine Sonne, ist aber auch nicht dunkel. Von der merkwürdigen Atmosphäre bezaubert, schlafe ich ein und wache im Rhythmus der Haltestellen, an denen weitere Wanderer einsteigen, immer wieder auf.

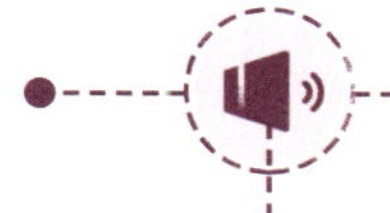

*I Follow Rivers*, Lykke Li

*The Whole Wide World*, The Mountain Goats

*Girl from the North Country*, Bob Dylan

*Denn die Gier wird euch verderben*, Åsa Larsson

*Land aus Schnee und Asche*, Petra Rautiainen

*Das Mädchen aus dem Norden*, Amanda Kernell (2016)

*Midnight Sun*, Måns Mårlind, Björn Stein (2016)

## 6:57 Uhr

### ANZIEHUNGSKRAFT

Wir halten ein paar Minuten in Murjek, einem kleinen Weiler mit weniger als 50 Einwohnern in der Nähe des Polarkreises. Hier steigen viele Trekker aus, um mit dem Bus zu den Startpunkten ihrer Wanderungen weiterzureisen.

Vor lauter Aufregung kann ich schon seit einer Stunde nicht mehr schlafen. Im Gegensatz zu meiner sanften Lethargie am Vorabend steigert die langsame Zugfahrt durch den endlosen borealen Nadelwald meine Ungeduld nur noch, auch wenn ich auf viele Details achte. Der hohe Norden rückt jetzt definitiv näher.

# 9:15 Uhr

## PIONIERSTADT

Von Gällivare aus überquert der Zug die Berge Lapplands, und auf Nadelwälder folgen karge Vegetation, die Sümpfe und die Zwergbirken der arktischen Tundra. Nur eine kleine *stuga* (Holzhütte) verrät ab und zu die sonst kaum wahrnehmbare Anwesenheit von Menschen. Der Horizont hat sich erweitert, und mitten in dieser großen Polarwüste taucht Kiruna auf.

Diese Pionierstadt, die nördlichste Gemeinde Schwedens, wurde nicht in der Nähe einer Goldmine gebaut, sondern vor den Toren des größten Eisenerzvorkommens der Welt! Im 19. Jahrhundert wurde es erschlossen und auch die Eisenbahnlinie nach Narvik gebaut, dessen Hafen dank des Golfstroms das ganze Jahr über eisfrei war, ein Riesenvorteil für den Export des wertvollen Rohstoffs.

## Gällivare

### Von einem Zug in den nächsten

Der NT94 wagt sich nicht als einziger Zug in die extremen Gefilde Schwedens vor. Sein Zwischenhalt Gällivare ist der Endpunkt der Inlandsbanan, einer alten, eingleisigen Strecke durch das Landesinnere bis nach Kristinehamn, die den Norden mit dem Süden verbindet. Am spektakulärsten ist der Abschnitt von Gällivare nach Mora in Dalarna, dem Herzen Schwedens: eine unvergessliche Reise (13 Std. 30 Min.) durch das Land der Wölfe, Luchse, Elche und Bären. Der winzige Konvoi, wirklich absolut vintage, bleibt unterwegs manchmal mitten in der Wildnis stehen, um eine Rentierherde vorbeizulassen… In der Nähe des Polarkreises hält dieser Bummelzug auch in Jokkmokk, Schwedens Hauptstadt der Sami. Besucher lernen hier die Traditionen, das Handwerk und das Leben des Rentierzüchtervolks kennen, das seit Urzeiten in dem Gebiet zwischen Norwegen, Schweden, Finnland und Russland zu Hause ist, das Lappland heißt.

**www.inlandsbanan.se**

## 10:45 Uhr

### NORDISCHE SCHÖNHEIT

Während wir uns Abisko nähern, lockt der riesige Torneträsk-See, dessen spiegelglattes Wasser sich bis zum Fuß der schneebedeckten Berge erstreckt, die Fahrgäste an die weit geöffneten Fenster unseres Zugs. Das ist der Höhepunkt der Fahrt. Ich sitze bequem in meinem Sessel und genieße das Schauspiel. Der hohe Norden hat lange gebraucht, um sich zu enthüllen, und jetzt weiß ich ihn umso mehr zu schätzen.

## Abisko

Beliebter Spot für Nordlicht-Jäger

## 11:08 Uhr

### *Unterwegs aussteigen*

Das kleine Abisko in Lappland, in zauberhafter Lage am Torneträsk-See, lädt zu vielen Erlebnissen und Aktivitäten ein, wie Hundeschlittentouren und Alpinski im Winter oder Wanderungen auf dem Fernwanderweg Kungsleden oder Gipfelbesteigungen des Kebnekaise, Schwedens höchsten Bergs, im Sommer. Es ist ein idealer Ausgangspunkt, um die Mitternachtssonne und die langen Sommertage zu genießen, und im Winter zählt es zu den besten Orten, um Nordlichter zu sehen.

**Aurora Sky Station, www.auroraskystation.se**

# Ankunft 12:48

## STEH AUF UND GEH!

Riksgränser markiert, wie der Name verrät, die Grenze zu Norwegen, und unser Nattåg hält hier für den Schichtwechsel. Ein norwegisches Team übernimmt die letzten 43 Kilometer. Über das sehr zerklüftete Relief mit den zu Beginn des Sommers noch weißen Gipfeln gewinnen wir an Höhe. Dann geht es bergab nach Narvik. Nach und nach gewinnt der dichte Nadelwald wieder an Boden und hält die letzte Überraschung bereit, den außergewöhnlichen Ofotfjord. Jetzt ist es wirklich an der Zeit, die Schuhe wieder anzuziehen!

# Und nun?

## Narvikfjellet

Narvik, eine nördliche Kleinstadt in Norwegen, ist eine der wenigen Gemeinden jenseits des Polarkreises. Vom Skigebiet Narvikfjellet, das vom Stadtzentrum aus mit Skiliften erreichbar ist, bietet sich ein schöner Blick auf den Fjord. Dank des Golfstroms fahren hier zu jeder Jahreszeit Schiffe. Narvik ist aber auch das Tor zu den Lofoten, einer der schönsten Inselgruppen der Welt *(siehe S. 307)*, die man mit dem Bus erreichen kann, da es keine Eisenbahnstrecke dorthin gibt. Noch weiter nördlich liegt Tromsø mit seinen Läden, Cafés und Restaurants im gemütlichen Stadtzentrum am Fuß der Berge. Im Winter dient die arktische Stadt als Basis für Nordlichtjäger und als Hafen für die legendäre Postschifflinie Hurtigruten, die dank des Golfstroms das ganze Jahr über hier anlegt.

**www.hurtigruten.de**

# Praktische Informationen

### FAHRPLAN

Abfahrt Stockholm Centralstation um 18:11 Uhr, Halt in Arlanda (Flughafen) um 18:33 Uhr, Ankunft in Narvik um 12:48 Uhr.

### PREISE UND KOMFORT

Sitzplatz ab 55 €, Liegewagen (Kabine für 6 Pers.) ab 63 €. Mit Aufpreis kann man ein Abteil privat buchen (3–6 Plätze). Einige Privatkabinen verfügen über eine Dusche. Für Liegewagen und Privatabteile werden Bettzeug und Handtücher gestellt, Duschen und Bäder gibt es auf dem Gang. Im Speisewagen kann man rund um die Uhr Getränke kaufen.

### WEITERE STRECKEN

Der norwegische Ort Narvik ist nur an das schwedische Eisenbahnnetz angeschlossen und auch mit Luleå verbunden: An den Nattåg 94 wird in Boden der Tagzug AR Luleå – Boden – Narvik angehängt.

### WO KAUFT MAN TICKETS?

www.vy.se
Buchungen sind 60 Tage vor Abfahrt möglich.

# Von der Arktis in die Hochebene

*von Emmanuel Maisonneuve*

21:10 Bodø NORWEGEN – – – – – Trondheim NORWEGEN 7:15

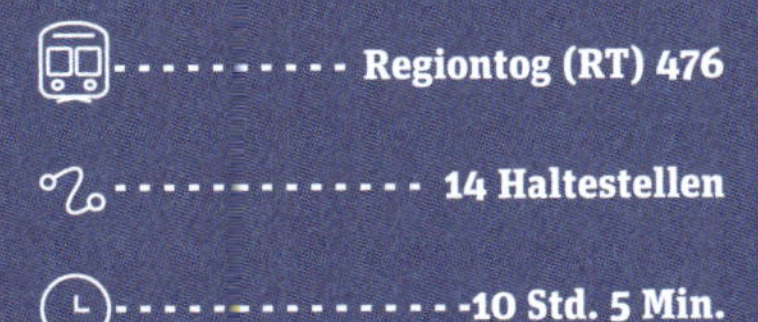
Regiontog (RT) 476
14 Haltestellen
10 Std. 5 Min.

Bodø
Trondheim

*Norwegens längste Zugstrecke – 792 Kilometer – ist auch die nördlichste. Sie führt durch die Wildnis der Provinz Nordland. Von Nord nach Süd, von den eiskalten Fjorden der arktischen Küste bis zu den Hochebenen der Berge, bahnt sich der Zug wie ein Seiltänzer seinen Weg.*

# Abfahrt 21:10

## IM RUHIGEN NORWEGEN

Das zerklüftete Norwegen bietet seinen Eisenbahnen die atemberaubendsten Kulissen überhaupt. Ich entdecke gleich eine dieser Zuglinien, die Nordlandsbanen, denn ich fahre von Bodø nach Trondheim, das bereits ein wenig hinter dem Polarkreis liegt.

Wie die Stadt im hohen Norden wirkt auch ihr Bahnhof, zwischen Güter- und Personenzügen, industriell. Bodø wurde nach dem Zweiten Weltkrieg wieder aufgebaut und lebt von den Aktivitäten, die mit dem Luftwaffenstützpunkt der Stadt verbunden sind. Sie ist aber auch zugleich eines der wichtigsten Tore zu den Lofoten. Fähren pendeln zwischen dem Hafen und den Inseln, und auch der berühmte Hurtigruten-Küstenexpress legt in Bodø an. Zeit zum Einsteigen! Die Fahrgäste nehmen entweder in den Liegewagen oder in den gefragteren, weil preiswerteren Sitzabteilen Platz.

## Ein Extra vor der Abfahrt

### *Eine Reise in der Reise*

Um aus Nordnorwegen nach Bodø zu kommen, geht man am besten an Bord der Hurtigruten, z. B. in Tromsø. Früher waren die Postschiffe des berühmten Küstenexpress die einzige Verbindung zwischen den Orten an der norwegischen Küste. Obwohl die Hurtigruten heute Luxuskreuzfahrten anbieten, kann man für etwa 100 Euro auch einfache Plätze an Deck für eine kurze Überfahrt buchen. Das Extra? Sie müssen auf den Lofoten einen Zwischenstopp einlegen, um die Fähre zu wechseln. Die Steilküste der Inselgruppe mit abrupt in die eisigen Fjorde abfallenden Felswänden bietet eine grandiose Kulisse. Während der Überfahrt bilden bunte Fischkutter und rote Fischerhütten auf Stelzen in kleinen Häfen Farbtupfer in den Blau- und Grautönen des Meers.

## 21:10 Uhr

### TRANSHUMANZ

Bei der Abfahrt scheint schön die Abendsonne, was in diesen Breiten sehr viel wert ist. Nachdem er die arktische Küste und den Fjord hinter sich gelassen hat, fährt der Zug weiter gen Süden am Nationalpark Saltfjellet-Svartisen nahe der schwedischen Grenze entlang. Diese Region ist für ihre grandiose Natur, ihre Gletscher und ihre Birken berühmt. Kurz hinter Lønsdal überqueren wir den Polarkreis, und Lappland begrüßt uns auf einem Hochplateau mit den Weiten seiner Tundra. Hier können wir vielleicht in der Ferne von Weidegrund zu Weidegrund wandernde Rentiere erspähen. Mit etwas Glück… Kurz hinter der Kleinstadt Mo i Rana wird die Landschaft gleichförmiger, Wälder und Berge wechseln sich ab. Es wird dunkel, und man sieht sowieso kaum noch etwas. Die Fahrgäste auf den anderen Sitzplätzen scheinen nicht mit ihrem Los zu hadern, aber ich stelle mir den Komfort im Schlafwagen vor. Auf jeden Fall scheint sich niemand an der Anwesenheit eines Ausländers zu stören, und ich werde eine ruhige Nacht verbringen.

> »Vielleicht können wir in der Ferne Rentiere erspähen.«

# 6:35 Uhr

## SEEN UND FJORDE BEIM FRÜHSTÜCK

Es wird schon hell, Trondheim ist nicht mehr weit, und ich kann nicht mehr schlafen. Jetzt brauche ich einen Kaffee, um den Tag zu beginnen. Ich gehe zum Speisewagen, wo es warme Getränke und andere Lebensmittel gibt, um leere Mägen zu füllen. Ich schaue aus dem Fenster und beobachte die Seen und Fjorde, die wie herbeigezaubert hinter Steinkjer aufgetaucht sind.

Bahnhof ***stasjon***
Zug ***tog***
Kai ***brygge***
Abfahrt ***avgang***
Ankunft ***ankomst***
Schalter ***disk***
Reservierung ***reservering***
Kabine, Abteil ***hytte, kupé***
Liegewagen ***liggevogn***

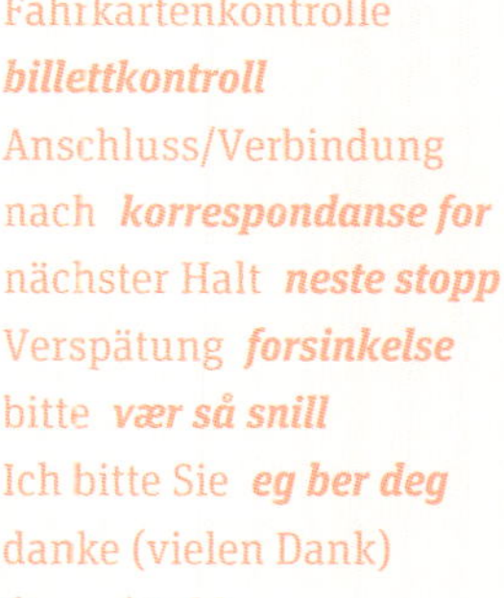

Fahrkartenkontrolle ***billettkontroll***
Anschluss/Verbindung nach ***korrespondanse for***
nächster Halt ***neste stopp***
Verspätung ***forsinkelse***
bitte ***vær så snill***
Ich bitte Sie ***eg ber deg***
danke (vielen Dank) ***(tusen) takk***

**7:15 Uhr**

## TECHNOLOGIE IN TRONDHEIM

Am frühen Morgen fahren wir in den fünfgleisigen Hauptbahnhof von Trondheim ein. Ich habe das Gefühl, die gleiche Seeluft zu atmen wie im schon weit entfernten Bodø. Ich verlasse den Bahnhof und staune am Kai der Nidelva, wie modern die Stadt ist. Das hat gute Gründe. Die frühere Wikingerhauptstadt Trondheim ist die größte Stadt Nordlands und heute ein bedeutendes Drehkreuz für technologisches und wissenschaftliches Know-how.

# Praktische Informationen

## FAHRPLAN

Fährt einmal täglich.
Abfahrt in Bodø um 21:10 Uhr, Ankunft in Trondheim (Trondheim S) um 7:15 Uhr.

## PREISE UND KOMFORT

Sitzplatz ab 20 €; Aufpreis von etwa 94 € für eine Kabine (2 Betten), unabhängig von der Anzahl der Fahrgäste. Es gibt Sitzplatzreservierungen, die garantieren, dass kein Haustier in der Nähe mitreist.
Reisende auf Sitzplätzen bekommen ein *night pack* mit Decke, Kopfkissen, Ohrstöpseln und Augenmaske.
Die Preise hängen von der Nachfrage ab.

## WO KAUFT MAN TICKETS?

www.sj.no
Buchung ist drei Monate im Voraus möglich.

# Und nun?

## *Radeln und baden*

Trondheim lädt zum Bummeln und vor allem auch zum Radfahren ein: Etwa in dem bunten alten Viertel Bakklandet, wo der erste Fahrradlift der Welt erfunden wurde! Ein Streifzug entlang der Nidelva führt automatisch zu den alten Lagerhäusern auf Stelzen in der Altstadt mit dem prunkvollen gotischen Nidarosdom am Flussufer gegenüber. Im Winter lockt der Pulverschnee ins Skigebiet Vassfjellet. Im Sommer unwiderstehlich: ein Bad im Fjord (einfach am Ladestien entlanglaufen) oder im Lianvannet, einem mit der Tram erreichbaren Waldsee. Aber man kann sich auch einfach ein Kajak mieten und lospaddeln, mitten in der Stadt! Und unbedingt probieren: den Polarkuchen mit »Braunkäse«, karamellisiertem Molkenkäse, der danach schmeckt, ganz woanders zu sein …

*Walk With Me*, St. Thomas

*Summer on the Westhill*, Kings of Convenience

*Stay on These Roads*, A-ha

*Øynene lukket*, Lars Vaular, Sondre Lerche

*Segen der Erde*, Knut Hamsun

*Das Buch Dina*, Herbjørg Wassmo

## Rørosbanen

### Von einem Zug in den nächsten

Trondheim liegt an der Rørosbanen-Linie von Hamar nach Støren. Diese einspurige Normalspurbahn schlängelt sich durch die gebirgige Landschaft bis nach Røros auf 670 Meter Höhe. Der malerischen Bergbaustadt, dem Highlight der Strecke, verdankt die Linie ihren Namen. Es handelt sich um die älteste große Eisenbahnlinie des Landes und um die erste, auf der in Norwegen Schlafwagen eingesetzt wurden. Sie ist noch immer nicht elektrifiziert, und es bedarf starker Diesellokomotiven, um den Zug in diese Höhe zu schleppen. Røros, ein Juwel in den Bergen, das zum UNESCO-Weltkulturerbe zählt, ist eine der ältesten Holzbaustädte Europas. Bunte Häuser stehen kokett eng um die hübsche weiße Kirche und sorgen für nordisches Wild-West-Flair – höchst nordisches: Im Winter bricht die Stadt alle Kälterekorde – das Thermometer fiel schon auf minus 50 °C! Was Røros allerdings nicht daran hindert, sich zur Weihnachtszeit von seiner märchenhaftesten Seite zu zeigen.

# Und wie geht es weiter?

2021 haben sich die Eisenbahngesellschaften Frankreichs (SNCF), Deutschlands (Deutsche Bahn), der Schweiz (SBB) und Österreichs (ÖBB) zusammengeschlossen, um neue grenzüberschreitende Nachtzugverbindungen zu schaffen. Seit Dezember 2021 wurde das europäische Nachtzugangebot um folgende Strecken erweitert: Paris – München – Wien und Zürich – Köln – Amsterdam. Ab Dezember 2023 ist die Strecke Wien/Berlin – Brüssel/Paris geplant, und ab Dezember 2024 soll es einen Nachtzug von Basel nach Barcelona geben.
Hinzu kommt eine wachsende Anzahl an privaten Zugunternehmen wie GreenCity Trip oder Train4you, die Nachtzüge auf die Schiene bringen.

## Nützliche Webadressen

**Karte der Nachtzugverbindungen von Aberdeen bis Zagreb**
https://nachtzugkarte.de/

**interrail/eurail**
www.interrail.eu/de/plan-your-trip/trains-europe/night-trains

**Nachtzugsuche bei Trainline**
www.thetrainline.com/de/bahn/nachtzug

## HINWEIS

Aufgrund unvorhersehbarer Ereignisse und Widrigkeiten kann es vorkommen, dass der Betrieb der Nachtzüge zeitweise eingestellt wird. Wir haben für jede Strecke eine Website angegeben, auf der Sie die aktuellen Reise- und Verkehrsbedingungen der Nachtzüge für den gewünschten Zeitpunkt prüfen können.

*Wir bedanken uns bei folgenden Autoren, die Thibault Contant dabei unterstützt haben, Nachtzugstrecken zu testen und zu beschreiben.*

**Antoine Besse** – beschrieb die Strecken 11 (Paris – Modane) und 12 (Turin – Rom).

**Séverine Chave** – ist Autorin der Strecken 5 (Hendaye – Lissabon), 16 (Zürich – Budapest), 25 (Berlin – Basel).

**Jean-Philippe Follet** – verfasste den Text zum Caledonian Sleeper (Strecke 2).

**Rozenn Le Roux** – hat Strecke 6 geschrieben (Madrid – Lissabon).

**Emmanuel Maisonneuve** (www.pretpourlaventure.com) – beschrieb die Strecken 19 (Belgrad – Bar), 29 (Stockholm – Narvik) und 30 (Bodø – Trondheim).

**Lucie Ogé** (https://mytourduglobe.com) – beschrieb die Strecke 24 (Bukarest – Cluj Napoca).

**Lucie Tournebize** (https://occhiodilucie.com) – ist Autorin der Strecken 9 (Rom – Triest) und 10 (Mailand – Bari). Sie schrieb auch die Texte »Von Syrakus nach Palermo und zurück nach Rom« (Strecke 8) und »Vicenza – unterwegs aussteigen« (Strecke 7).

Ein großes Dankeschön an meine Familie, meine Mutter und Manu für ihre Unterstützung, während ich dieses Buch geschrieben habe und ganz grundsätzlich bei allen Projekten, die es mir ermöglichen, meine Passion auszuleben. Ich danke auch meinem Vater, dass er seine Liebe zur Eisenbahn an uns weitergegeben hat, und meinem Bruder, der meine Begeisterung für Nachtzüge teilt, die in unserer Kindheit Schauplatz für sehr viele Abenteuer und Lachanfälle waren. Ich hoffe, wir können auch künftig weiter gemeinsam reisen und Spaß haben.

Vielen Dank an Mark Smith, Autor der tollen Website QThe Man in Seat 61 (www.seat61.com), die immer sehr hilfreich für mich ist, wenn ich meine Reisen vorbereite.

Danke an Adriana für ihre Unterstützung und Hilfe bei allen meinen Videos.

Danke an Zack und Moussa, die in meinen beiden früheren Berufsleben meine Tutoren waren und mich in jeder Hinsicht ermutigt und wachsen lassen haben.

Und ich danke auch den Mitarbeitern von Gallimard, ohne die dieses Buch nicht hätte erscheinen können.

**Thibault Constant**

# Bildnachweis

## INNENTEIL

S. 5 ©Thibault Constant
S. 13 ©Thibault Constant
S. 14 ©Thibault Constant
S. 14 ©Thibault Constant
S. 16 ©Thibault Constant
S. 17 ©cornish lad / Alamy / Hemis
S. 18 ©Helen Dixon / Alamy / Hemis
S. 20 ©Robert Harding / hemis.fr
S. 21 ©Robert Harding / hemis.fr
S. 24 ©Thibault Constant
S. 25 ©Thibault Constant
S. 27 ©Joe Dunckley / shutterstock.com
S. 28 ©Westend 61 / hemis.fr
S. 30 ©luis abrantes / shutterstock.com
S. 31 ©Philip Birtwistle / shutterstock.com
S. 32 ©Lois GoBe / shutterstock.com
S. 37 ©Silverback / Alamy / Hemis
S. 38 ©Thibault Constant
S. 39 ©CEGALERBA-SZWEMBERG / Hemis.fr
S. 40 ©CAVALIER Michel / hemis.fr
S. 41 ©S-F / shutterstock.com
S. 42 ©FRUMM John / hemis.fr
S. 46 ©Thibault Constant
S. 47 ©Thibault Constant
S. 48 ©Thibault Constant
S. 49 ©gurb101088 / shutterstock.com
S. 50 ©Damsea / shutterstock.com
S. 51 ©Damsea / shutterstock.com
S. 52 ©Leonid Andronov / shutterstock.com
S. 56 ©SPANI Arnaud / hemis.fr
S. 57 ©Alexandre Rotenberg / shutterstock.com
S. 58 ©Jorge Anastacio / shutterstock.com
S. 58 ©Stéphane Dos Santos
S. 60 ©KajzrPhotography / shutterstock.com
S. 60 ©TRAVEL Collection / Hemis.fr
S. 64 ©Maks Ershov / shutterstock.com
S. 65 ©Jon Arnold Images / hemis.fr
S. 66 ©Natalia Mylova / shutterstock.com
S. 67 ©Radu Bercan / shutterstock.com
S. 68 ©INTERPIXELS / shutterstock.com
S. 69 ©HEINTZ Jean / hemis.fr
S. 70 ©Alexandre Rotenberg / shutterstock.com
S. 70 ©Marcin Krzyzak / shutterstock
S. 71 ©Jon Arnold Images / hemis.fr
S. 75 ©ESCUDERO Patrick / hemis.fr
S. 76 ©Thibault Constant
S. 77 ©ALESSANDRO GIAMELLO / shutterstock.com
S. 78 ©Nitr / shutterstock.com
S. 79 ©LESCOURRET Jean Pierre / hemis.fr
S. 80 ©Jon Arnold Images / hemis.fr
S. 84 ©HUGHES Hervé / hemis.fr
S. 85 ©Thibault Constant
S. 86 ©Thibault Constant
S. 87 ©Thibault Constant
S. 88 ©DESCAMPS Simon / hemis.fr
S. 88 ©PHOTOBON / Alamy / Hemis
S. 89 ©Jon Arnold Images / hemis.fr
S. 90 ©Roman Sigaev / shutterstock.com
S. 91 ©Lucky Team Studio / shutterstock.com
S. 93 ©GUIZIOU Franck / hemis.fr
S. 94 ©GUIZIOU Franck / hemis.fr
S. 95 ©lapas77 / shutterstock.com
S. 98 ©Grisha Bruev / shutterstock.com
S. 99 ©Thibault Constant
S. 101 ©Creative bee Maja / shutterstock.com
S. 102 ©Matjaz Preseren / shutterstock.com
S. 103 ©xbrchx / shutterstock.com
S. 104 ©bepsy / shutterstock.com
S. 106 ©Filippo Ferraro / shutterstock.com
S. 106 ©Leonid Andronov / shutterstock.com
S. 107 ©Matej Kastelic / shutterstock.com
S. 110 ©Claudio Divizia / shutterstock.com
S. 111 ©DogMadeSign / agefotostock.com
S. 113 ©Massimo Todaro / shutterstock.com
S. 113 ©Michal Ludwiczak / shutterstock.com
S. 114 ©MAISANT Ludovic / hemis.fr
S. 116 ©GUIZIOU Franck / hemis.fr
S. 117 ©GUIZIOU Franck / hemis.fr
S. 117 ©MAISANT Ludovic / hemis.fr
S. 120 ©S. Pech / shutterstock.com
S. 121 ©Antoine BESSE
S. 122 ©Claudio Giovanni Colombo / shutterstock.com
S. 123 ©JACQUES Pierre / hemis.fr
S. 123 ©JACQUES Pierre / hemis.fr
S. 124 ©Christophe Cappelli / shutterstock.com
S. 124 ©GUIZIOU Franck / hemis.fr
S. 125 ©Zdenek Matyas Photography / shutterstock.com
S. 128 ©Roberto Giachino / shutterstock.com
S. 129 ©Digital signal / shutterstock.com
S. 130 ©Jon Arnold Images / hemis.fr
S. 132 ©IgorZh / shutterstock.com
S. 132 ©S-F / shutterstock.com
S. 133 ©Gimas / shutterstock.com
S. 136 ©Thibault Constant
S. 137 ©agsaz / shutterstock.com
S. 138 ©lewald / shutterstock.com
S. 139 ©MATTES René / hemis.fr
S. 139 ©Thibault Constant
S. 140 ©telesniuk / shutterstock.com
S. 145 ©Jon Arnold Images / hemis.fr
S. 146 ©Mauritius / hemis.fr
S. 147 ©ako / Alamy / Hemis
S. 147 ©Bertl123 / shutterstock.com
S. 148 ©Balakate / shutterstock.com
S. 153 ©Kemeo / shutterstock.com
S. 153 ©Victoria Kurylo / shutterstock.com
S. 154 ©Oscity / shutterstock.com
S. 156 ©canadastock / shutterstock.com
S. 156 ©Taljat David / shutterstock.com
S. 158 ©GARDEL Bertrand / hemis.fr
S. 163 ©AsiaTravel / shutterstock.com
S. 163 ©NAC
S. 164 ©S4SOR1 / shutterstock.com
S. 165 ©Mark Smith / seat61.com
S. 166 ©berni0004 / shutterstock.com
S. 167 ©Konoplytska / shutterstock.com
S. 167 ©Ungvari Attila / shutterstock.com
S. 168 ©PASQUINI Cedric / Hemis.fr
S. 172 ©canadastock / shutterstock.com
S. 172 ©Volodymyr Dvornyk / shutterstock.com
S. 173 ©Thibault Constant
S. 174 ©EQRoy / shutterstock.com
S. 175 ©Thibault Constant
S. 175 ©Thibault Constant
S. 176 ©Richard Semik / shutterstock.com
S. 177 ©Lipskiy / shutterstock.com
S. 178 ©canadastock / shutterstock.com
S. 179 ©emperorcosar / shutterstock.com

S. 179 ©Oleksiy Mark / shutterstock.com
S. 179 ©Yasonya / shutterstock.com
S. 183 ©Bumble Dee / shutterstock.com
S. 184 ©Thibault Constant
S. 185 ©Marko25 / shutterstock.com
S. 186 ©Thibault Constant
S. 187 ©S-F / shutterstock.com
S. 187 ©trabantos / shutterstock.com
S. 188 ©e2dan / shutterstock.com
S. 193 ©DeStefano / shutterstock.com
S. 194 ©HAL-9000 / shutterstock.com
S. 195 ©Haris Dlakic / shutterstock.com
S. 195 ©ToskanaINC / shutterstock.com
S. 196 ©Pe3k / shutterstock.com
S. 196 ©Razvan Dima / shutterstock.com
S. 197 ©Simon Dux Media / shutterstock.com
S. 197 ©TheWorldALaCarte / shutterstock.com
S. 198 ©allstars / shutterstock.com
S. 203 ©Eva Bocek / shutterstock.com
S. 203 ©Thibault Constant
S. 204 ©Thibault Constant
S. 205 ©Jaroslav Moravcik / shutterstock.com
S. 206 ©jarino / shutterstock.com
S. 207 ©Pecold / shutterstock.com
S. 208 ©DaLiu / shutterstock.com
S. 213 ©Cristi Croitoru / shutterstock.com
S. 213 ©Thibault Constant
S. 214 ©Sogodel Vlad / shutterstock.com
S. 215 ©Gaspar Janos / shutterstock.com
S. 216 ©RossHelen / shutterstock.com
S. 217 ©Plinthpics / Alamy / Hemis
S. 218 ©Sun_Shine / shutterstock.com
S. 223 ©BORGESE Maurizio / hemis.fr
S. 224 GetFileAttachment.jpg
S. 225 ©MNStudio / shutterstock.com
S. 227 ©Anatoly Gordienko / shutterstock.com
S. 228 ©Jon Arnold Images / hemis.fr
S. 232 ©Thibault Constant
S. 233 ©MATTES René / hemis.fr
S. 234 ©Thibault Constant
S. 235 ©Jon Arnold Images / hemis.fr
S. 236 ©Peter Hanzes / shutterstock.com
S. 237 ©Thibault Constant
S. 237 ©Tomas Indrak / shutterstock.com
S. 238 © CSP_rorem / agefotostock.com
S. 239 ©Richard Semik / shutterstock.com
S. 243 ©Balate Dorin / shutterstock.com
S. 244 ©Vlad Ispas / shutterstock.com
S. 245 ©Slatan / shutterstock.com
S. 246 ©emperorcosar / shutterstock.com
S. 247 ©Balate Dorin / shutterstock.com
S. 248 ©Pani Garmyder / shutterstock.com
S. 249 ©Pani Garmyder / shutterstock.com
S. 252 ©Nightjet
S. 253 ©Philipp Dase / shutterstock.com
S. 254 ©KaMay / shutterstock.com
S. 255 ©Nightjet
S. 255 jorisvo / shutterstock.com
S. 256 ©Reinhard Schmid / Sime / Photononstop
S. 260 ©LESCOURRET Jean Pierre / hemis.fr
S. 260 ©LESCOURRET Jean Pierre / hemis.fr
S. 261 ©LESCOURRET Jean Pierre / hemis.fr
S. 262 ©Gestur Gislason / shutterstock.com
S. 262 ©Thibault Constant
S. 264 ©Tommy Alven / shutterstock.com
S. 265 ©Thibault Constant
S. 266 ©Swedishnomad.com – Alex W / shutterstock.com
S. 267 ©Thibault Constant
S. 267 ©trabantos / shutterstock.com
S. 268 ©Mistervlad / shutterstock.com
S. 273 ©Mikhail Varentsov / shutterstock.com
S. 273 ©Thibault Constant
S. 274 ©Thibault Constant
S. 275 ©Suratwadee Rattanajarupak / shutterstock.com
S. 275 ©Thibault Constant
S. 276 ©Janice pama / shutterstock.com
S. 277 ©Leonard Zhukovsky / shutterstock.com
S. 278 ©Ugi-Creative / shutterstock.com
S. 279 ©canadastock / shutterstock.com
S. 279 ©Roman Babakin / shutterstock.com
S. 282 © Jürgen Humbert / image-BROKER / agefotostock.com
S. 283 © A. Farnsworth / agefotostock.com
S. 284 © A. Farnsworth / agefotostock.com
S. 284 ©Thibault Constant
S. 286 ©mkOx55 / Alamy / Hemis
S. 288 ©NAN728 / shutterstock.com
S. 290 ©Gaid Kornsilapa / shutterstock.com
S. 290©Iulianna Est / shutterstock.com
S. 291 ©Jon Arnold Images / hemis.fr
S. 291 ©Mikael Pursi / shutterstock.com
S. 294 ©catwalker / shutterstock.com
S. 296 ©Emmanuel Maisonneuve / pretpourlaventure.com
S. 296 ©Emmanuel Maisonneuve / pretpourlaventure.com
S. 297 ©Tommy Alven / shutterstock.com
S. 298 ©Kristyna Henkeova / shutterstock.com
S. 298 ©Wirestock Creators / shutterstock.com
S. 299 ©Tommy Alven / shutterstock.com
S. 300 ©Petr Kahanek / shutterstock.com
S. 301 ©Maksym Ketsmur / shutterstock.com
S. 301 ©Tommy Alven / shutterstock.com
S. 302 ©Chris Craggs / Alamy / Hemis
S. 306 ©Dmitry Pistrov / shutterstock.com
S. 306 ©Nowaczyk / shutterstock.com
S. 307 ©Jamo Images / shutterstock.com
S. 308 rechts ©MALLET Jean-François / Hemis.fr
S. 308 links ©Emmanuel Maison-neuve / pretpourlaventure.com
S. 309 ©Voyagerix / shutterstock.com
S. 310 ©Tommy Alven / shutterstock.com
S. 312 ©Jelena Safronova / shutterstock.com
S. 312 ©Jelena Safronova / shutterstock.com
S. 313 ©Damian Waters / Alamy / Hemis
S. 314 ©Rudchenko Liliia / shutterstock.com

## UMSCHLAG

Hauptbild oben ©Emmanuel Maisonneuve / pretpourlaventure.com
Mitte links ©Jon Arnold Images / hemis.fr
Mitte ©pinspective / shutterstock.com
Unten Mitte ©Andocs / shutterstock.com
Mitte rechts ©Chris Craggs / Alamy / Hemis.fr
Illustrationen: Flora Monnin

Für die französische Ausgabe
Redaktionsleitung: Hélène Firquet
Lektorat: Christina Beckers,
Anne-Valérie Cadoret
Design: Flora Monnin
Illustrationen: Flora Monnin,
Céline Lafond, Marie Lemasson
Herstellung: Julien Recurt
Fotogravüre: IGS-CP (L'Isle-D'Espagnac)

Für die deutsche Ausgabe
Verlagsleitung: Monika Schlitzer
Programmleitung: Heike Faßbender
Redaktionsleitung: Stefanie Franz
Übersetzung: Petra Sparrer, Köln
Redaktion: Dr. Gabriele Rupp, Krailling
Schlussredaktion: Susanne Traub-Schweiger, Garmisch-Partenkirchen
Umschlaggestaltung: Ute Berretz, München

Titel der französischen Originalausgabe:
*Trains de nuit*
*30 trajets inoubliables*



ISBN 978-3-7342-0663-4
1 2 3 4 24 23 22

Druck und Bindung: DZS Grafik, D.O.O., Slowenien